"Nesta oportuna meditação, Alan Noble nos relembra que a sensação de estarmos quebrados, sozinhos e sem propósito não será conquistada ao vivermos nossa melhor vida, ao encontrarmos nosso verdadeiro eu e nem mesmo ao pertencermos à família, clube ou igreja corretos. Ao contrário, nossos maiores medos e ansiedades não são problemas para serem solucionados, mas mistérios a serem abraçados através do conhecimento de si mesmo, que vem somente ao sabermos que nosso *self* pertence a Cristo".

John Inazu, Professor Distinto de Direito e Religião da cadeira Sally D. Danforth na Washington University, em St. Louis

"O livro de Alan Noble é exatamente aquilo de que precisamos. Ele nos mostra as fraquezas severas da supostamente livre abordagem moderna da identidade e exalta os recursos confessionais bíblicos e cristãos (o Catecismo de Heidelberg, do século XVI) que podem nos curar. Como é visível nas copiosas notas oferecidas por Alan, ele leu de maneira profunda as muitas críticas escritas nas últimas duas gerações a respeito do *self* moderno. No entanto, embora poderosas e penetrantes, essas obras são inacessíveis ao leitor comum e, portanto, não ganharam a tração que deveriam em nossa cultura. Alan, assim espero, é o início de uma nova geração de acadêmicos-escritores que podem trazer os *insights* desses pensadores de volta para a terra e aplicá-los de maneiras bastante práticas, convincentes e úteis. Que a tribo de Alan cresça!"

Tim Keller, fundador da organização Redeemer City to City

"Alan Noble tem dedicado sua vida para as verdadeiras coisas do reino de Deus e, com o livro *Humanidade em crise*, ele nos ajuda a filtrar a desordem da vida moderna para focar naquilo que é mais verdadeiro. Alan entende que o próprio chamado do discipulado é para seguir Jesus em nosso próprio tempo e circunstâncias — não podemos seguir Jesus de outra forma. Espero que este livro se torne uma referência para muitos e que ele confirme Alan como um dos escritores cristãos mais astutos de sua geração. *Humanidde em Crise* moldará a maneira como você pensa a respeito de sua vida com Jesus".

Michael Wear, fundador da Public Square Strategies e autor de *Reclaiming Hope: Lessons Learned in the Obama White House about the Future of Faith in America*

"*Humanidade em crise* é um livro assombroso em sua amplitude e profundidade, mas é ainda mais extraordinário por sua sabedoria compassiva e prática. Este é um livro excepcional, escrito por uma voz excepcional para o nosso tempo".

Karen Swallow Prior, autora de *On Reading Well: Finding the Good Life through Great Books*

"No livro *Humanidade em crise*, Alan Noble oferece um diagnóstico profundo da disfuncionalidade e da enfermidade presente em nossa cultura contemporânea. E ele mostra que a desafiadora esperança oferecida na primeira questão do Catecismo de Heidelberg — que eu não pertenço a mim mesmo, mas a Jesus Cristo — é a única cura para essa doença. Este é um livro rico, explorando de maneira eloquente e perceptiva o dano causado pelo mito da autonomia e oferecendo os recursos para a cura pertencentes à fé cristã. Qualquer um que espere obter um entendimento mais profundo do mal-estar contemporâneo ou que deseje explorar o que significa pertencer a Cristo deveria ler este livro oportuno, bem escrito e sábio".

Tish Warren, sacerdotisa anglicana, autora dos livros *Liturgia do Ordinário* e *Oração da Noite*

"Alan Noble nos deu uma dádiva. Usando como guia uma das mais belamente articuladas verdades na história dos credos, *Humanidade em crise* examina uma das maiores doenças de nossa era — a doença do pertencer a si mesmo, capaz de esmagar almas. Com o discernimento de um professor, a meticulosidade de um tutor e a empatia de um amigo, Noble conduz o leitor através de questões cruciais a respeito da pessoalidade, da identidade e do significado. E ele o faz de maneira que é, simultaneamente, reveladora e restaurativa para aqueles exaustos (e seduzidos) pela vida moderna. De maneira importante, este livro oferece mais do que apenas um *insight* cultural e uma antropologia cristã; ele oferece a tão necessária esperança, não por meio da recomendação de técnicas religiosas que apenas aumentam o fardo da auto-otimização, mas recomendando Cristo, o único a quem devemos pertencer. Este é um livro penetrante, acessível, convincente e, ao final, esperançoso".

Duke Kwon, pastor titular da Grace Meridian Hill e coautor de *Reparations: a Christian Call for Repentance and Repair*

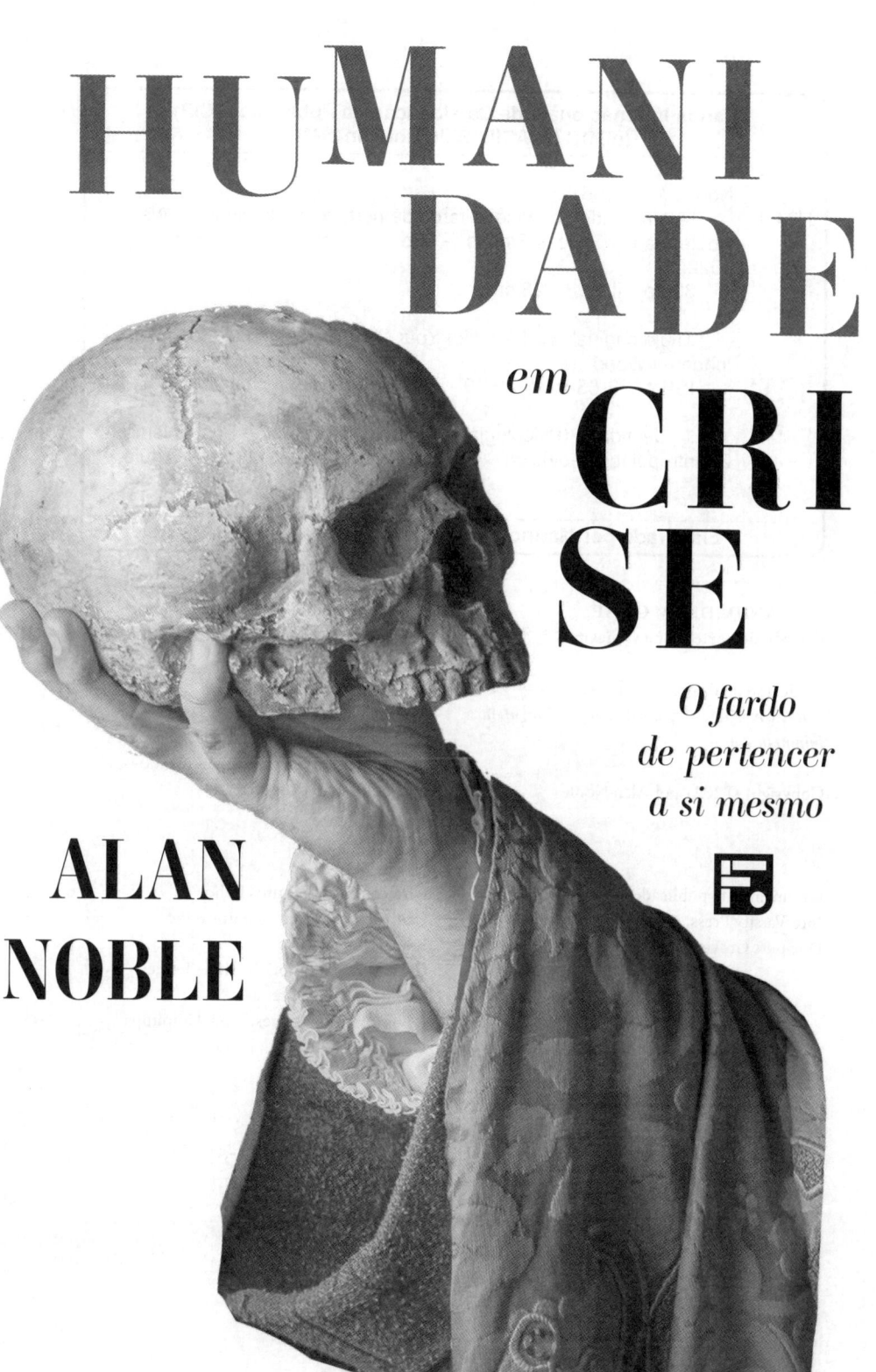

Dados Internacionais de Catalogação na Publicação (CIP)
(eDOC BRASIL, Belo Horizonte/MG)

N747h   Noble, Alan, 1981-.
        Humanidade em crise: o fardo de pertencer a si mesmo / Alan Noble; tradutor Lucas Freitas. – São José dos Campos, SP: Fiel, 2022.
        336 p. : il. ; 16 x 23 cm

        Título original: You Are Not Your Own: Belonging to God in an Inhuman World
        ISBN 978-65-5723-201-9

        1. Identidade (Psicologia) – Aspectos religiosos – Cristianismo. 2. Antropologia teológica – Cristianismo. I. Freitas, Lucas. II. Título.
        CDD 248.4

Elaborado por Maurício Amormino Júnior – CRB6/2422

HUMANIDADE EM CRISE:
O fardo de pertencer a si mesmo

Traduzido do original em inglês
You Are Not Your Own: Belonging to God in an Inhuman World

Copyright © 2021 por Alan Noble

•

Originalmente publicado em inglês por InterVarsity Press,
Downers Grove, EUA.

•

Copyright © 2022 Editora Fiel
Primeira edição em português: 2022
Os textos das referências bíblicas foram extraídos da versão Almeida Revista e Atualizada, 2ª ed. (Sociedade Bíblica do Brasil), salvo indicação específica.

Todos os direitos em língua portuguesa reservados por Editora Fiel da Missão Evangélica Literária

PROIBIDA A REPRODUÇÃO DESTE LIVRO POR QUAISQUER MEIOS, SEM A PERMISSÃO ESCRITA DOS EDITORES, SALVO EM BREVES CITAÇÕES, COM INDICAÇÃO DA FONTE.

•

Diretor: Tiago J. Santos Filho
Editor-chefe: Tiago J. Santos Filho
Editor: Rafael Bello
Coordenação Editorial: Gisele Lemes
Tradução: Lucas Freitas
Revisão: André Soares, Daniel Supimpa
Diagramação: Rubner Durais
Capa: Rubner Durais

ISBN brochura: 978-65-5723-201-9
ISBN e-book: 978-65-5723-202-6

Caixa Postal, 1601
CEP 12230-971
São José dos Campos-SP
PABX.: (12) 3919-9999
www.editorafiel.com.br

EM HONRA A LARRY PRATER,
*Um homem que viveu sua vida imperfeitamente,
mas zelosamente; não como se pertencesse a si mesmo,
mas como uma dádiva para sua família e amigos.*

SUMÁRIO

Introdução: Uma cultura desumana 11

1. Eu sou meu e pertenço a mim mesmo 23

2. De que maneiras a sociedade o ajuda a pertencer a si mesmo 67

3. De que maneiras a sociedade nos decepciona 107

4. Todos nós nos automedicamos 157

5. Você não pertence a si mesmo, mas a Cristo 191

6. O que podemos fazer? 259

7. Nosso único consolo 317

Agradecimentos 331

Introdução
UMA CULTURA DESUMANA

Uma característica definidora da vida moderna no Ocidente é nossa consciência da desumanidade da sociedade e nossa inabilidade para imaginarmos uma saída para esse problema. Essa desumanidade inclui tudo, desde abortos, tiroteios em massa e a ocultação sistemática de abusos sexuais, até trabalhos sem sentido, comunidades quebradas e programas de TV que só servem para amortecer nossa ansiedade por 30 minutos.

Não fomos feitos para viver dessa maneira, e a maioria de nós sabe disso. Mas ou não nos importamos com isso, ou pensamos que não podemos fazer nada a respeito disso. Portanto, "modo de sobrevivência" é a expressão que melhor descreve nossa experiência diária. Pergunte a um pai, a uma mãe, a um estudante ou a um empregado, e eles responderão, se forem honestos, que o objetivo do dia é sobreviver, é terminar o dia ou só passar por ele. Existência é algo para ser tolerado; tempo é um fardo para ser carregado. E, embora haja momentos de alegria, ninguém parece estar florescendo de fato — exceto no Instagram, o que nos faz sentir ainda piores.

Surpreendentemente, mesmo que nosso padrão de vida no Ocidente continue a melhorar, nossa qualidade de vida não acompanha. É possível argumentar que nosso mundo está melhorando. A dramática queda dos níveis de pobreza extrema é um claro exemplo de algo que humaniza nosso mundo. Mas "a vida é mais do que o alimento, e o corpo é mais do que as vestes" (Lc 12.23). Frequentemente, as mesmas técnicas que melhoram nossas vidas materialmente são aquelas que nos alienam uns dos outros e da criação. Os avanços na agricultura que nos possibilitam uma tremenda variedade alimentar em nossa mesa por um custo bastante pequeno também faz com que estejamos desconectados das estações, da terra e do nosso próximo. E, então, enquanto nosso bem-estar material melhorou de maneiras importantes, a julgar pelas muitas qualidades que tornam a vida verdadeiramente digna de ser vivida (significado, relacionamentos, amor, propósito, beleza), o mundo moderno está doente. Talvez estejamos adoecendo fisicamente com menor frequência do que no passado, mas doenças espirituais e mentais ainda são doenças.

Se isso soa melancólico ou hiperbólico, seja paciente comigo. Esse não será um desabafo choroso e pessimista a respeito de quão terrivelmente injusto o mundo é, ou sobre como tudo o que precisamos fazer é mudar-nos para fazendas ou retornar a um feudalismo medieval para escapar dos males da vida moderna. Mas precisamos de uma esperança lúcida.

E, se a ideia de que a vida moderna é basicamente desumana soa ridícula para você, eu gostaria de lhe pedir que suspenda sua descrença por alguns momentos, enquanto ponderamos alguns exemplos da desordem de nossa cultura nos capítulos a seguir.

Obviamente, muitas pessoas ainda vivem vidas cheias de prazer, diversão e até mesmo, ocasionalmente, alegria verdadeira. Mas eu gostaria de sugerir que é mais comum que nosso contentamento ou otimismo a respeito da vida moderna seja sustentável apenas quando negamos nossa natureza enquanto pessoas, ignorando o sofrimento a nosso redor, desprezando as consequências de nosso estilo de vida, distraindo-nos de nossa ansiedade ou acolhendo uma esperança mal colocada de que os especialistas, um dia, em breve, resolverão nossos problemas. Como Kierkegaard entendeu, o desespero mais profundo ocorre quando estamos inconscientes de nosso desespero. Quando aceitarmos quão profundamente disfuncional é nosso mundo, o contentamento não será mais uma opção para nós. Ainda podemos ser gratos a Deus por seu amor e graça, mas não poderemos nos contentar com a desordem de nossa sociedade humana.

Para cristãos, particularmente aqueles de nós que sejam de uma tradição que tenha uma forte doutrina da depravação, nada do que eu disse até agora é surpreendente. Sim, o mundo está caído. O pecado reina. As pessoas são terríveis. Nada disso é novo. Desde a queda, a vida foi corrompida pelo pecado. No entanto, embora tudo isto seja verdade, será possível que tenhamos criado uma desculpa para não arrancar pela raiz os problemas *específicos* de nosso tempo? Como veremos, há maneiras específicas e profundamente incrustadas pelas quais o pecado manifesta-se em nossa sociedade hoje. Identificar os pecados específicos de uma sociedade tem sido, há muito tempo, a maneira como a igreja desafiou profeticamente a cultura, desde a crítica de Paulo à adoração ao "deus desconhecido" até as críticas de Agostinho à ostentação de Roma, até a Reforma. E confrontar esses males exigirá mais (mas não menos) do que rejeitar pecados de maneira individual. Os cristãos têm a obrigação de promover uma cultura humana, que reflita o amor de Cristo, a bondade da criação e a singularidade das pessoas humanas como portadores da imagem divina.

Contudo, este livro não é um chamado renovado para as linhas de frente da guerra cultural. Não vou argumentar que precisamos trazer Deus de volta à América ou que tudo será um inferno porque tiramos o momento de oração das escolas. De fato, ainda que todos os americanos passassem a frequentar uma igreja, duvido que os principais problemas que encaramos como sociedade seriam resolvidos. Nós provavelmente perceberíamos que estamos igualmente indispostos e igualmente cansados. A única diferença real é que teríamos um sabor evangélico em nossos programas de aconselhamento e de autodesenvolvimento; porque, perceba, os cristãos americanos também são portadores da doença contemporânea.

Como o resto da sociedade ocidental, a igreja no Ocidente tende a ser boa em ajudar pessoas a lidarem com a vida moderna, mas não em desfazer a desordem da vida moderna. Com muita frequência, a resposta da igreja para as profundas doenças sociais tem sido: "Vá em paz, aqueça-se e alimente-se" (Tg 2.16, NVI). Nós oferecemos autodesenvolvimento espiritual, oração, aconselhamento, medicamentos, exercício, disciplina, riqueza, ajuda governamental, caridade, educação — tudo isso é um *band-aid*, mas deixamos a doença intocada ou, talvez, dormente e anestesiada. Ao jovem rapaz lutando com pornografia, oferecemos uma imagem tênue do evangelho, além de autodisciplina e graça (assim esperamos). Porém, a objetificação sistêmica dos corpos, a glorificação cultural do sexo e do romance como meios para justificação existencial e as ansiedades e inadequações que, frequentemente, levam ao uso de pornografia permanecem, em sua maior parte, intocadas ou desconhecidas. Apenas aceitamos como um fato da vida que nosso mundo é desumano e que o corpo humano será objetificado para vender produtos. Tentamos ensinar nossos jovens a lidar com isso e, depois, lamentamos quando eles falham.

Eu sou meu e pertenço a mim mesmo

Esses males estão fundamentados em um entendimento particular a respeito do significado de ser humano: nós somos de nós mesmos, e cada um pertence a si mesmo. Desde os primórdios do liberalismo político, com sua linguagem de liberdades e direitos individuais, com o passar do tempo, os ocidentais começaram a pensar a si mesmos como naturalmente soberanos: "A ideia política moderna, de que nós somos de nós mesmos ... alargou-se para incorporar todos os aspectos da existência. O homem soberano que parece apenas consigo mesmo, que Nietzsche havia imaginado, agora tornou-se a norma".[1] Dessa ideia decorre a crença na virtude da liberdade como ilimitada.[2] Ser o dono de si e pertencer a si mesmo significa que a verdade mais fundamental sobre a existência é que você é responsável por sua existência e todas as coisas relativas a ela. Eu sou responsável por viver uma vida com propósito, por definir minha identidade, por interpretar eventos significativos, por escolher meus valores e eleger o lugar ao qual pertenço. Se pertenço a mim mesmo, sou o único que pode estabelecer limites sobre quem eu sou e o que eu posso fazer. Nenhuma outra pessoa tem o direito de me definir, de escolher minha jornada na vida ou de assegurar-me que estou bem. Eu pertenço a mim mesmo.

Mas a liberdade do individualismo soberano custa caro. Uma vez que estou liberado de todos os valores sociais, morais, naturais e religiosos, eu me torno responsável pelo significado de minha própria vida. Sem um Deus para julgar ou justificar-me, tenho que ser

---

[1] Alain Ehrenberg, *The Weariness of the Self: Diagnosing the History of Depression in the Contemporary Age* (Montreal & Kingston: McGill-Queen's University Press, 2010), 7.
[2] Isaiah Berlin famosamente chamou isso de "liberdade negativa" em seu artigo de 1958, "Dois Conceitos de Liberdade".

meu próprio juiz e redentor. Esse fardo manifesta-se como um desejo desesperado de justificar nossas vidas por meio da construção de minha identidade e sua expressão. No entanto, como todos também estão trabalhando freneticamente para construir e expressar suas próprias identidades, a sociedade torna-se um espaço de uma brutal competição entre indivíduos disputando atenção, sentido e significância, de maneira não diferente do drama artificial de um *reality show*.

Alguns de nós reagem a essa competição aceitando o desafio e submetendo-se à tirania do autodesenvolvimento, que demanda constante otimização, sempre fazendo as escolhas saudáveis, sempre descobrindo maneiras de ser e fazer e de trabalhar melhor. No terceiro capítulo, chamarei esse grupo de afirmadores, porque sua postura básica referente à sociedade é de afirmá-la. Outros, um grupo que chamarei de resignados, aceitam que jamais serão capazes de ser bem-sucedidos na competição e cedem à sedução do desespero, matando o tempo com entretenimento imersivo, até que a morte venha ou as circunstâncias mudem.

Tanto para os afirmadores quanto para os resignados, a vida é marcada por desejo e consumo desenfreados. Ou nós desejamos as sempre crescentes altitudes do autocontrole e da excelência, ou do entretenimento e do prazer (ou ambos). O mercado tem prazer em nos ajudar nessas buscas. Mas desejo e consumo ilimitados sempre nos deixam exaustos e vazios. Sempre há algo mais para comprar, sempre há alguma maneira de melhorar, sempre há algo para assistir, sempre há algo para experimentar. Para conseguirmos lidar com nossa exaustão e nossa sensação de vazio, apelamos para a automedicação.

Alguns embriagam-se, outros optam por antidepressivos controlados, ou por estimulantes, ou por remédios contra a ansiedade.[3] Alguns comem, outros assistem *Friends* sem parar, alguns trabalham mais, alguns exercitam-se mais, alguns se cortam, alguns se submergem nas notícias, alguns se submergem na pornografia, alguns jogam *video game*, alguns compram, alguns dormem, alguns se tornam fãs obcecados de K-Pop, alguns rolam infinitamente a *timeline* do Instagram, alguns postam infinitamente no Twitter, alguns discutem na internet, alguns tornam-se obcecados pela própria saúde, alguns se tornam obcecados pelo meio ambiente, alguns protestam *online*, alguns protestam para se tornarem famosos *online*, alguns viajam, alguns tentam suicidar-se, alguns tentam autodesenvolvimento, alguns abusam de pessoas, alguns unem-se a movimentos extremistas, alguns tornam-se membros de empresas de *marketing* multinível, alguns começam a praticar yoga, alguns se envolvem com jogos de azar, alguns praticam esportes extremos, alguns praticam romances ilícitos, alguns sonham acordados em serem diagnosticados com alguma doença que justifique sua própria mediocridade, alguns investem em autocuidado, alguns investem em Bitcoins, alguns descobrem uma nova identidade, alguns modificam seus corpos, alguns modificam suas dietas, alguns abraçam o vitimismo, alguns zombam do vitimismo.

Automedicação é a norma em nossa sociedade; visto que, se não estivermos medicados, não temos certeza de que conseguiremos terminar o dia.

---

[3] Assim como nos casos de muitos outros itens dessa lista, não há nada necessariamente errado com antidepressivos e outros medicamentos psiquiátricos. Eles podem ser usados de maneira responsável e saudável. Eles também podem ser prescritos em excesso.

* * *

Esta é a mentira fundamental da modernidade: que nós somos de nós mesmos. Até que a vejamos pelo que ela é, até que trabalhemos para eliminá-la de nossa cultura pela raiz e replantemos a concepção de que pessoas humanas pertencem a Deus, e não a si mesmas, a maioria dos nossos esforços de melhorar o mundo serão apenas *band-aids* glorificados.

A primeira questão e resposta no Catecismo de Heidelberg é a seguinte:

> P.1 Qual é o seu único consolo na vida e morte?
> Que não pertenço a mim mesmo,
> mas pertenço de corpo e alma,
> tanto na vida quanto na morte,
> ao meu fiel Salvador Jesus Cristo.[4]

Um entendimento adequado de nossa pessoalidade requer que reconheçamos que não somos de nós mesmos. No âmago de nosso ser, pertencemos a Cristo. Isso não significa apenas que oferecemos submissão mental a Cristo ou que descobrimos nossa verdadeira identidade nele. A verdade é mais profunda e mais bela do que essas frases são capazes de comunicar. Para mencionar um ponto, nosso entendimento de *identidade* tende a ser distorcido pelas concepções modernas de imagem e representação. Pertencer a Cristo é encontrar nossa existência em sua graça, viver de maneira transparente diante

---

4 N. do T.: A tradução para o português do Catecismo de Heidelberg utilizada é a disponível no *site*: http://www.heidelberg-catechism.com/pt/. Acesso em 06/05/2022.

de Deus.⁵ E esse pertencimento a Cristo necessariamente envolve pertencer a seu corpo, a igreja, e a nossas famílias e vizinhos. Uma antropologia definida por nosso pertencimento a Deus é diametralmente oposta à crença contemporânea de que somos indivíduos autônomos, livres e atomistas, que encontram mais realização pessoal libertando-se de todas as normas externas. Nosso *self* pertence a Deus, e somos alegremente limitados e contidos pelas obrigações, virtudes e amor que, naturalmente, fluem desse pertencimento. Esse viver diante de Deus não é fácil. Requer sacrifício e humildade, arrependimento e dependência perenes e colocados em Cristo. Em uma era secular como a nossa, isso requer um esforço intencional para lembrarmos que pertencemos a Cristo e que pertencimento não é apenas uma doutrina, mas uma realidade que toca todos os aspectos de nossas vidas.

Talvez a cura pareça pior do que a doença. Se não somos donos de nossas vidas, não estaríamos escravizados? Essa não seria a definição de perda de liberdade? Talvez nada valha tanto assim. Nos próximos capítulos, vamos explorar essa possibilidade. Por enquanto, deixe-me mostrar como a crença de que somos de nós mesmos molda de maneira fundamental a nossa sociedade desumana. Então, poderemos refletir sobre a alternativa: aceitar e abraçar nosso pertencer a Cristo, que nos une a ele e nos dá bases para deleite neste mundo, mesmo enquanto trabalhamos para fazê-lo mais humano.

Nenhuma ideia significativa do livro é original. Algumas eu aprendi com pessoas mais sábias do que eu; outras encontrei por

---

5 Søren Kierkegaard, *The Sickness unto Death*, trad. Alastair Hannay (New York: Penguin Books, 2004), 44. [Edição em português: Søren Kierkegaard, *O Desespero Humano*, trad. Adolfo Casais Monteiro (São Paulo: UNESP, 2010).]

conta própria e, posteriormente, descobri nos escritos de outros. Mas nada aqui é realmente original. E isso não é falsa modéstia — é um comentário sobre a natureza do problema.

A ideia básica de que o mundo moderno nos adoece e de que parte desse adoecimento decorre do individualismo, da tecnocracia e do consumismo tem sido explorada em detalhes desde a Segunda Guerra Mundial. Teólogos, sociólogos, poetas, músicos, políticos, historiadores e filósofos argumentaram em favor desses pontos. E, mesmo assim, aqui estamos e aqui permanecemos.

Eu ofereço este livro no espírito destas linhas do poema *Four quartets* de T. S. Eliot.

> E o que há para conquistar
> Por força e submissão, já foi descoberto
> Uma ou duas, ou diversas vezes,
> por homens que não se tem esperança
> De imitar — mas não há competição —
> Há apenas a luta para recuperar o que foi perdido
> E encontrado e perdido de novo e de novo:
> e agora, sob condições
> Que parecem não favoráveis.
> Mas talvez nem ganho nem perda.
> Para nós, há apenas o tentar. O resto não é da nossa conta.[6]

De fato, tudo isso já foi descoberto por homens e mulheres melhores, que eu não tenho "esperança de imitar". Para uma

---

6 T. S. Eliot, "Four Quartets," in *Collected Poems 1909-1962* (London: Harcourt, Inc., 1991), 189. [Edição em português: T. S. Eliot, *Quatro Quartetos*, trad. Ivan Junqueira (Civilização Brasileira: Rio de Janeiro, 1967).]

exploração extra dos temas deste livro, eu recomendo a você os livros *Lost in the cosmos* e *The moviegoer*, ambos de Walker Percy, além de *Aquela Força Medonha*, de C. S. Lewis, as obras *Quatro quartetos* e *Coros de "A rocha"*, de T. S. Eliot, *Capitalismo e progresso*, de Bob Goudzwaard, o álbum *OK Computer*, da banda Radiohead, o livro *The weariness of the self*, de Alain Ehrenberg, *Modernidade líquida*, de Zygmunt Bauman, *Why Liberalism failed*, de Patrick J. Deneen, *Leisure: the basis of culture*, por Josef Pieper, a obra de Wendell Berry, o livro *The technological society*, por Jacques Ellul, entre outros.

Contudo, ainda resta a luta para recuperar o que foi perdido, porque nós perdemos algo. Ou, no mínimo, não aproveitamos a sabedoria dessas grandes mentes que vieram antes de nós. Minha esperança para este trabalho é que ele contribua para recontextualizar o argumento no século XXI e para pensarmos especificamente acerca de autoposse e autopertencimento, dos quais, acredito, vários de nossos problemas derivam.

Apesar de essa crítica cultural ser antiga e um tanto controversa, muito pouco mudou. E parece ainda mais improvável que mude agora do que 50 ou 100 anos atrás. As condições parecem "não propícias". Mas, como diz Eliot, não sou responsável por mudar o mundo nem por criar algo "original". Minha responsabilidade é chamar atenção para aquilo que eu acredito ser um dos problemas mais relevantes para a minha comunidade. Portanto, eu tentarei. Quão bem-sucedido sou não é da minha conta, embora eu imagine que seja da sua. Por favor, deixe o seu "joinha" e se inscreva no canal.

Uma nota final: não escrevi este livro como um crítico posicionado em segurança e fora da sociedade. Ele, com certeza, é o produto de alguém vivendo dentro da sociedade, que é afetado pelos mesmos problemas, tentado pelos mesmos desejos e sobrecarregado com as mesmas ansiedades que descrevo. Há um gênero popular de não ficção no qual o autor reconta sua jornada pessoal, saindo de uma vida ruim até chegar a uma vida boa, de uma vida desorganizada até uma vida organizada, de deprimido a feliz, de pobre a rico, de fora de forma a malhado, e assim por diante.

Este não é tal tipo de livro, e eu não sou nenhum guru. Siga a Cristo. Siga os passos dos anciãos sábios e justos que fazem parte de sua vida. E tenha graça com todos. Deus sabe que todos precisamos disso.

4
EU SOU MEU E PERTENÇO A MIM MESMO

> O *milieu* em que o homem vive não pertence mais a ele. Ele precisa adaptar a si mesmo, como se o mundo fosse novo, a um universo para o qual ele não foi criado. Ele foi feito para mover-se a seis quilômetros por hora, e vai a mil. Ele foi feito para comer quando sente fome e para dormir quando sente sono; em vez disso, ele obedece a um relógio. Ele foi feito para estar em contato com seres vivos, e ele vive em um mundo de pedra. Ele foi criado com uma certa unidade essencial, e ele está fragmentado por todas as forças do mundo moderno.
> **Jacques Ellul**, *The technological society*

Zoocose é o termo usado para descrever o comportamento dos leões no zoológico quando eles caminham obsessivamente de um lado para o outro em suas jaulas. O termo técnico é *estereotipia*: "padrões de comportamento repetitivos e invariáveis sem que haja objetivos ou funções claras", que ocorre em "animais mantidos em cativeiro".[1] Mas *zoocose*, a junção das palavras "zoo" e "psicose", é uma maneira bem menos eufemística e estéril do que *estereotipia*.[2] Esses animais eram levados à *psicose* por estarem em cativeiro.

Apesar dos esforços dos cuidadores para recriar o ambiente natural desses animais, um zoológico continua sendo um zoológico. O leão continua enjaulado. As pessoas ainda apontam, olham fixamente e tiram fotografias ao longo de todo o dia. O leão ainda sente o cheiro do preparo dos churros e dos cachorros-quentes. Ele ainda ouve os gritos de animais que pertencem a continentes completamente diferentes. Suas refeições, embora feitas com precisão científica para suprir suas necessidades dietéticas, nunca satisfazem o desejo de caçar. E, com o barulho das pessoas e o horizonte de concreto, cercas e grades, ele sente-se exposto e sozinho. Sua ansiedade, na verdade, é bastante natural.

A exibição no zoológico não foi feita para o animal. Certo, tecnicamente, aquela área *foi feita* para ele. De fato, alguns dos maiores experts em leões africanos desenvolveram seu *habitat* e sua dieta. Esses cientistas sabem mais fatos sobre os leões do que os leões sabem de si mesmos. Leões conhecem apenas o estímulo de seus próprios instintos, mas os cientistas conhecem a história de toda a espécie, o intrincado funcionamento de seus órgãos internos e as últimas pesquisas sobre o comportamento de leões africanos.

E, mesmo assim, ele caminha para lá e para cá. Dia após dia. Ele ainda não se acostumou bem ao *habitat*. Sim, esse espaço foi feito para "um leão", mas não para *esse* leão nem mesmo para um leão africano.

---

1 Georgia J. Mason, "Stereotypies: A Critical Review," *Animal Behavior* 41, no. 6 (1991): 1015-1037.
2 De acordo com a fundação Born Free, o termo "zoocose" foi cunhado em 1992 pelo ativista do bem-estar animal Bill Travers, fundador da organização. Veja: www.bornfree.org.uk/zoochosis.

O espaço foi feito para um "leão" que provavelmente não existe, um que se sente em casa em uma jaula. E não importa quanto os cuidadores do zoológico modifiquem e otimizem o *habitat*, eles sempre partem do pressuposto de que ele é o tipo de criatura que pode viver uma boa vida confinado no meio de um zoológico, no meio de uma cidade, em um continente estrangeiro — uma ferramenta para trazer entretenimento e educação para as pessoas.[3]

A melhor esperança para o leão é adaptar-se ao seu novo ambiente. Isso pode não ser possível em sua vida, mas se ele não estiver muito ansioso e entediado para fazer sexo, talvez comece uma linhagem de leões nascidos em cativeiro que conseguem sentir-se mais confortáveis em um *habitat* artificial. É claro que, ainda assim, seríamos incomodados por dois pensamentos. O neto de nosso leão original traz uma nota em sua placa reconhecendo que ele é "nascido em cativeiro", e, uma vez que você leia a placa, é inevitável pensar se esse leão é, de alguma forma, menos do que um leão de verdade. É um leão de zoológico. E, então, nós sentiremos pena dele, pena porque nosso desejo de capturar, conter, entender e exibir todas as maravilhas da terra terminou pervertendo uma dessas maravilhas. Algo foi perdido. Mas esse é o melhor cenário. É mais provável que a zoocose continue.

Estranhamente, quase todos que visitam o zoológico reconhecem que há algo de errado com o leão. Sua zoocose é óbvia para todos verem. Você quase certamente já testemunhou animais no zoológico com esse comportamento, mesmo que você não conhecesse o termo para descrevê-lo. E, diante do animal que não para de andar, talvez

---

[3] Para mais informações a respeito da zoocose, ver Laura Smith, "Zoos Are Fun for People but Awful for Animals," *Slate Magazine*, 20 de junho de 2014, https://slate.com/technology/2014/06/animal-madness-zoochosis-stereotypic-behavior-and-problems-with-zoos.html.

você, como eu, tenha se pego repentinamente pensando: "Este pobre animal está mentalmente debilitado. Ele não pertence a este lugar. Essa situação está enlouquecendo o coitado, mas não há nada que possamos fazer por ele. Zoológicos serão zoológicos, e, mesmo que eu boicote este lugar, serei a única pessoa a fazê-lo. Espero que, pelo menos, eles deem algo para acalmá-lo". O leão não pertence à jaula, mas, enquanto as pessoas estiverem fascinadas por animais, os zoológicos continuarão existindo. Então, o melhor que podemos esperar é que haja progresso no *design* de *habitat* e, talvez, em medicamentos veterinários. Para a maioria dos visitantes do zoológico, o determinismo sobrepõe nosso desconsolo diante da visão de animais ansiosos e compulsivos.

***

Apesar de não estarmos presos da mesma maneira que um leão no zoológico, nós, ocidentais contemporâneos, frequentemente sofremos com o nosso próprio tipo de zoocose. Assim como o leão, nossa ansiedade deriva de vivermos em um ambiente que não foi feito para nós — porque nós somos verdadeiramente humanos. Os *designers* do nosso mundo (que, aliás, somos nós mesmos; apenas seres humanos são capazes de criar ambientes desumanos para si mesmos) tinham uma visão própria da pessoa humana em suas mentes quando criaram o mundo moderno. Antes de ser capaz de construir um *habitat* para seres humanos, é necessário ter uma ideia a respeito do que os seres humanos *são*. O que eles fazem? Como vivem? Por que vivem? Do que precisam? A qual lugar pertencem? Quando você puder responder essas questões, poderá começar a projetar instituições, economias, práticas, valores e leis que sejam apropriados — esses são os blocos que montam uma sociedade.

De algumas maneiras, a história humana é a história dos equívocos de cada civilização a respeito de alguma faceta da antropologia, com resultados terríveis. Portanto, meu argumento não é que o mundo moderno trouxe uma novidade quando interpretou equivocadamente a natureza humana. Em vez disso, pergunto *de que maneiras* a sociedade moderna equivocou-se a respeito dos seres humanos e quais são as implicações dessa antropologia falsa.

Vamos refletir em alguns exemplos que ilustram a maneira como nosso ambiente humano cria condições desumanas.

Incels[4]

Em 2014, em Isla Vista, Califórnia, um homem de 22 anos de idade matou seis pessoas e feriu outras 14, antes de cometer suicídio. Sua motivação foi a frustração causada por seu "celibato involuntário". Elliot Rodger atacou mulheres membros de uma irmandade universitária da Universidade da California, em Santa Bárbara, as quais ele culpava por não o considerarem sexualmente desejável. Antes de iniciar seu ataque, Rodger postou um "manifesto" no YouTube no qual explicava a grande injustiça do mundo: que as mulheres bonitas escolhem os idiotas valentões, em vez de escolher homens que, como ele, eram "cavalheiros supremos". Desde 2014, Rodgers foi citado como a inspiração de, pelo menos, cinco outros assassinatos em massa (totalizando 40 mortos e 43 feridos), incluindo o infame tiroteio ocorrido na Parkland High School, uma escola de ensino médio.

---

4 N. do T.: *Incel* é um termo usado para designar uma comunidade *online* formada por pessoas que se julgam incapazes de atrair parceiros para envolvimentos românticos e sexuais. A palavra é formada a partir da fusão de outras duas: *involuntary celibates*, ou seja, celibatários involuntários. A maioria dos membros dessas comunidades são pessoas do sexo masculino.

Esses homens identificavam-se como *incels*, celibatários involuntários, ou como simpatizantes da cultura *incel*. Embora sempre tenham existido homens ressentidos contra as mulheres que rejeitavam suas investidas, a internet criou um espaço para que esses homens apoiassem uns aos outros, criassem uma comunidade e desenvolvessem seu próprio vocabulário e filosofia.

Nas imediações da cultura *incel*, encontramos as subculturas dos ativistas dos direitos masculinos e dos *pickup artists*, homens que alegam serem capazes de seduzir qualquer mulher. Essas duas outras subculturas compartilham com os *incels* a obsessão com o sexo e a misoginia. Cada uma desses grupos *online* tem suas peculiaridades horripilantes, mas eles também estão seguindo uma visão a respeito do que é ter uma boa vida, a qual foi encorajada neles pela nossa própria cultura, através de propagandas, entretenimento e celebridades. A quantos comerciais que glorificavam a conquista de belas mulheres esses assassinos não assistiram ao longo de suas vidas? Eu suspeito que muitos homens jovens — e, em menor medida, mulheres jovens — vivem suas vidas com uma visão a respeito do sexo que não é muito diferente daquela defendida por Elliot Rodgers: "se uma pessoa bonita, popular, desejável e legal o bastante se oferecesse a mim sexualmente, eu poderia saber que tenho importância neste mundo".

A maneira como entendemos sexo, amor e significado está doente.

Mães donas de casa

Imagine que você seja a mãe de duas crianças pequenas que deseje ficar em casa e que tenha os recursos financeiros para tanto (uma escolha cada vez mais difícil em muitas cidades). Em primeiro lugar, você deve deixar para trás uma vida inteira de programação cultural que estabeleceu uma paridade entre uma vida significativa e uma carreira profissional de sucesso. Você não apenas foi ensinada que tem liberdade para trabalhar fora de casa; desde suas memórias mais antigas da escola, os únicos modelos de sucesso que você aprendeu foi de pessoas trabalhando fora de casa, e todos os seus professores destacaram a importância de uma formação superior para prepará--la para o mercado de trabalho. Talvez você tenha crescido em um ambiente mais religioso e conservador, onde havia pressão social para casar-se cedo e ficar em casa, mas, mesmo assim, aquela pressão social opera em oposição à cultura, que continua a tratar a boa vida como a vida dedicada à carreira. Talvez você tenha sido capaz de livrar-se dessa programação cultural e convencer a si mesma de que cuidar de crianças pequenas é uma das formas mais compensadores e naturais do trabalho humano. Você não julga suas amigas por terem carreiras, mas você sente que deixar a sua de lado por um tempo é a escolha correta para sua família. Em seus melhores dias, você chega a perceber que essa noção de que seu salário determina seu valor como pessoa é completamente sem sentido e não resiste a três minutos de escrutínio. Mas, durante a maior parte do tempo, você sente tanto a pressão de estar em casa quanto a pressão de trabalhar fora.

Em segundo lugar, você precisa lidar com a perda de sua comunidade mais próxima. É normal que uma pessoa jovem deixe sua cidade natal depois de concluir o ensino médio ou a universidade, separando-se da família e dos amigos, a fim de ir atrás de um bom emprego para si ou para seu cônjuge. Contudo, isso significa estar em casa com duas crianças pequenas e bastante longe de sua família. Você tem alguns amigos na cidade, mas, por causa das grandes distâncias, encontrar os amigos é sempre trabalhoso. Nas batalhas diárias da maternidade, você está sozinha com as crianças quase o tempo todo. Você começa a ficar depressiva.

Terceiro, quando você finalmente encontra outros adultos, o tópico da conversa quase sempre gira ao redor das profissões, deixando você com pouco a contribuir na conversa. Você teme conhecer novas pessoas, pois sabe que uma das primeiras perguntas será: "O que você *faz?*", e você terá que dizer: "Eu fico em casa com minhas crianças". Talvez eles sejam gentis e digam: "Eu acho que é ótimo que você esteja sacrificando a si mesma dessa maneira por causa das crianças!", mas será difícil livrar-se do sentimento de que eles pensam que sua vida não tem sentido. Assim como você, eles foram criados para pensar que acumular riquezas por meio de uma carreira bem-sucedida é o que faz uma pessoa ter valor e ser interessante. E tudo o que você faz é cuidar das mentes, corpos e almas de seres humanos vulneráveis.

Quarto, mesmo que você goste de trabalhar meio período para exercitar alguns de seus talentos fora de casa, nossa economia faz com que seja incrivelmente difícil encontrar trabalho que traga sentido e satisfação. As empresas querem contratá-la ou para um trabalho de tempo integral que exija mais qualificação, ou para um de meio período, a fim de exercer algum tipo de tarefa que não demande quase nenhum talento (limpeza, anotar pedidos etc.) — o tipo de trabalho repetitivo que você já faz em casa.

A maneira como tratamos mães, carreiras e o trabalho está doente.

Os portadores de doenças mentais

Houve um aumento dramático no número de diagnósticos de doenças mentais entre jovens americanos.[5] Os campi universitários têm sido o marco zero para esses problemas, mas a maioria das escolas não

---

[5] Carolyn Crist, "Mental Health Diagnoses Rising Among U.S. College Students", *Reuters*, 1º de novembro de 2018, https://www.reuters.com/article/us-health-mental-college/mental-health-diagnoses-rising-among-u-s-college-students-idUSKCNfN65U8.

conseguiu fazer algo a respeito disso. Em minha própria experiência como professor, os estudantes que sofrem com doenças mentais não são "flocos de neve".[6] Ao contrário, várias vezes eu tive que persuadir alunos a usarem os serviços dedicados à saúde mental oferecidos pela escola porque eles preferem manter seus problemas para si mesmos e forçarem-se a lidar com essas dificuldades sozinhos, mesmo quando suas vidas começam a desmoronar.

Os jovens estão rasgados por causa de famílias quebradas, abuso na infância, ansiedade, depressão, solidão, medo de nunca serem alguém, síndrome do impostor, paralisia da escolha, vício em pornografia, ideações suicidas, morte dos seus pais — rachaduras profundas e extensas. Uma pesquisa descobriu que, no último ano, quase 43% dos alunos de graduação "sentiam-se tão deprimidos que era difícil cumprir suas funções" e 64% disseram que "sentiam uma ansiedade esmagadora".[7] Entre as pesquisas acadêmicas a respeito da crise de saúde mental nos campi universitários e minha própria experiência, passei a assumir que, em qualquer classe, vários alunos sofrem com alguma doença mental diagnosticada, outros são sobreviventes de abuso sexual, e muitos estão lutando contra a depressão, a ansiedade e a ausência de objetivos. Embora o aumento nos diagnósticos de doenças mentais seja parcialmente explicável pelo aumento na percepção desses problemas e pela diminuição dos tabus, esses dois aspectos não

---

6 N. do T.: No inglês, o termo *snowflake* tornou-se uma expressão para definir pessoas que, como os flocos de neve, acreditam ser únicas, mas são, na verdade, bastante frágeis.
7 American College Health Association, "National College Health Assessment II: Undergraduate Student Reference Group Executive Summary Spring 2018," Silver Spring, MD: American College Health Association, 2018, https://www.acha.org/documents/ncha/NCHA-II_Spring_2018_Undergraduate_Reference_Group_Executive_Summary.pdf.

contam a história toda. Algo mudou. Nossas crianças não estão bem — e o resto de nós não está se saindo muito melhor.

De acordo com o CDC, o centro de controle de doenças dos EUA, "entre 2011 e 2014, 12.7% das pessoas com 12 anos ou mais … tomou remédios antidepressivos no último mês".[8] O amplo uso de remédios psiquiátricos levou um historiador da psiquiatria a dizer: "Nós chegamos a um ponto, pelo menos no Ocidente, em que parece que quase todos estão deprimidos e medicados. Você realmente deve refletir a respeito do que isso diz sobre nossa cultura".[9] Mais alarmante é a tendência de queda na expectativa de vida na América do Norte. Em novembro de 2018, o diretor do CDC soltou um pronunciamento que dizia: "Tragicamente, essa perturbadora tendência é amplamente alimentada por mortes causadas por overdose e por suicídio".[10]

Uma parcela significativa da população norte-americana considera a vida insuportável. Alguns lidam com isso por meio de medicação, mas outros apelam para os opioides ou para o suicídio. Em seu estudo cuidadosamente preparado a respeito do declínio da expectativa de vida, os economistas Anne Case e Angus Deaton apontam repetidas vezes para a perda de sentido experimentada por americanos de menor escolaridade que experimentaram a perda de trabalhos,

---

8 L. A. Prap, D. J. Brody, e Q. Gu, "Antidepressant Use Among Persons Aged 12 and Over: United States, 2011-2014," NCHS data brief, no. 283, Hyapsville, MD: National Center for Health Statistics, 2017, https://www.cdc.gov/nchs/products/databriefs/db283.htm.

9 Benedict Carey e Robert Gebeloff, "Many People Taking Antidepressants Discover They Cannot Quit," New York Times, 7 de abril de 2018, https://www.nytimes.com/2018/04/07/health/antidepressants-withdrawal-prozac-cymbalta.html.

10 "CDC Director's Media Statement on U.S. Life Expectancy," Centers for Disease Control and Prevention, 29 de novembro de 2018, https://www.cdc.gov/media/releases/2018/s1129-US--life-expectancy.html.

casamentos, igrejas e comunidades — ambientes e instituições que promovem satisfação.[11]

Uma explicação parcial para esse desespero é que muitas pessoas têm experimentado *burnouts*. A autora Anne Helen Petersen explorou esse fenômeno, particularmente na maneira como ele afeta os *millennials*, que ela chama de "geração *burnout*". Para muitas pessoas na modernidade, cada momento do dia deve ser utilizado trabalhando — praticando autodesenvolvimento, criando uma marca pessoal, fazendo conexões, otimizando ou buscando rendas extras. Crises financeiras, dívidas estudantis e incertezas econômicas geram muito dessa obsessão com o trabalho e o autodesenvolvimento, mas o efeito é o *burnout*, exaustão e uma incapacidade para lidar com tarefas simples da vida.

Comparando exemplos históricos de exaustão com a experiência de millennials, Petersen conclui que o *burnout* difere em sua intensidade e prevalência: não uma aflição experimentada por alguns poucos que evidencia os aspectos sombrios da mudança, mas, cada vez mais — e, particularmente, entre os millenials —, tem sido a condição definidora da contemporaneidade".[12] Embora Petersen se concentre nos millennials, minha intuição é que tanto os jovens quanto os mais velhos compartilham muitas dessas experiências: a pressão para trabalhar longas horas, desenvolver uma marca para as redes sociais e constantemente melhorar seu modo de vida — tudo isso enquanto é inundado com avisos sobre dívidas, injustiças, crimes e saúde. Uma vida de competição sem fim e sem recompensa, de

---

11 Anne Case e Angus Deaton, *Deaths of Despair and the Future of Capitalism* (Princeton, NJ: Princeton University Press, 2020), 212.
12 Anne Helen Petersen, "How Millennials Became the Burnout Generation," *BuzzFeed News*, 7 de agosto de 2020, https://www.buzzfeednews.com/article/annehelenpetersen/millennials-burnout-generation-debt-work.

autodesenvolvimento por meios cada vez mais eficientes e otimizados, é uma vida esmagadora, deprimente e insatisfatória. Não é para isso que fomos feitos, e nós sabemos disso; mas, em vez de confrontar o problema, culpamos a nós mesmos e trabalhamos mais.

A maneira como vivemos em comunidade está doente.

Consumo insustentável

Uma das características mais convenientes da vida ocidental contemporânea é que raramente precisamos reconhecer a maneira como nossas ações afetam o mundo.[13] Um ótimo exemplo disso é nosso consumo de produtos — especialmente, plásticos.

O consumo moderno tem um ar quase sobrenatural. Os produtos que encontramos nas prateleiras do supermercado não transmitem quase nenhuma ideia de que foram *feitos* por *alguém*. Eles aparecem como o maná, criados milagrosamente, embalados e entregues para a nossa satisfação. Quando terminamos de usar o produto, simplesmente jogamos o recipiente plástico em um latão, e ele desaparece, como se fosse mágica.

Se minha filha pergunta de onde veio um brinquedo, posso explicar como ele foi desenhado por alguém, fabricado e enviado do outro lado do mundo. E, se ela perguntar para onde o brinquedo vai depois que ele quebra e é jogado fora, posso explicar a respeito de aterros sanitários ou sobre as usinas de reciclagem. Entretanto, minha experiência factual da manufatura e descarte dos produtos é completamente teórica, até mesmo mítica. Eu não sei quem fez o brinquedo ou quem engarrafou a água. Não sei exatamente onde eles vão parar

---

13 Isso é parte de um tema muito mais amplo: mediação. O terrorismo é mediado por meio do noticiário. A morte é mediada por meio dos hospitais. Memórias são mediadas através de fotos e vídeos. Como resultado direto, nossas vidas parecem não ser reais.

depois que são descartados. Eu entendo essas coisas em princípio, mas não na prática, razão pela qual pode ser tão perturbador visitar um aterro e encarar a vastidão de lixo que ajudei a criar.

Contribuindo para o aspecto mágico do consumo, está minha fé sobrenatural na capacidade dos aterros e das usinas de reciclagem de absorver tudo o que eu descartar. Eu nunca questiono se meu consumo tem ou não um limite físico. Eu confio que, desde que pague as taxas de descarte, meu lixo e meu material reciclável serão tirados de mim. Como a bolsa da personagem Mary Poppins, imaginamos os aterros como se eles tivessem capacidade infinita.

Uma maneira como justificamos a crença de que nosso consumo não tem qualquer impacto negativo relevante no mundo são os enormes sistemas de reciclagem criados para mitigar o uso de aterros. No entanto, a verdade é que isso também envolve acreditar em mágica.

Documentos recém-publicados produzidos por companhias que trabalham com petróleo e plástico mostraram que essas companhias sabiam que essa abordagem seria economicamente inviável desde o início do impulso para reciclagem de plástico, na década de 1990. Reciclar é complicado e caro. Os plásticos precisam ser limpos e separados, e o material degrada cada vez que é reciclado. É mais barato fazer plástico novo. No entanto, as corporações gastaram milhões promovendo reciclagem porque isso nos ajudou a sentir que poderíamos consumir produtos plásticos sem consequências, e nós acreditamos no mito.[14] Para fazer com que o mito funcione, enviamos a maior parte de nosso material reciclável para a China, até que eles pararam de aceitar esse material em 2018. Não havendo para

---

14 Laura Sullivan, "How Big Oil Misled the Public into Believing Plastic Would Be Recycled," *NPR*, 11 de setembro 2020, https://www.npr.org/2020/09/11/897692090//how-big-oil-misled-the-public-into-believing-plastic-would-be-recycled.

onde mandar seu plástico sem valor, algumas cidades que determinavam a obrigatoriedade da reciclagem passaram a despejar as garrafas plásticas novamente nos aterros. Outros enviaram seus recicláveis para países do sul asiático que ainda os aceitavam, criando problemas ambientais em cidades portuárias empobrecidas.[15] Enquanto a maioria dos consumidores continua a acreditar que seu consumo é seguro porque suas garrafas plásticas são recicladas, nossos aterros continuam a crescer.

A maneira como consumimos está doente.

* * *

Embora a responsabilidade pessoal tenha um papel em cada um desses problemas, nenhum deles pode ser reduzido apenas às escolhas pessoais. O rapaz jovem, amargo e frustrado que não consegue obter a validação sexual que a sociedade o ensinou a buscar pode escolher amar e respeitar as mulheres, ao invés de odiá-las, mas ele não pode mudar a maneira como a sociedade vê o sexo. A mãe que luta para viver uma vida plena em casa pode escolher como ela responde às pressões sociais que rebaixam seu trabalho e valorizam o carreirismo, mas ela não pode mudar a maneira como a sociedade vê as famílias e o local de trabalho. Aqueles sofrendo com questões de saúde mental podem (em alguns casos) escolher tratamentos que levam à cura, mas não podem consertar as fontes de ansiedade presentes no mundo moderno. Consumidores podem escolher, individualmente, usar garrafas de água metálicas, mas a maioria dos produtos que compram ainda contém ou está embalada em um plástico que não tem outro

---

15 Liz Faunce et al., "Why the World's Recycling System Stopped Working," *Financial Times*, 25 de outubro de 2018, hpps://www.q.com/content/360e2524-d71a-11e8-a854-33d6f82e62f8.

lugar de destino que não o aterro. Em cada caso, a sociedade — o ambiente humano — é desumana porque está em oposição à maneira como os seres humanos deveriam viver.

E esses exemplos são apenas a ponta do iceberg. Ainda há o uso endêmico de pornografia, o crescimento do nacionalismo branco e da *alt-right*[16], trabalhos sem sentido, escândalos de abuso sexual entre clérigos, escândalos de abuso sexual em Hollywood, nossa desconexão com o mundo natural, o declínio nas taxas de natalidade, a intransigência do aborto e o escapismo mediante vício em tecnologia. Nenhuma causa isolada pode explicar a presença destes males sociais, mas eles compartilham características importantes: eles têm natureza sistêmica, são desumanos e dependem de um conjunto específico de suposições a respeito do significado de ser uma pessoa. A maneira como entendemos a nós mesmos, a maneira como nos relacionamos e vivemos uns com os outros, a maneira como trabalhamos e a maneira como descansamos, tudo isso demonstra sinais de desordem.

* * *

A maioria das pessoas entende que a sociedade é desumana de maneiras básicas — que nós vivemos em um *habitat* inadequado para nós. Porém, como o destino do leão no zoológico, o progresso da sociedade parece estar determinado. Mesmo que levantemos objeções contra as maneiras como o leão é tratado, o que podemos fazer para impedir essas coisas?

---

16 N. do T.: Termo em inglês usado para descrever grupos de extrema direita, às vezes chamados de Direita Alternativa.

- A interação com os caixas de autoatendimento é um pouco menos humanizada do que a interação com um funcionário do mercado, mas as lojas precisam cortar custos para permanecerem competitivas.
- A objetificação do corpo humano é degradante, mas você não pode impedir as pessoas de assistirem pornografia.
- Consumir produtos malfeitos é deprimente, mas nós não seríamos capazes de comprá-los se eles não fossem malfeitos.
- Preencher os dias com trabalho tedioso, suavizado com fontes de entretenimento, é entediante, mas qual é a alternativa?
- É ridículo sentir-se validado porque uma pessoa atraente lhe ofereceu atenção, especialmente quando a "atenção" oferecida é uma curtida no Instagram, mas nós *realmente* nos sentimos afirmados.
- A indústria da saúde deveria querer que as pessoas vivessem vidas saudáveis e que tivessem acesso aos cuidados de que precisam, mas ninguém os culpa por se importarem primeiro com seus lucros. Isso é o livre mercado.
- A mecanização e padronização da educação ignora que cada estudante é único, mas a educação já é cara do jeito que está.
- Não é natural gastar 15 horas por dia olhando para uma tela, mas cá estamos nós.

E, assim, resignamo-nos ao progresso que nós mesmos estamos desenhando.

Criamos uma sociedade baseada na suposição de que somos nossos e pertencemos a nós mesmos. No entanto, se essa antropologia está fundamentalmente errada, deveria ser esperado que as pessoas sofressem por causa de seu *habitat* malformado. E isso é exatamente o que nós descobrimos. A diferença entre nós e o leão é que somos mais bem-sucedidos em tratar nossa zoocose e em nos adaptar ao nosso ambiente. Não ligamos de caminhar de um lado para outro, especialmente se pudermos ouvir um podcast.

O fardo da autojustificação

Se eu sou meu e pertenço a mim mesmo, a primeira e mais significativa implicação é que sou inteiramente responsável pela minha vida. Esse pensamento é tão animador quanto aterrorizante. Não significa apenas que sou responsável pela minha própria sobrevivência, por alimentação, abrigo e assim por diante. Eu também preciso de uma razão para viver. Preciso de propósito e direção. Preciso de alguma maneira para saber quando fracasso na vida e quando sou bem-sucedido, quando vivo de maneira ética e quando não o faço. Preciso ter alguma maneira de determinar, em meu leito de morte, se vivi uma vida boa e plena.

A vida humana é simplesmente muito difícil e milagrosa para não ter um propósito.[17] Precisamos de algo que traga sentido para o fato de estarmos vivos e que justifique esta vida. Ao contrário dos animais, que podem sobreviver por instinto, os seres humanos têm a capacidade de questionar a própria existência, de perguntar por que devemos viver e por que devemos suportar o sofrimento. Simplesmente sobreviver não é o bastante. Viver apenas por viver e ter filhos não é o suficiente para a maioria das pessoas; então, adotamos visões da boa vida em vista das quais podemos trabalhar — razões para viver e maneiras de encontrar sentido em nossas histórias de vida.

---

17 Na obra *A negação da morte*, Ernest Becker chama isso de a "miraculosidade primária da criação". Veja *The Denial of Death* (New York: Free Press, 1973), 50. [Edição em português: *A Negação da Morte*, trad. Luiz Carlos do Nascimento Silva (Rio de Janeiro: Record, 1991).]

Essa é outra habilidade única dos seres humanos. Podemos escolher razões para viver. Alguns vivem para ver seus filhos crescerem. Outros vivem para conquistar seus medos e encontrar felicidade. Conforme envelhecemos, frequentemente mudamos nossa visão a respeito da vida plena. Quando somos jovens, talvez tenhamos acreditado que encontrar "a pessoa certa" daria sentido, propósito e significada para nossa vida. No entanto, após estar casados há 15 anos com "a pessoa certa", talvez encontremos propósito em uma carreira ou em encontrar uma nova "pessoa certa".

Todos nós somos confrontados com o desafio de justificar nossa vida em algum momento. Alguns são atingidos com essa questão depois de alguns anos vivendo no piloto automático. Depois do ensino médio, da universidade, do casamento, dos filhos e do início de uma boa carreira, um dia acordamos incertos a respeito das razões pelas quais estamos fazendo todas essas coisas. Ontem foi igual a hoje, e amanhã será a mesma coisa. Você não está indo a lugar algum. E não parece haver muitos motivos para tudo isso. A vida é estressante e exaustiva, e, apesar dos momentos de prazer e de alguns sucessos dignos de nota, você não consegue se livrar do sentimento de que só estava "dançando conforme a música" ao longo de toda a sua vida. Nós, algumas vezes, chamamos isso de crise de meia idade, mas eu tenho encontrado cada vez mais estudantes universitários que lutam igualmente com essas questões debilitantes. Minha suspeita é que, cedo ou tarde, momentos assim chegam para quase todos que vivem na sociedade ocidental.

Para outras pessoas, a obrigação de justificar sua própria vida é um desafio empolgante, como escalar o monte Everest da existência. Eles talvez descrevam seu objetivo como sendo "sentir-se vivo", que é uma frase bastante estranha quando paramos para pensar nela.

Apenas alguém que está vivo pode tentar "sentir-se vivo", e se eles estão vivos, então qualquer sentimento que eles já sintam é o sentimento de se estar vivo.

Então, o que há por trás dessa frase estranha? O que nós queremos dizer quando falamos que queremos nos sentir vivos? Eu acredito que há dois desejos trabalhando aqui. Algumas vezes, é um desejo de sentir, de maneira palpável, nossa vivacidade, em um mundo que constantemente media nossa experiência por meio da tecnologia e das ocupações. Intelectualmente, sabemos que não somos robôs, mas, de vez em quando, é bom saltar de um avião porque um robô jamais faria algo tão absurdo. Somos mais do que engrenagens em uma máquina porque somos capazes de agir de maneira irracional.

Alternativamente, "sentir-se vivo" é o desejo de vivermos nossas vidas de maneira plena. Todos nós vamos morrer e, se não fizermos algo que tenha sentido e seja significativo, teremos desperdiçado a única coisa que realmente importa. Talvez preparemos uma lista de realizações e experiências que queremos concluir antes de morrer.[18] Antes de morrermos, precisamos escalar essa montanha, visitar todos os estados do país, plantar mil árvores ou educar crianças bem-sucedidas. Quaisquer que sejam nossos objetivos, queremos sentir que fizemos o bastante para fazer nossas vidas valerem a pena, para sentir que nós somos importantes. Para nos sentirmos vivos.

Temos muitas outras maneiras de falar a respeito da justificativa de nossas vidas. Queremos saber que nossa vida "fez a diferença", "contou uma boa história", "significou algo", foi "plena", "rica"

---

18 Essas listas são estranhamente similares a tarefas de busca encontradas nos *video game*. Muitos jogos dizem qual a porcentagem da história principal e das tarefas secundárias você já completou. Parece-me que, algumas vezes, ensaiamos as maneiras que imaginamos nossas vidas por meio dos jogos de *video game*.

ou teve "um impacto duradouro". No entanto, de acordo com nossa antropologia contemporânea, não importa de que maneira encaremos o desafio, cada um de nós deve *encontrar* alguma explicação para nossas vidas.

* * *

Justificação também envolve uma dimensão explicitamente moral. Desejamos saber que fomos justos. Daqui a algumas páginas, olharemos para a questão dos valores de maneira mais ampla, mas aqui quero refletir a respeito de como a moral e a justificação sobrepõem-se uma à outra. Temos uma noção dessa conexão quando perguntamos a nós mesmos: "Será que estou bem?" ou "Será que sou uma boa pessoa?". Alguns podem experimentar isso como sentimentos de vergonha ou culpa, um senso penetrante de que são moralmente inadequados e corruptos. Quando essas impressões tornam-se esmagadoras, tornam-se justificativas: minha vida não tem propósito porque não sou uma boa pessoa.

A grande dificuldade é que, se somos de nós mesmos, nosso horizonte moral não pode ser dado, mas apenas escolhido. E isso significa que a única certeza que podemos ter de que estamos vivendo moralmente deve vir de dentro de nós.

Ninguém pode absolvê-lo ou perdoá-lo. Como veremos no próximo capítulo, o melhor que outras pessoas podem oferecer é sua opinião. Similarmente, ninguém tem o direito ou a capacidade de dizer a você qual é o significado de sua vida, por que ela importa ou qual é o seu propósito. Obviamente, muitas pessoas terão sugestões. Elas podem até mesmo ser insistentes para tentar persuadi-lo a devotar sua vida ao meio ambiente, ou a hábitos saudáveis, ou a algum deus, mas essas sempre serão apenas sugestões. Se a sua vida é sua, ninguém além de você pode decidir as razões pelas quais sua vida importa. Você precisa viver sua verdade.

Novamente, essa ideia é tão empolgante quanto assustadora. Ele significa que não precisamos seguir os passos de nossos pais. Não precisamos adotar os valores de nossa comunidade ou sua visão a respeito da boa vida. Estamos livres para descobrir o sentido de nossa própria vida. Contudo, também precisamos carregar o fardo de termos de descobri-lo. Podemos apenas ignorar a pergunta temporariamente antes de sucumbirmos. Em algum momento, a vida ficará tão difícil e dolorida que a única maneira como seremos capazes de seguir em frente é dizendo a nós mesmos que temos um propósito. Estamos indo a algum lugar com nossas vidas, e isso importa.

O cansaço de ser de si mesmo

Se eu sou meu e pertenço a mim mesmo, preciso definir quem "eu" sou. Meu pais podem escolher meu nome, e o governo pode emitir um número de registro, mas apenas eu mesmo posso decidir minha identidade. De forma parecida com a necessidade de nos justificarmos, a responsabilidade de nos definirmos não é algo que podemos optar por não fazer. Ser uma pessoa é ter uma identidade. E o entendimento contemporâneo de humanidade decreta que cada um de nós tem a liberdade e a responsabilidade de definir essa identidade.

Pense nisto: a história básica que contamos a nós mesmos no mundo moderno é uma história de autodescobrimento. Nossos filmes, nossa literatura, nossos programas de TV repetidamente seguem a história de um protagonista que deseja saber quem realmente é, descobrir seu *self* mais autêntico, descartar as expectativas de seu pai, de seus professores e do resto da sociedade, para, então, trilhar o próprio caminho. Pegue virtualmente qualquer animação da Disney produzida nos últimos 30 anos ou qualquer um dos dramas recentes que questionam as expectativas de gênero ou as normas sexuais. Na literatura, muitas das grandes obras de meados do século XX são explicitamente a respeito de autodescoberta: *Homem invisível*, de Ralph Ellison, *A redoma de vidro*, de Sylvia Plath, ou *Ceremony*, de Leslie Marmon Silko. Podemos até mesmo dizer que autodescoberta é a jornada do herói de nosso tempo.

Quem é você? Qual é a sua personalidade? O que o motiva? O que o apaixona? Como você percebe a si mesmo? Como você quer que o mundo o veja? Essas questões não são facilmente respondidas, e nossas respostas frequentemente mudam ao longo das diferentes estações de nossa vida. Mas o que não muda é a obrigação de respondê-las, de definir quem nós somos — publicamente. Quando essa obrigação torna-se esmagadora, nós a chamamos de uma "crise de identidade". Muitas pessoas sofrem de uma crise de identidade crônica, mudando de uma identidade para outra ao longo da vida.

Enxergamos como uma questão natural que a adolescência seja uma época de crise de identidade. A juventude é um período em que você encontra a si mesmo, define-se em oposição a seus pais e a seu passado e explora as diversas identidades possíveis. Essa crise é distinta do desconforto natural que muitos adolescentes sentem enquanto passam pela puberdade. Da mesma forma que os jovens estão aprendendo a se sentir normais em um corpo que muda rapidamente, eles também estão debaixo de uma pressão cultural para descobrirem quem são. Qualquer identidade que escolham (que quase sempre é definida pelo mercado), será contestada por aqueles que tenham identidades diferentes; por isso, eles nunca se sentem seguros.

Mas os adultos também não se sentem muito mais seguros em suas identidades. Apesar de nós gostarmos de apresentar essas dúvidas em uma linguagem que implica crescimento, e não exploração (que é coisa para os jovens), a ansiedade é a mesma. Quando ela se manifesta na forma de uma crise de meia-idade (que ainda tem a ver, fundamentalmente, com redefinir *quem* você é), a ansiedade pode levar as pessoas a fazerem escolhas de vida drásticas e repentinas, que trazem profundas consequências.

Umas das experiências mais desmoralizantes trazidas pelo envelhecimento tem sido testemunhar tantos casais terminarem seus casamentos por causa de uma crise de meia-idade. Um dos cônjuges sente que sua identidade é inadequada quando comparada a outras pessoas (eu não me importo nem sinto que esteja pleno ou que signifique algo), ou talvez eles fiquem perdidos comparando as diferentes identidades possíveis que eles poderiam adotar (e se eu não estivesse casado com uma mulher que me deixa sexualmente insatisfeito? E se meus filhos não atrapalhassem a minha carreira? E se eu pudesse viver em uma cidade melhor?). Em todo caso, uma ou ambas as partes passaram a acreditar que só podem alcançar suas vidas reais, satisfatórias e autênticas se acabarem com o casamento. Algumas vezes, isso envolve uma relação extraconjugal. Outras vezes, envolve abandonar a fé religiosa, ou suas crenças políticas, ou sua identidade sexual ou de gênero. Vi isso acontecer com pessoas próximas a mim.[19] Todos nós vimos acontecer com celebridades gospel.

Meu ponto é que adultos casados no Ocidente passam pela experiência relativamente comum de acordar um dia e concluir que

---

19 Algumas horas depois de escrever essa frase, descobri que outro amigo havia terminado o casamento depois de passar por uma crise de identidade e de ter uma relação extraconjugal. É uma situação realmente deprimente.

os papéis, relacionamentos, obrigações e estilos de vida que costumavam definir suas identidades já não trazem plenitude. Em momentos assim, uma pessoa moderna pode vir a sentir que seria imoral *não* seguir essa nova e mais verdadeira identidade — mesmo que isso machuque muitas pessoas ao redor dela. Obviamente, se nós somos realmente responsáveis por descobrir e expressar nossa identidade, a pressão moral para sermos verdadeiros a nós mesmos, apesar das maneiras como isso afeta outras pessoas, faz completo sentido.

As pessoas nem sempre acharam que crises de identidade eram normais. De fato, enquanto pessoas modernas sofrem com crises de identidade, as sociedades do passado sofriam com crises espirituais. O melhor exemplo disso é *A divina comédia*, de Dante, que famosamente começa da seguinte forma: "Da nossa vida, em meio da jornada / Achei-me numa selva tenebrosa / Tendo perdido a verdadeira estrada".[20] Uma razão pela qual essas linhas encontraram ressonância com os leitores ao longo dos séculos é que o poeta está descrevendo uma experiência humana comum: caminhar até chegar à metade da vida e descobrir que se está perdido. Talvez você acorde uma manhã questionando se a sua vida vale a pena ser vivida. Ou você pode acordar perguntando quem é você.

Independente disso, essa imagem de alguém que descobre que está fora da "verdadeira estrada" e perdido na "selva tenebrosa" é uma imagem que ressoa. Mas a "verdadeira estrada" significava algo diferente para Dante do que para nós hoje. Dante não perdeu sua identidade; ele não está confuso a respeito de quem é. Ele perdeu sua visão espiritual.

---

20 Dante Alighieri, *A Divina Comédia*, trad. José Pedro Xavier Pinheiro (São Paulo: Atena, 1955), 1.1-2.

Logo depois de perceber que estava na selva tenebrosa, Dante vê o nascer do sol sobre uma montanha. Ele desesperadamente tenta escalar a montanha para chegar mais perto do sol (que representa o Filho de Deus e a iluminação divina), mas é impedido por três animais representando seus pecados. Nesse ponto, o poeta Virgílio aparece e conduz Dante através do Inferno, do Purgatório até subir ao Paraíso. Para Dante, no século XIV, a questão não era "quem sou eu?", mas "quem é Deus?" e "como tornar-se mais parecido com Cristo?" A *divina comédia* descreve os esforços de um homem para conhecer a Deus, mas é também a maneira do poeta descrever a jornada espiritual que todos devemos trilhar. No processo de conhecer a Deus, Dante aprende mais e mais a respeito de si mesmo, a respeito de seus pecados e das maneiras como Deus o abençoe. No entanto, autoconhecimento é um subproduto de conhecer a Deus; não é o objetivo. O objetivo é conhecer a Deus e tornar-se como ele.

Se *A divina comédia* fosse escrita hoje, penso que seria a história de um homem para conhecer e expressar a si mesmo — essa é a jornada que toda pessoa moderna deve percorrer. A "verdadeira estrada" não representa o caminho de Cristo, mas um processo de autorrevelação e atualização. A "selva tenebrosa" representaria uma crise de identidade, e as bestas impedindo a passagem para a autoatualização seriam as expectativas culturais e dúvidas de si mesmo, em vez de pecados. Uma *Divina comédia* moderna talvez ainda incluísse a religião ou Deus, mas apenas enquanto ajudassem o protagonista a descobrir o seu *self* verdadeiro e real — uma reversão completa da visão original do poeta italiano. Da crise espiritual de Dante até nossa moderna crise de identidade, a busca se altera: de fontes externas para fontes internas. Uma maneira de entender essa mudança é reconhecer que, ao contrário do poeta do século XIV, as pessoas do nosso tempo tendem a acreditar que elas são suas e que pertencem a si mesmas. Como resultado, suas identidades estão sob questionamento. Nós podemos perder nosso *self* de maneiras que não fariam muito sentido para Dante.

* * *

Mesmo quando descobrimos nosso *self* verdadeiro ou criamos nossa própria identidade, ainda precisamos de algum tipo de validação externa e, portanto, precisamos expressar a nós mesmos — um processo chamado de "individualismo expressivista". Somos nossos e pertencemos a nós mesmos, mas a identidade sempre requer o reconhecimento de outras pessoas. Há uma tensão aqui, e você pode encontrá-la em toda nossa cultura.

Por um lado, há o empurrão da autonomia: "Eu sou meu; apenas eu posso definir a mim mesmo; não importa como as outras pessoas me veem, apenas como eu vejo a mim mesmo". Por outro lado, há o empuxo do reconhecimento, que é uma parte inerente da identidade: "As pessoas precisam reconhecer-me por quem sou e ver-me como desejo ser visto". Um adolescente escuta músicas que refletem e expressam sua personalidade para outras pessoas, mesmo que as letras tratem explicitamente da rejeição dos julgamentos e opiniões de outras pessoas. Um homem de meia-idade veste uma camiseta que diz: "Apenas Deus pode me julgar", mas ele claramente quer que você o julgue baseado na camiseta que ele está vestindo. Lutamos para definir nossas identidades individualmente, mas estamos sempre dependentes do reconhecimento dessa identidade por outras pessoas.

A resolução para essa tensão é simples, mas idealista: nós queremos que todos reconheçam e afirmem nossa identidade exatamente como nós definimos nossa identidade neste momento específico do tempo. Ninguém tem o direito de definir quem eu sou, mas, para que eu tenha uma identidade, preciso que eles vejam e afirmem quem sou. E, a fim de fazer com que as pessoas vejam quem sou, preciso me expressar — muitas vezes. Quanto mais as pessoas virem e afirmarem minha identidade, mais seguro me sinto. Acredito que isso explique parcialmente a glorificação da fama (e da infâmia) em nossos tempos. Nós somos formados pela lógica da economia da atenção, em que a atenção para as propagandas, aplicativos, artigos, imagens, vídeos, trending topics[21] e assim por diante é uma medida de valor

Quando nossa identidade requer reconhecimento e afirmação em público, você nunca pode parar de expressar a si mesmo. Nenhuma pessoa é significativa o bastante para embasar permanentemente sua identidade com seu olhar de aprovação, apesar de que nós, algumas vezes, nos permitimos pensar dessa forma. Particularmente quando somos jovens, inseguros e apaixonados, podemos imaginar, com facilidade, que, se ele ou ela apenas olhasse para nós com aprovação, sentiríamos que estamos seguros enquanto pessoas. Mais tarde na vida, talvez imaginemos que uma conquista na carreira ou nas artes são o embasamento definitivo de nossa identidade. Mas nunca é o bastante.

E a coisa mais assustadora é que todas as pessoas na sociedade estão fazendo exatamente o mesmo. Todos estão em suas próprias jornadas privativas de autodescobrimento e autoexpressão. Em alguns momentos, a vida moderna parece como se bilhões de pessoas estivessem na mesma sala, gritando o próprio nome para que todos os outros saibam que eles existem e quem são — que é uma descrição razoavelmente adequada das mídias sociais. Ser reconhecido é

---

21 N. do T.: termo usado para categorizar os assuntos por ordem de relevância nas redes sociais.

atrair o olhar e a atenção dos outros. Ser afirmado é atrair seu olhar de aprovação. Mas, se todos nós somos responsáveis por criar e expressar nossas próprias identidades, todos estão competindo com todo o resto por nossa atenção limitada. Então, ninguém está seguro o bastante em sua própria identidade para embasar a nossa com sua aprovação. Como podemos lidar com essa competição tão acirrada?

A incerteza do significado

Se eu sou meu e pertenço a mim mesmo, sou responsável por criar significado em minha vida. Nenhuma outra pessoa pode decidir o significado do amor, o significado de minhas experiências, o significado da luz do sol passando por entre as folhas de uma árvore. Os seres humanos não podem viver sem significado. Precisamos interpretar nosso mundo para navegá-lo. A única questão é sobre o local de origem desse significado.

Não faltam opções de interpretações para serem escolhidas. A arte, a religião e a cultura como um todo são tentativas de interpretar o significado da experiência humana. As maiores mentes da história da humanidade nos ajudaram a perceber o sentido da vida. Elas nos deram canções que tentam articular nossa experiência de solidão e pinturas que tentam capturar a beleza da natureza. Elas ofereceram rituais que tornaram solenes os momentos sagrados de nossa vida, tais como o casamento, o nascimento de um filho, e a morte.

Mas, se nós somos de nós mesmos, tudo o que essas grandes mentes, como Platão, Jesus, Michelangelo e Shakespeare, podem fazer é *recomendar* certas interpretações. Elas sempre serão apenas opções. Precisamos decidir por nós mesmos qual o significado de cada momento da vida. E isso, assim como todas as outras partes que formam nossa antropologia contemporânea, é tanto uma grande liberdade quanto um fardo terrível.

Ninguém questiona seriamente se conseguimos encontrar significado na vida nem se encontrar significado é ou não uma das chaves para uma vida plena. No livro *O poder do sentido*, a escritora Emily Esfahani Smith estuda algumas das mais respeitadas fontes de significado no mundo para determinar aquilo que todas elas concordam ser significativo na vida. Em inglês, o subtítulo de seu livro, *Crafting a life that matters*,[22] que pode ser traduzido como "construindo uma vida que importa", reflete perfeitamente a pressuposição de que somos individualmente responsáveis por nossa vida e por qualquer sentido que encontremos nela. O que ela descobre é que o mundo moderno está experimentando uma "crise de sentido" e que pertencimento, propósito, narrativas e crescimento são as chaves universais para experimentar uma vida cheia de sentido.[23]

O livro *Lost connections*, de Johann Hari, descreve uma crise levemente diferente, mas oferece uma solução incrivelmente similar. Para Hari, a questão é: por que as pessoas estão tão deprimidas na modernidade? Rejeitando a explicação do "desequilíbrio químico" que elevou as vendas de antidepressivos e de terapia, Hari argumenta que aquilo de que precisamos, na verdade, são conexões mais profundas e significativas com outros seres humanos, com trabalho que importe e com valores que nos motivem.[24]

---

22 N. do T.: A edição em português para o livro utiliza um subtítulo diferente. Emily Smith, *O Poder do Sentido: Quatro Pilares Essenciais Para Uma Vida Plena*, trad. Débora Landsberg (São Paulo: Objetiva, 2017).

23 Emily Esfahani Smith, *The Power of Meaning* (New York: Crown, 2017), 5. [Edição em português: Emily Smith, *O Poder Do Sentido: Quatro Pilares Essenciais Para Uma Vida Plena*, trad. Débora Landsberg (São Paulo: Objetiva, 2017).]

24 Johann Hari, *Lost Connections: Uncovering the Real Causes of Depression—and the Unexpected Solutions* (New York: Bloomsbury, 2018).

Em ambos os livros, os autores entendem a natureza do sentido da mesma maneira. Ambos concluem que as pessoas que vivem no Ocidente moderno estão experimentando uma perda de sentido e que esse sentido é essencial para uma boa vida. Todavia, como podemos conseguir significado? Para Smith, Hari e Steven Pinker (que escreveu uma longa defesa do mundo iluminista moderno), o sentido é primariamente algo que sentimos, e não algo que descobrimos ou reconhecemos.[25] É uma experiência interna e subjetiva, e não uma realidade externa (ou, mais propriamente, uma realidade interna-externa) que reconhecemos.

Mas, se nós somos de nós mesmos, o sentido só pode ser interno, pois ninguém tem o direito ou a habilidade de impor sentido sobre nós. Artistas, filósofos e líderes religiosos podem fazer recomendações a respeito do sentido das coisas, mas nada além disso. Se eu não gostar da recomendação deles, posso fazer minhas compras em outro lugar. Se gosto do significado de sexo passado por certo filme romântico, posso escolher adotá-lo como se fosse meu. Porém, se eu achar muito restritivo ou muito emocionalmente íntimo, posso encontrar uma história diferente, talvez uma que seja pornográfica, que interprete sexo puramente como um ato pessoal de prazer ou de poder. Esses não são apenas dois retratos diferentes de sexo; são afirmações a respeito do *sentido* do sexo, de seu propósito, valor e significância.

Outra maneira de entender nosso dilema é que, no mundo moderno, sentido não pode ser imposto sobre nós a partir de uma fonte externa. Em vez disso, nós é que impomos sentido sobre nossa

---

25 Steven Pinker, *Enlightenment Now: The Case for Reason, Science, Humanism, and Progress* (New York: Penguin Books, 2018), 267. [Edição em português: Steven Pinker, *O Novo Iluminismo: Em Defesa Da Razão, Da Ciência e Do Humanismo*, trads. Laura T. Motta e Pedro M. Soares (São Paulo: Companhia das Letras, 2018).]

experiência de vida. O mais perto que nossa sociedade chega de impor sentido às pessoas é requerer que elas ajam de certas maneiras. Políticos e outros líderes podem requerer que ajamos *como se* certas coisas tivessem um significado definido. Por exemplo, feriados nacionais são uma tentativa de forçar os cidadãos a agirem como se a data fosse sagrada. Leis a respeito das bandeiras tentam estabelecer um sentido definido para uma bandeira, ao definirem multas para aqueles que não tratarem a bandeira de maneira adequada. Um empregador pode pedir que você sorria para cada cliente, como se estivesse feliz de vê-los. Mas, para você, o Dia da Independência pode significar uma festa no quintal com sua família e amigos, a bandeira pode significar políticas de direita ou liberdade, e persuadir mais um cliente a comprar algo de que não precisa é uma ideia deprimente. Temos a liberdade e a obrigação de interpretar nossas vidas por nós mesmos, e "sentido" é o nome que damos para o resultado subjetivo de nossas interpretações da vida.

* * *

O problema é que significado não passa a *sensação* de ser subjetivo. De fato, o que dá ao sentido a sua habilidade de nos carregar e trazer significado ao mundo é o peso que ele tem fora de nossas cabeças. Quando um ente querido morre, sua tristeza não parece ser uma interpretação pessoal. Certamente, o relacionamento que você tinha com a pessoa colore o sentido que essa morte tem para você, mas o sentimento de perda vai além de sua própria cabeça. Ou, pelo menos, passa a *sensação* de que vai além de sua cabeça. A morte dessa pessoa, o amor desse homem ou dessa mulher, a beleza desse poema, a injustiça desse evento — o sentido de todas essas coisas parece tocar em uma realidade que é independente de você. Quer você reconheça isso, quer não, o amor que uma criança pequena sente por sua mãe quando está no colo dela tem um sentido definido. A coisa que torna esse abraço tão poderoso e tranquilizador é que ele parece comunicar algo objetivamente verdadeiro a respeito da existência — nesse caso, algo como "você está à salvo e é amado".

Como uma pessoa da modernidade, que é responsável por criar sentido para si mesma, lida com o senso de que o sentido não é apenas algo que ela criou? Para os filósofos existencialistas de meados do século XX, a vida é absurda e trágica exatamente porque o sentido apenas parece ter alguma realidade objetiva. Experimentamos a vida como se ela fosse cheia de sentido, quando, na verdade, não há qualquer sentido, exceto aquele que nós impomos. É preciso bastante coragem para encarar a vida, não apenas porque ela é difícil e dolorosa, mas porque ela não tem qualquer sentido objetivo, e continuar vivendo nossas vidas requer que escolhamos ver sentido onde não há nada. De acordo com essa linha de pensamento, a tarefa de cada indivíduo é rejeitar os sentidos impostos pela tradição, pelas autoridades e pelos costumes — que são todos falsos —, reconhecer que a vida é sem sentido e escolher criar sentido mesmo assim. Nem todos têm coragem de viver de maneira autêntica; porém, para autores como Jean-Paul Sartre e Albert Camus, viver com o conhecimento de que a vida é sem sentido e de que, um dia, você morrerá é a única maneira verdadeira de viver. Todo o restante é iludir a si mesmo. A vida pode ser absurda, mas saber que ela é absurda é melhor do que viver uma mentira.[26]

---

26 Veja *O Mito de Sísifo*, de Camus, e *Existencialismo é um Humanismo*, de Sartre.

A resposta existencialista para o problema do sentido pode soar depressiva para você, mas não precisa ser assim. Se você é de si mesmo, pode escolher ver a falta de sentido inerente à existência como uma espécie de quadro em branco. Tudo o que você precisa fazer é apagar os desenhos que foram colocados ali pela tradição, ignorar todos os críticos que querem dizer para você como desenhar, excluir os outros artistas que ficam tentando desenhar no seu quadro e criar sua própria obra prima. Uma alternativa é escolher negar sua liberdade para desenhar. Você pode seguir um tutorial extremamente detalhado no YouTube, que produz algo belo e completamente inautêntico, mas isso envolveria negar que você é de si mesmo e que é completamente responsável por criar uma vida que tenha sentido.

A quantificação dos valores

Se sou meu e pertenço a mim mesmo, também sou responsável por determinar por mim mesmo o certo e o errado. Nenhuma outra pessoa ou instituição tem a autoridade para impor sua moralidade sobre mim. Posso escolher seguir as normas sociais e as leis para que minha vida seja mais fácil e mais agradável, mas essa é uma escolha que faço por meus próprios interesses, não porque haja algo de inerentemente certo nas normas sociais e nas leis. A "moralidade" acaba sendo a afirmação da vontade de alguém sobre outra pessoa — um exercício de poder, e não da verdade.

Em tal sociedade, a base para nossas posições morais é, em última análise, minha preferência pessoal ou aquilo que sinto de maneira profunda, algo interno e privado. Podemos usar termos como "igualdade" ou "justiça" enquanto argumentamos em favor de uma lei ou contra o comportamento de outros, mas, se somos de nós mesmos, a única coisa por trás desses valores é nossa preferência por certas ideias de igualdade ou de justiça. Na obra *Depois da virtude*, o filósofo Alasdair MacIntyre descreveu essa perspectiva quanto aos valores como "emotivismo":

> O *self* especificamente moderno, o *self* que chamei de emotivista, não encontra limites estabelecidos para aquilo sobre o qual ele possa julgar, pois tais limites poderiam derivar apenas de critérios racionais para avaliação e ... o *self* emotivista não possui tais critérios. Qualquer coisa pode ser criticada de qualquer ponto de vista que o *self* tenha adotado, inclusive o ponto de vista que o *self* escolheu adotar.[27]

Você provavelmente ouviu alguém fazendo uma afirmação moral baseada explicitamente na maneira como se sente a respeito do assunto e, talvez, você tenha pensado que essa pessoa estava sendo excessivamente sensível e emotiva. No entanto, MacIntyre argumenta que a maioria de nós está operando como emotivistas; mesmo quando apelamos para um "critério impessoal", é apenas uma máscara para cobrir nossas preferências pessoais. Se pertencemos a nós mesmos, tudo o que jamais teremos é nossa própria perspectiva, quer expressada explicitamente, quer por trás de uma máscara de padrões objetivos.

Eu sou meu; portanto, não devo obediência nem submissão a ninguém. Soa como a receita perfeita para a anarquia. Como Mítia diz em Os irmãos Karamazov, "Sem Deus ... tudo é permitido".[28] Algu-

---

27 Alasdair MacIntyre, *After Virtue*, 3rd ed. (Notre Dame: University of Notre Dame Press, 2007), 31. [Edição em português: Alasdair MacIntyre, *Depois Da Virtude: Um Estudo Sobre Teoria Moral*, trads. Pedro Arruda e Pablo Costa (Campinas: Vide Editorial, 2021).]

28 Fyodor Dostoevsky, *The Brothers Karamazov*, trad. Richard Pevear e Larissa Volokhonsky (New York: Farrar, Straus and Giroux, 2002), 589. [Edição em português: Fiódor Dostoiévski, *Irmãos Karamazov*, trad. Paulo Bezerra (São Paulo: Editora 34, 2019), entre outras.]

mas páginas depois, Mítia diz: "Se ele não existe, o homem é o chefe da terra, do universo".[29] Encontramos um pensamento similar no conceito de *Übermensch*, o "super-homem" de Nietzsche: o homem que aceita a morte de Deus e escolhe estabelecer uma nova moralidade mediante sua própria vontade.[30] Ou podemos olhar para a obra *Coração das trevas*, de Joseph Conrad. Quando o Sr. Kurtz viaja para o coração do Congo à procura de marfim, descobre que, sem os limites impostos pela sociedade e pela igreja, tudo o que sobrou para que ele guiasse sua moralidade é sua própria consciência, que acaba mostrando-se um substituto desprezível. Ele está radicalmente livre para se tornar um cruel opressor. Os críticos da religião e até mesmo alguns agnósticos pragmáticos argumentaram que precisamos acreditar em Deus para vivermos moralmente, porque só teremos uma razão para negar nossos impulsos egoístas e destrutivos se acreditarmos em uma fonte de moral que esteja fora de nós mesmos. E, ainda assim, mais de 130 anos depois que Nietzsche declarou a morte de Deus, a civilização ocidental não descambou para o caos e para a anarquia. Por quê?

Do ponto de vista histórico, as democracias liberais modernas são, efetivamente, bastante organizadas. As democracias ocidentais são incrivelmente seguras quando comparadas com outros períodos da história. Quase nunca nos preocupamos com assaltantes enquanto viajamos. Corrupção política e abuso de poder são relativamente contidos. E desfrutamos mais de direitos humanos básicos do que em qualquer outro momento da história. Isso levanta uma questão importante: se todos escolhemos nossa moralidade por conta própria, por que o Ocidente não descambou em um completo caos?

---

29 Dostoevsky, *The Brothers Karamazov*, 592.
30 Veja *Assim Falou Zaratustra*.

Penso que há duas razões principais por que nossa antropologia contemporânea não leva diretamente para a anarquia. A primeira é que, com a perda de uma ordem moral estabelecida por meio da religião, as pessoas modernas ainda mantêm "preocupações humanas" e gravitam ao redor de benevolência universal, como o filósofo Charles Taylor descreveu.[31] Com uma visão de solidariedade humana, sentimos uma obrigação de melhorar todo o bem-estar humano. A sociedade tornou-se, então, um espaço para "benefício mútuo", onde ajudamos uns aos outros quando ajudamos a nós mesmos.

Nem todos sentem esse senso de solidariedade humana. Como todas as outras moralidades modernas, ela é opcional. Como Taylor aponta, não há nada que me obrigue a "assumir o bem-estar universal dos seres humanos como meu objetivo; e também nada me diz que a liberdade é importante, assim como plenitude ou igualdade. Estar confinado apenas aos bens humanos pode muito bem encontrar expressão em minha dedicação exclusiva a meu próprio bem-estar material".[32] Na verdade, algumas pessoas realmente negam que o bem-estar humano universal seja problema delas. Elas permanecem focadas em sua própria felicidade individual. E, se elas são de si mesmas, por que não? No entanto, a maior parte das pessoas modernas têm um senso vagamente definido de que deveriam deixar o mundo melhor do que quando o encontramos, que elas deveriam aliviar o sofrimento e lutar contra a injustiça onde quer que ela seja encontrada. Quando participamos desse ativismo, é mais fácil nos convencermos de que nossas vidas importam. Temos valor e significado porque fazemos do mundo um lugar melhor.

---

31 Charles Taylor, *A Secular Age* (Cambridge, MA: Belknap Press, 2007), 571-572. [Edição em português: Charles Taylor, *Uma Era Secular* (São Leopoldo: Unisinos, 2010).]
32 Taylor, *A Secular Age*, 572.

A segunda razão pela qual não vivemos em uma terra arrasada pós-apocalíptica é que, mesmo quando você dá liberdade para as pessoas determinarem a moralidade por si mesmas, elas geralmente escolhem viver vidas pacíficas e ordenadas. A perda da moralidade objetiva não leva à violência, mas certamente leva a um "consequencialismo". Seguir a Regra de Ouro — isto é, tratar os outros como você gostaria de ser tratado — faz com que a vida seja mais fácil e mais agradável para todos. Ser fiel à sua esposa melhora sua qualidade de vida. Pagar por um serviço de *streaming* de música é melhor do que simplesmente piratear as músicas. No geral, ser mal é uma péssima maneira de viver, e o humanismo pragmático é benéfico.

No entanto, embora possamos detectar a redução de certos crimes ao longo dos últimos séculos, isso não significa que as pessoas do nosso tempo se comportam com mais moralidade do que as pessoas do passado. Talvez seja verdade, mas não sei como alguém poderia provar isto. O proeminente humanista Steven Pinker usou estatísticas relativas à diminuição do crime para argumentar que o projeto iluminista foi bem-sucedido (o que inclui a crença de que somos nossos e pertencemos a nós mesmos).[33] Essa antropologia contemporânea não afeta apenas se as pessoas agirão moralmente ou não. Ela também muda a maneira como entendemos leis morais e nossas motivações para agir moralmente.

Uma vez que aceitemos que a moralidade não possui existência objetiva, tendemos a privilegiar julgamentos morais que podem ser suportados por dados, porque os dados (e, especificamente, a "eficiência") são aquilo que temos de mais próximo de valores universais ou do bem comum. Para nós, a lei moral é uma lei baseada em

---

33 Pinker, *Enlightenment Now*, 168-176.

evidências que, comprovadamente, reduzem o sofrimento humano ou aumentam seu florescimento. Por exemplo, alguns argumentam que, a despeito das questões relativas à dignidade humana, a prostituição deveria ser legalizada, visto que a legalização reduziria a violência e a incidência de doenças venéreas. Como Steven Pinker argumenta, "dignidade humana" é uma frase molenga, usada para contrabandear todo tipo de tabus e proibições sem fundamento.[34] Nós conseguimos contar o número de vítimas de violência sexual, mas não conseguimos medir a perda de dignidade humana que ocorre quando uma pessoa vende seu corpo. Não conseguimos nem concordar que a dignidade humana é algo existente ou que a prostituição é uma afronta a essa dignidade. Se cada um de nós é responsável por nossas próprias leis morais, não temos o direito de impor um valor como a "dignidade humana" sobre outra pessoa, mesmo que acreditemos que seja para seu próprio bem. No entanto, o dano mensurável é um assunto completamente diferente. Uma vez que você possa demonstrar quantitativamente a nocividade de um comportamento, você é capaz de regulá-lo.

Eu suspeito que é precisamente essa mensurabilidade da "benevolência universal" que as pessoas modernas acham tão reconfortante. Queremos saber quantas crianças mal-nutridas conseguiremos alimentar com 25 dólares por mês, quantas vidas foram salvas por meio de auxílio médico internacional, qual a eficiência da educação na promoção da mobilidade social, e assim por diante. Reduzir o dano mensurável é o objetivo principal, e mensurabilidade é a chave. Talvez não concordemos acerca do que pode ser considerado "bem-estar humano", mas podemos concordar que reduzir o dano é bom.

---

34 Pinker, *Enlightenment Now*, 402.

Através de todo o espectro político, você encontrará especialistas trazendo argumentos para políticas públicas e para normas sociais baseados, primordialmente, em dados. Até mesmo os cristãos, que deveriam crer em uma lei moral objetiva revelada por Deus, tendem a apoiar-se pesadamente sobre argumentos baseados em dados e evidências. Parece ser o movimento natural em nossa sociedade. E creio que pareça natural porque os cristãos, como todas as outras pessoas, tendem a pensar em si mesmos como seres autônomos. Entre indivíduos autônomos, a linguagem dos números é a fundação mais segura para a moralidade.

Isso nos traz a outra implicação da antropologia contemporânea sobre a moralidade: tudo está em fluxo. Uma vez que você passe a embasar a moralidade em dados, você deve estar pronto para mudar as normas morais e as leis quando os dados pedirem a mudança. Para alguns pensadores (eu suspeito que o nome de Steven Pinker caberia aqui), essa é uma grande vantagem do utilitarismo.[35] Esse é um sistema moral que opera mais como uma ciência do que como uma religião. Nós atualizamos e modificamos nossa moralidade baseados em novas informações.

Embora a moralidade quantificada seja o mais próximo que temos de desenvolver uma moralidade compartilhada, ainda assim, ela permanece opcional. Mesmo que conheçamos as razões embasadas nas evidências para agirmos de certa maneira, não há nada que, objetivamente, exija que você aceite as conclusões trazidas pelos dados. Você é livre para continuar com suas visões preconceituosas.

---

35 Em um capítulo do livro *O novo iluminismo*, intitulado "Humanismo", Pinker reconhece que há um relacionamento forte entre humanismo e utilitarismo e argumenta em favor da superioridade desse modelo comparado a uma moral teísta. Ao longo do livro, ele está apaixonado pela capacidade que a razão tem de se corrigir em todas as áreas da vida.

Mas é muito mais fácil e menos custoso seguir a orientação dos dados. Uma razão para você escolher uma posição moral que contradiga os melhores dados é que ela é útil para expressar sua identidade. Quando a moralidade se torna uma questão de perspectiva pessoal, os indivíduos podem formular argumentos morais para mostrar ao mundo que tipo de pessoas são. Você não precisa se opor às guerras ou ao aquecimento global por serem objetivamente errados ou por podermos quantificar o mal que causam. Você pode opor-se a eles porque isso parece certo e reflete sua marca pessoal ou sua personalidade. Mais tarde, quando seus valores mudarem, as causas que definem quem você é podem mudar também.

A insegurança de pertencer a si mesmo

Se sou meu e pertenço a mim mesmo, todas e quaisquer associações, laços e relacionamentos que eu tenha são voluntários. Talvez eu me empreste por 40, 50, 80 horas por semana em troca de pagamento. E talvez eu "pertença" figurativamente à minha esposa, ou aos meus filhos, ou à minha comunidade. Contudo, no fim das contas, essas são escolhas que fiz acerca de como quero viver minha própria vida, que sempre pertencerá apenas a mim.

Da mesma maneira, talvez eu não me empreste para um empregador em particular, ou eu poderia escolher não ter qualquer trabalho, mantendo todo o meu tempo para mim mesmo. Idealmente, eu encontraria um trabalho que permitisse a *sensação* de que sou livre, mesmo que esteja comprometido com oito horas de trabalho diário, cinco dias na semana. Se tenho escolhas, ainda sou, básica e essencialmente, de mim mesmo, e não pertenço a ninguém — nem mesmo, na verdade, à minha família.

Eu "pertenço" à minha esposa apenas enquanto escolho pertencer a ela. Devo a ela alguma fidelidade, mas essa é uma fidelidade negociada e contratual. Prometo não dormir com outras mulheres desde que ela prometa não dormir com outros homens. Mas as fantasias não podem ser policiadas; e, se, por algum motivo, um de nós decidir que nosso pertencimento mútuo não é tão satisfatório quanto esperávamos, somos legalmente autorizados a nos separarmos. Eu talvez até sinta certa obrigação moral de deixar minha esposa para estar com alguém que me satisfaça mais e buscar um relacionamento que seja, talvez, mais autêntico. Afinal, se sou completamente responsável pela minha vida, o maior dos fracassos morais seria que eu fracassasse em buscar aquilo que mais desejo. Felicidade é algo que devo a mim mesmo, e eu não posso depender de mais ninguém para suprir essa felicidade. Então, só posso pertencer à minha esposa de maneira experimental.

Da mesma forma, pertenço a meus filhos de forma estritamente legal e biológica, mas tanto a lei quanto a biologia são fluidas. Eu sou legalmente responsável por alimentar e cuidar de meus filhos; todavia, eles não possuem qualquer influência em minha *identidade*, a não ser que eu queira que eles tenham. Posso amá-los e prover sustento a eles, mas também posso permitir que eles cresçam para serem indivíduos livres, assim como eu. Se eles escolherem fazer visitas quando eu estiver idoso, seria algo agradável, mas entenderei se eles estiverem ocupados demais. Eu não gostaria de ser um fardo para eles da mesma maneira que meus pais foram um fardo para mim.

Minha conexão biológica com meus filhos é mais forte do que a obrigação legal, mas, entendida adequadamente, a biologia apenas explica por que as coisas são como são. Ela não pode nos dizer como as coisas deveriam ser. De fato, a maioria dos grandes feitos na história humana envolveram a recusa da humanidade em aceitar o mundo como ele é: as vacinas, comida modificada geneticamente, turbinas eólicas, o avião. Eu talvez não seja capaz de desfazer o fato de que meus filhos compartilham o meu DNA, mas não tenho que aceitar que nossos genes em comum *signifiquem* algo. Eles são um acidente da biologia. A coincidência da similaridade genética.

Também posso escolher, por mim mesmo, participar de uma comunidade específica; porém, mesmo que eu tenha nascido e crescido em determinada cidade, esse lugar não tem nenhuma influência formal sobre mim, nem as pessoas que vivem ali, nem seu meio ambiente. Em algumas ocasiões, pode ser difícil desfazer-se da bagagem emocional relativa ao lugar onde você cresceu. Você sente que se trata de uma parte de você, mesmo que você não queira que seja. Mas isso não pode ser objetivamente verdadeiro se sou de mim mesmo. É apenas um sentimento. Com bastante determinação, posso deixar minha cidade natal para trás. Sair de casa para seguir nossa visão da boa vida é uma parte essencial da nossa moderna jornada do herói. Em uma jornada do herói tradicional, o herói volta para casa depois de um período de provação e crescimento, para que ele possa libertar ou curar seu lar. Porém, não creio que voltar para casa seja necessário hoje em dia. E, se realmente voltarmos — se realmente permitirmos que nossa comunidade ou nossa cidade natal exerça alguma influência sobre nós —, é somente porque nós permitimos que isso acontecesse.

***

A pessoa da modernidade pertence, simultaneamente, a todos os lugares e a lugar nenhum. Em seu *bestseller* chamado A *coragem de ser você mesmo*, a popular autora Brené Brown advoga exatamente essa ideia de pertencimento: "Pertencimento verdadeiro é a prática espiritual de acreditar e pertencer a si mesmo de maneira tão profunda que você pode compartilhar seu *self* mais autêntico com o mundo e encontrar algo sagrado tanto em fazer parte de algo quanto permanecendo sozinho em um lugar remoto".[36] Para pessoas maduras que aceitam que pertencem a si mesmas, Brown declara que elas serão livres para estarem completamente sozinhas ou completamente envolvidas onde quer que estejam, já que o verdadeiro pertencimento está dentro delas. De acordo com Brown, a liberdade para pertencer a qualquer lugar em que você escolha estar (porque você pertence a si mesmo) requer bastante coragem. Como vimos anteriormente, a dinâmica definidora de nossa antropologia moderna é a tensão entre a empolgação e o terror dessa liberdade radical.

Somos livres para nos unirmos ou para deixarmos nossas comunidades, para vivermos em determinado lugar e adotarmos uma comunidade virtual completamente divorciada daquele lugar, para morarmos em uma cidade, mas nunca habitarmos nela. No entanto, também não temos um local que sirva de fundamento, nenhum relacionamento que possa demandar algo de nós. Nem nossos corpos nem o planeta Terra podem nos conter, porque nossos corpos podem ser transformados, enquanto o planeta não é responsabilidade nossa.

As pessoas modernas, quando convidadas a definir liberdade, normalmente a imaginam como a ausência de limites. De muitas maneiras, a democracia liberal está embasada nessa concepção de

---

36 Brené Brown, *Braving the Wilderness: The Quest for True Belonging and the Courage to Stand Alone* (New York: Random House, 2019), 40. [Edição em português: *A Coragem de Ser Você Mesmo: Como Conquistar o Verdadeiro Pertencimento Sem Abrir Mão Do Que Você Acredita*, trad. Guilherme Bernardo (Rio de Janeiro: Best Seller, 2021).]

liberdade. Os seres humanos não podem ser verdadeiramente humanos sem liberdade, e liberdade significa que ninguém pode me controlar, coagir ou limitar. E, como veremos nos capítulos seguintes, esse entendimento de liberdade como a ausência de limites moldou a maneira como nossa sociedade se estrutura.

* * *

O que essas implicações têm em comum é que todas elas vêm com uma responsabilidade: a responsabilidade de justificar nossa existência, de criar uma identidade, de descobrir sentido, de escolher valores e de pertencer. Podemos usar a expressão *responsabilidades do autopertencimento* em referência a esse grupo de responsabilidades. Obviamente, nem todos experimentam cada uma dessas responsabilidades da mesma maneira, na mesma intensidade e ao mesmo tempo. Você talvez se sinta tremendamente sobrecarregado para viver uma vida com significado, enquanto seu vizinho talvez esteja bastante obcecado com a sua própria identidade. Além disso, ao longo da vida, priorizamos diferentes responsabilidades. Não estou descrevendo uma experiência monolítica do mundo moderno que é necessariamente causada por uma certa antropologia. Seres humanos raramente são simples assim, e sociedades inteiras nunca são dessa maneira. Mas eis o que creio ser verdade: à medida que nossa sociedade adotou amplamente a crença de que somos nossos e pertencemos a nós mesmos, todos sentimos as responsabilidades do autopertencimento. Eis algo igualmente verdadeiro: há um outro a quem pertencemos, e viver diante dele nos liberta do insuportável fardo do autopertencimento.

2
DE QUE MANEIRAS A SOCIEDADE O AJUDA A PERTENCER A SI MESMO

Ao que parece, precisamos de bastante ajuda para sermos de nós mesmos. Como vimos no último capítulo, o entendimento atual da antropologia envolve várias responsabilidades penosas, mesmo que sejam responsabilidades para nós mesmos. E nossa sociedade nos equipa para cumprirmos com tais responsabilidades.

Um propósito central de uma sociedade que funciona bem é promover o "florescimento humano" ou ajudar as pessoas a alcançarem a "boa vida". Contudo, é difícil promover o florescimento humano quando o florescer é literalmente diferente para cada uma das pessoas. O melhor que podemos fazer é ajudar uns aos outros a vivermos de forma "autêntica". Por "vida autêntica", refiro-me a uma vida que aceita e abraça as responsabilidades do autopertencimento que foram discutidas no capítulo anterior. Viver de maneira autêntica significa justificar sua própria existência, expressar sua identidade, interpretar o sentido por si mesmo, julgar de acordo com sua própria bússola moral e pertencer apenas e tão somente ao lugar que você mesmo escolheu.

Tomo emprestado o termo *autêntico* dos existencialistas franceses, mas eles já morreram. Então, não acho que eles se importarão. Embora eu não acredite que o existencialismo tenha exercido uma influência direta significativa sobre nossa sociedade, parece claro que um tipo de existencialismo latente e não reconhecido é a filosofia definidora de nosso tempo: acabamos sentindo que nossa existência é a única coisa que podemos conhecer verdadeiramente, e viver de maneira autêntica à essa existência significa escolher nossa identidade. Isso não é dizer que as pessoas estão lendo Sartre e sendo convencidas por seus argumentos. Em vez disso, naturalmente, enquanto crescemos em nossa sociedade, adotamos o entendimento de pessoa humana nela existente, e esse entendimento leva a um tipo de perspectiva existencialista.

Nosso entendimento do mundo não é primariamente cognitivo ou racional, mas habitual. Captamos esse entendimento por meio das práticas culturais que enfatizam nossa liberdade individual e radical, de retratos da liberdade como ausência de limites, de pessoas e ações que nossa sociedade valoriza. As sociedades definem, reforçam e transmitem certos valores; todavia, talvez de maneira mais importante, elas fornecem a estrutura para que as pessoas floresçam de acordo com esses valores. Se a vida humana requer a busca pela autenticidade, precisamos de uma sociedade que nos permita explorar, redefinir e expressar a nós mesmos. Contudo, o papel da sociedade, nesse ponto, não é apenas reativo, mas também formativo. Ao nos equipar para buscar essa visão da boa vida, a sociedade também a reforça. Como resultado do reforço mútuo, é muito difícil vislumbrarmos uma alternativa que não seja carregar as responsabilidades do autopertencimento.

No entanto, se, de fato, não pertencemos a nós mesmos, viver de maneira "autêntica" não promoverá o florescimento humano, e uma sociedade que nos encoraje a viver de maneira "autêntica" apenas nos fará cada vez mais aflitos, exaustos e alienados.[1]

Como a sociedade fornece justificativas

O fardo de justificar sua própria vida é muito pesado para ser carregado. De que maneira você pode ter certeza de que sua vida importa? Há bilhões de pessoas no mundo hoje, e bilhões de outras vieram antes de você. Por muito tempo depois que você partir, o mundo continuará girando, e as pessoas continuarão comendo, bebendo e fazendo amor. Você será esquecido da mesma maneira que você esqueceu o nome do seu bisavô ou, pelos menos, de seu tataravô. Não importa o quão extraordinário seja, histórica e estatisticamente, você não é nada de mais.

E, ainda assim, ser uma pessoa é algo extraordinário. O ser humano tem capacidade para realizar atos que alteram a história, para escrever obras primas literárias e para promover inovações que definem toda uma civilização, além de possuir uma imaginação para a violência e uma criatividade para o mal. Sua mente pode contemplar

---

1 Coloquei "autêntico" entre aspas para enfatizar o entendimento contemporâneo e secular de autenticidade. Nessa definição, autenticidade é inteiramente voltada para o indivíduo. Søren Kierkegaard (em *O desespero humano*) e Charles Taylor (em *A ética da autenticidade* e em *The malaise of Modernity*) nos mostram que a autenticidade pode também descrever um esforço para viver transparentemente diante de Deus, aceitando o *self* que Deus criou em nós. No final deste livro, advogarei uma antropologia que está bastante alinhada com a visão de autenticidade proposta por Kierkegaard e por Taylor. No entanto, uma vez que o entendimento cultural prevalente de "autenticidade" é o entendimento secular contemporâneo, usarei o termo dessa maneira.

a habilidade de contemplar sua existência em uma pequena rocha voando através do espaço. Ela pode descobrir a natureza daquela pequena rocha e as leis da física que descrevem sua trajetória através do espaço. Mas sua mente também pode fixar sua atenção em séries clichê e memorizar canções insípidas.

Justificar a sua via não seria tão difícil se os seres humanos tivessem menos potencial para atos grandiosos, mesquinhos e lamentáveis. No entanto, a história atesta que realmente temos esse potencial. Portanto, precisamos de modelos que demonstrem como viver de maneira significativa e moral — exemplos de como viver uma vida digna do milagre do ser. Quando tentamos encontrar um senso de propósito em nossa vida, olhamos para modelos de pessoas que parecem viver de maneira plena, que alcançaram algum tipo de florescimento ou sentido. No entanto, essas pessoas devem ser apenas modelos, e não padrões; visto que um padrão implica uma obrigação, enquanto os modelos são opcionais. Você pode experimentar de maneira segura um estilo de validação sem ter medo de fracassar. Outra maneira de justificar sua vida estará sempre disponível.

A principal maneira como a sociedade nos ajuda a justificar nossas vidas é por meio de histórias. As pessoas só podem buscar ideais que conseguem visualizar, e as histórias encarnam visões a respeito da boa vida. Elas nos ajudam a imaginar como podemos viver uma vida plena. Quando um filme retrata de maneira comovente um casal jovem encontrando felicidade em um romance, os espectadores podem começar a imaginar as próprias vidas validadas por meio de um relacionamento romântico. Quando uma atleta conta sua história de superação das dificuldades para ganhar uma medalha de ouro, podemos imaginar nossas vidas sendo justificadas por meio de uma grande conquista. Quando vemos pessoas jovens, felizes, atraentes e ricas no YouTube vivendo o melhor da vida e compartilhando tudo na internet, podemos acreditar que fama, beleza ou riqueza podem fazer nossas vidas serem cheias de sentido. Quando um comercial de TV bem produzido promete a você que comprar um carro fará com que você "se sinta vivo", você começa a pensar que, talvez, quem sabe, ele fará. Mesmo que todas as compras que você já fez na vida tenham fracassado na tarefa de trazer esse senso de propósito e completude, de alguma maneira, você ainda pensa: "Quem sabe desta vez…". Caso você se sinta enojado com a propaganda de mais uma máquina que consome combustíveis fósseis como um alcóolatra bebe cerveja, pense, então, no exemplo de jovens e corajosos ativistas que lutam contra as alterações climáticas: *se uma garota de 13 anos de idade pode dar sua vida para salvar o planeta, talvez eu também possa. E isso seria algo real, duradouro, inequivocamente importante.* Há modelos de plenitude para qualquer estilo de vida que você possa imaginar.

Uma vez que somos responsáveis por nossa própria justificação existencial, não é suficiente que a sociedade ofereça uma, duas ou até mesmo 100 visões diferentes da boa vida. Precisamos de uma corrente incessante desses modelos, o suficiente para todos os dias do ano, para cada pessoa no mundo. Precisamos de opções. E isso acaba sendo algo maravilhoso para contadores de histórias. Os espectadores não estão apenas apreciando um bom filme; eles *precisam* de histórias para encontrar sentido em sua própria existência. Uma vez que nenhuma história possa modelar de maneira definitiva o que é a boa vida, os espectadores sempre precisaram de mais histórias. Não é coincidência que vivamos em uma cultura saturada de histórias. Considerando propagandas, músicas, livros, mídias sociais, notícias, filmes e a TV, quase a totalidade de nossos dias é feito de consumir histórias. Não creio que possamos encontrar sentido na vida de outra maneira. A sociedade o proverá.

* * *

Para que sintamos que estamos existencialmente justificados, também precisamos de garantias de que estamos vivendo uma vida moral. Será que fiz escolhas moralmente boas? Será que sou um consumidor ético? Será que estou fazendo o bastante por causas sociais relevantes? Mesmo que você não ache que está tentando viver uma vida moralmente adequada, você está. A única pergunta é: qual é a sua visão de moralidade? Todos se orientam em direção a algum tipo de horizonte moral que nos forneça significado de ser uma pessoa boa. Quando você é de si mesmo, essa visão deve ser extraída de dentro. Mesmo que você escolha adotar um sistema ético, como o utilitarismo, ou a ética cristã, ou o humanismo, sua escolha é feita a partir de seus recursos internos.

Para a maioria de nós, o desejo de ser uma "boa pessoa" é expresso em termos de benevolência universal, como trabalhar para acabar com o sofrimento e a injustiça no mundo. De maneira particular, queremos que outras pessoas sejam capazes de cumprir com suas responsabilidades do autopertencimento. Sempre que uma pessoa ou um grupo for impedido de encontrar seu próprio sentido na vida, de se definir como desejar, de interpretar o sentido como quiser e de pertencer a qualquer lugar que escolher, sentimos que devemos advogar em favor dessas pessoas. No entanto, dois problemas imediatos nos confrontam. Primeiro, mesmo que advoguemos em favor de algum grupo oprimido, como podemos ser "boas pessoas" quando ainda ignoramos a enorme maioria dos males e das injustiças do mundo? Segundo, como nós decidimos quem merece nossa compaixão ou ajuda? Quem, exatamente, é a vítima?

O primeiro desafio torna-se consideravelmente mais difícil em uma sociedade globalizada e cheia de informações. A pessoa da modernidade está ciente de mais sofrimento e injustiça do que uma pessoa vivendo em qualquer outro momento da história. Isso não significa que haja *mais* sofrimento. Na verdade, de acordo com alguns indicadores, como violência e pobreza, há menos sofrimento e injustiça no mundo do que antes. Mas estamos completamente expostos a esses males. Cada assassinato, estupro ou sequestro torna-se notícia nacionalmente, juntamente com desastres naturais, corrupção política, fomes, guerras civis, pandemias e assim por diante. Estou ciente de muito mais problemas do que sou capaz de lidar. Por outro lado, realmente tenho a opção de lidar com a maior parte dos problemas do mundo. Eu talvez não seja capaz de lidar de maneira eficaz, mas sempre posso doar para mais uma organização beneficente, sempre posso advogar em favor dos oprimidos, sempre posso tornar-me mais consciente a respeito do meio ambiente, sempre posso ser um aliado melhor. Sempre há algo mais que eu possa fazer. Um problema com a benevolência universal é que não somos universais; somos dolorosamente finitos. E, mesmo assim, não é incomum que as pessoas (especialmente nas mídias sociais) insistam que você *precisa* se importar com tudo. A sociedade fornece oportunidades para que sintamos que estamos melhorando o mundo e, portanto, vivendo vidas de propósito e valor. Infelizmente, essas oportunidades apresentam obrigações sem fim.

No entanto, a sociedade também fornece uma maneira de determinar quem merece nossa compaixão. Nós devemos mostrar compaixão e oferecer ajuda para qualquer um que sofra ou esteja inibido por fatores fora de seu controle. O filósofo Michael Sandel associa essa visão com a filosofia do "igualitarismo de sorte".[2] Esse conceito de justiça "baseia nossa obrigação de ajudar os necessitados não por causa de compaixão ou solidariedade, mas por causa das razões pelas quais eles estão nessa situação". Quando o igualitarismo de sorte enfatiza a responsabilidade pessoal junto com uma visão mais ou menos expansiva da história, da biologia e do ambiente, é possível ver quase todo o mundo ou quase ninguém como uma vítima merecedora. Há fatores além do nosso controle que operam em cada ato que fazemos. Talvez sua necessidade seja o resultado de uma infância ruim, da genética, do racismo sistêmico, de uma condição médica ou de qualquer outra parte de nossa sociedade desumana.

 O mais importante é que sejamos capazes de estabelecer que alguém merece nossa compaixão. E isso é exatamente o que ouvimos nos discursos públicos a respeito de justiça e igualdade. Nós discutimos sobre todas as maneiras pelas quais uma pessoa está em desvantagem, a fim de decidirmos se ela é digna de nossa compaixão e se ela é o opressor ou o oprimido. Nesse debate, desvantagens tornam-se capital social. Como Sandel observa: "Liberais que defendem o estado de bem-estar baseados no igualitarismo de sorte são conduzidos, quase que inevitavelmente, a uma retórica de vitimização, que enxerga os beneficiários de ajuda estatal como pessoas sem agência própria, incapazes de agir de maneira responsável". Acertadamente, Sandel pensa que essa filosofia é imoral. Ela assume que

---

2 Michael J. Sandel, *The Tyranny of Merit: What's Become of the Common Good?* (New York: Farrar, Straus and Giroux, 2020), 146-147. [Edição em português: Michael J. Sandel, *A Tirania do Mérito: O Que Aconteceu Com o Bem Comum?* trad. Bhuvi Libanio (Rio de Janeiro: Civilização Brasileira, 2020).]

somos capazes de estabelecer, com certeza, quem "merece" e quem "não merece" nossa compaixão. Porém, o mundo real é mais complicado do que isso. Essa filosofia também leva a uma "retórica de vitimização" e cria incentivos perversos para a comoditização de nossas desvantagens, usando-as como alavancas para um ganho social. Em vez de conduzir a uma sociedade mais justa e compassiva, fazemos com que o sofrimento seja outra arena para competirmos.

Uma alternativa à sorte igualitária e à inevitável competição pela compaixão merecida está no discurso de David Foster Wallace, proferido no Kenyon College e intitulado "Isto é água". Wallace alerta os formandos acerca do perigo de deixarem seu modo de pensamento padrão assumir o controle, porque nosso modo padrão é sermos autocentrados. Ele os encoraja a escolher ativamente aquilo em que devem pensar. Então, em lugar de focar nas maneiras como a pessoa que está na sua frente na fila do supermercado está atrapalhando seu caminho, você poderia pensar que, talvez, ela esteja em um dia muito pior do que o seu. Talvez ela tenha ficado acordada a noite inteira, cuidando do marido, que está morrendo por causa de um câncer. Talvez o homem dirigindo aquela caminhonete bizarramente grande tenha sido traumatizado por um acidente de carro. Podemos chamar essa ética de "igualitarismo do 'como se'". Wallace dá um passo adiante do igualitarismo de sorte que Sandel diz ser tão proeminente na sociedade contemporânea. Em vez de estabelecer quando alguém merece nossa compaixão ou ajuda, Wallace nos encoraja a tratar os outros "como se" eles merecessem, porque é tecnicamente possível que eles mereçam.[3]

---

3 David Foster Wallace, *This Is Water: Some Thoughts Delivered on a Significant Occasion, About Living a Compassionate Life* (New York: Liple, Brown and Company, 2009).

Aqui estão as duas principais formas que a sociedade nos oferece para tentarmos cumprir os requisitos da benevolência universal. Ou acreditamos que somos pessoas boas porque identificamos e ajudamos aqueles que estão em maior desvantagem, ou somos pessoas boas porque agimos como se as pessoas estivessem em desvantagem e merecessem nossa ajuda. No coração de ambos os sistemas, está a suposição de que a compaixão — desejar o bem dos outros — é obtida por mérito. E cada um de nós é responsável por julgar esse mérito.

As histórias também são fontes comuns de opções morais. As histórias que contamos e das quais participamos formulam argumentos para diversas posições morais: tolerância, respeito, inclusividade, igualdade, autoconfiança, honestidade, fidelidade, criatividade, autenticidade e assim por diante. Não há falta de histórias oferecendo ideais morais. Contudo, nossa exposição à cacofonia desses valores morais contrastantes não nos ajuda a sentirmos que estamos bem ou que somos "boas pessoas". Para isso, a sociedade fornece a terapia — especificamente, técnicas terapêuticas para autoconfiança.

Desenvolvemos a habilidade de olhar para nós mesmos no espelho e conferir autoconfiança. "Você precisa ser capaz de olhar para si mesmo e para suas escolhas sem remorso", é o que nos dizem. Como veremos em um capítulo mais à frente, seres humanos desejam ter alguém olhando para eles com uma expressão de aceitação amorosa. O "muito bem!" dito por um pai para seu filho não perde sua importância com a idade. A importância disso cresce exponencialmente enquanto nos tornamos mais conscientes das profundas complexidades morais do mundo adulto, quando o que está em jogo não é mais dividir o brinquedo com seu irmão, mas perder seu emprego por ter protestado contra uma injustiça. Em momentos assim, as palavras dos pais, os quais descobrimos estarem tão moralmente sitiados quanto nós, já não condizem com a amplitude do problema. Podemos tentar assegurar uns aos outros que somos boas pessoas, mas é apenas um encorajamento por analogia. Apenas a fonte de julgamento moral, alguém que defina o horizonte das ações morais, pode oferecer encorajamento verdadeiro. E, se somos de nós mesmos, nós mesmos somos a fonte de julgamento moral.

Outros podem tentar nos confortar, mas somos responsáveis por nós mesmos. Por isso, encontramos essa multiplicação de técnicas que nos ajudam a aceitar quem somos e a viver autenticamente, além de nos ensinarem autoencorajamento: técnicas de visualização, exercícios que constroem autoconfiança, autocuidado, estar cercado de amigos positivos, terapia e assim por diante. A sociedade fornece tudo isso.

Como a sociedade fornece identidades

Os seres humanos são as únicas criaturas que podem preocupar-se com "ser alguém". Todas as demais criaturas estão ocupadas demais permanecendo vivas para se preocuparem com isso. No entanto, é bastante importante para nós que saibamos quem somos e que as pessoas ao nosso redor testemunhem e afirmem essa identidade. Para viver de maneira autêntica, você deve viver de maneira honesta consigo, e isso significa que você deve saber quem é o seu *self* e ser capaz de expressá-lo em um mundo barulhento, competitivo e hostil.

A sociedade ajuda nesse processo, ao oferecer infinitas identidades possíveis para escolhermos e ao desenvolver mais e mais maneiras para as expressarmos. Esse papel é tão grande na sociedade que grande parte de nossa economia é completamente dedicada a facilitar nossa busca pessoal por identidade e autoexpressão. É difícil encontrar um produto ou serviço que, intencionalmente, não expresse algo a respeito do consumidor.

Eu descrevi as duas partes que dizem respeito à nossa responsabilidade de identidade: conhecê-la e expressá-la. Mas é um pouco enganoso falar dessas duas de maneira separada, como se você pudesse fazer uma e não a outra, como se você pudesse descobrir seu verdadeiro *self* e mantê-lo para si mesmo. Expressar sua identidade é o mesmo passo que descobri-la ou criá-la. Todas as vezes que dizemos ao mundo algo a respeito de nós mesmos, é como encaixar uma peça do quebra-cabeça. Sentimos um pouco mais de confiança em nossa identidade. Quando anuncio meu amor pela banda Fugazi no Twitter, estou expressando algo a respeito de mim mesmo e tornando meu *self* mais sólido e definido. Dou forma à minha vida ao expressar essas coisas. A banda Fugazi ajuda minha expressão de mim mesmo, dando um estilo com o qual posso me identificar, e o Twitter me ajuda a conhecer a mim mesmo, fornecendo uma plataforma onde posso anunciar minhas preferências. Quando você começa a refletir a respeito de todas as maneiras pelas quais nossa sociedade facilita a autoexpressão, é muito impressionante.

Pense sobre como usamos nosso perfil no Facebook. Eu "curto" os programas de TV, as celebridades, os especialistas políticos, as religiões do mundo, os times esportivos, as bandas, as comunidades *online* e todas as minhas coisas favoritas. Com cada curtida, expresso quem sou. Também posso postar fotos minhas que comuniquem a qualquer um que tenha acesso a elas pequenas partes de mim, por meio da minha postura, roupas, expressão, cenário, edição e legenda. Você talvez descubra algo que considero prazeroso, ou como vejo meu corpo, ou quão a sério levo a mim mesmo.

Nada disso é completamente novo. A fotografia tem quase 200 anos de idade. O que *é* novo é quão barato, fácil e rápido se tornou capturar uma imagem de mim mesmo e projetá-la para o mundo todo por meio de um "perfil" que, explicitamente, *me* representa. Não havia tanta oportunidade para autoexpressão quando tirar uma foto exigia que você ficasse parado por 15 minutos. Mas, hoje em dia, as possibilidades são infinitas e quase não exigem esforço. O pré-adolescente médio nos EUA tem à disposição basicamente as mesmas ferramentas de promoção que uma estrela de Hollywood tinha 60 anos atrás. Eram os *paparazzi* ou as revistas de fofocas de celebridade quem publicavam os eventos importantes na vida de uma estrela, mas o Facebook permite que qualquer usuário faça o mesmo tipo de comunicação. Em lugar de ser abordado por um repórter irritante que pergunta a nossa opinião a respeito de uma história política recente, compartilhamos artigos no Facebook com nossos comentários pessoais. Essas ferramentas para autoexpressão profissional continuam a multiplicar-se, fornecendo novas maneiras de compartilhar com o mundo nossos pensamentos, sentimentos, voz, corpo, interesses e valores. E, com cada pedaço de informação que compartilhamos, definimos e validamos nossa identidade.

Nossa sociedade não apenas fornece opções ilimitadas para definirmos e expressarmos nossas identidades, mas também facilita o reconhecimento e a afirmação de tudo que buscamos. Como discutimos no capítulo anterior, a identidade só tem sentido quando há outras pessoas que possam testemunhá-la. Temos que ser vistos e afirmados, e isso é parte inerente do significado de se ter uma identidade. O Facebook e muitas outras plataformas de mídia social oferecem mais e mais espaços e maneiras de sermos vistos. Na verdade, ser *visto* é um desejo tão básico para as pessoas modernas que você precisa se esforçar bastante para *não* ser visto. É difícil manter a privacidade, não apenas porque as corporações querem usar informações a seu respeito para lhe vender mais coisas, mas também porque a sociedade *pressupõe que você quer expressar sua identidade*. Autoexpressão é o padrão. Privacidade é a anomalia. Se você não acredita em mim, faça uma pesquisa no Google usando seu nome.

Todos querem ser afirmados. Nós desejamos que alguma figura de autoridade olhe em nossos olhos (um pai, uma mãe, um professor, Deus) e diga que somos aceitos e amados. A beleza (eficiência) das mídias sociais é que podemos quantificar a afirmação que recebemos. Quando você posta uma *selfie* no Instagram, pode receber *feedback* direto e específico por meio das curtidas e dos comentários. Você pode rastrear o número de pessoas que viram um *stories* no Facebook ou no Instagram ou o número de pessoas que clicaram em seu perfil do Twitter por meio de um *tweet* específico. Você tem infinitas combinações de preferências, marcas e valores com os quais pode fabricar uma identidade interessante e popular, infinitas oportunidades de compartilhá-la e maneiras concretas de mensurar sua afirmação. E aqui está o ponto crítico: nossa sociedade é projetada para seres humanos que *precisam* definir e expressar a si mesmos.

Assim como nossas vidas se deslocaram massivamente para um ambiente virtual, o nosso interesse em autodefinição e expressão também migrou para meios *online*. Porém, seria um erro pensar que o individualismo expressivista é um fenômeno primariamente digital. As plataformas de mídia social adaptaram-se para suprir *nossas demandas* por uma personalização radical, mas o mesmo aconteceu com quase todas as outras indústrias da sociedade. Pegue, por exemplo, a indústria médica. O corpo humano moderno é completamente plástico. Nossos corpos podem ser modificados de maneiras cada vez mais extremas: cirurgias plásticas, cirurgia de redesignação sexual, esterilização, tatuagens e piercings. Cor dos olhos, cor dos cabelos e cor da pele podem ser modificados. Membros podem ser retirados. Mesmo nossas mentes são maleáveis: a neuroplasticidade descreve a capacidade de mudança de nosso cérebro. Por meio de práticas como terapia cognitivo-comportamental, você pode modificar, de maneira intencional, a forma como você vê e interage com o mundo.

Nós podemos discordar a respeito de quais desse procedimentos são éticos e quais não são, mas não podemos discordar que cresceu o número de maneiras de modificarmos nosso corpo, para que ele se adeque à nossa identidade. E esse número continuará crescendo, por meio de inovações tecnológicas e médicas. O único limite para nossa identidade é qual sociedade o seu cartão de crédito pode tolerar. E a sociedade continuará fornecendo opções — então, cuide bem da sua pontuação de crédito.

Como a sociedade fornece significado

Na virada do século XX, poetas, autores e artistas encararam um desafio agudo: no Ocidente, cada vez menos pessoas compartilhavam a mesma coleção de símbolos, mitos, crenças e imagens. Sem referências comuns, é difícil para os artistas se comunicarem. A secularização, a globalização e a industrialização estilhaçaram o universo antigo com sua coleção relativamente estável e compartilhada de símbolos de ideias, deixando-nos com um conjunto de símbolos e significados privados que cresce de maneira exponencial.

Pense, por exemplo, a respeito de como a massificação da propaganda e da mídia mudaram a quantidade e a variedade de imagens que uma pessoa vê diariamente.[4] Os artistas já não poderiam pressupor que sua audiência ressoaria com imagens cristãs, ou com alusões à literatura grega, ou mesmo com algumas experiências básicas da natureza que gerações anteriores teriam compartilhado: colheitas, a mudança das estações ou o cair da noite, pois a eletricidade mudou a maneira como experimentamos a noite. O significado precisava ser feito novamente, o que é essencialmente o lema do modernismo literário: "faça o novo!", clamou Ezra Pound. Faça o novo, não pela novidade, mas porque o mundo moderno, com sua velocidade, inovação, mecanização e perda da fé, requer uma nova linguagem. E o processo de fazer o novo não deu um momento trégua desde o início do século XX.

Autopertencimento requer que sejamos capazes de descobrir significado por conta própria, em vez de confiarmos em interpretações tradicionais e comunitárias (a não ser que essa seja nossa escolha). Precisamos de novas maneiras de entender o significado da vida que sejam tão variadas quanto as nossas vidas. Entretanto, o poder do significado é que nos *sentimos* como se ele transcendesse nossa experiência pessoal. Nós nos sentimos como se ele estivesse embasado em alguma realidade além de nós. Eu não experimento alegria diante de um belo pôr do sol como se fosse, primária ou exclusivamente, uma experiência subjetiva. Sinto que estou fazendo parte de algo maior do que eu. Aqui está o desafio para as pessoas modernas: precisamos de experiências de significado em que sintamos que elas ressoam para além de nós, para além da nossa própria cabeça, mas precisamos que elas continuem sendo opcionais. Elas não podem exigir que interpretemos a experiência de maneira específica. Preciso sentir que

---

4 Para um exemplo disso, veja o livro *Tecnopólio* (São Paulo: Nobel, 1992), de Neil Postman — particularmente, o capítulo intitulado "O grande símbolo dreno".

meu amor por minha esposa é objetivamente bom e real e que, ainda assim, seja algo que escolhi e que posso "desescolher" se quiser. E a sociedade fica feliz em ajudar.

No capítulo anterior, consideramos brevemente o papel da filosofia, da teologia e da arte na experiência de criar significado. Mencionei como grandes artistas e pensadores podem recomendar maneiras de interpretar a vida, de experimentar amor, ou sofrimento, ou beleza, ou solidão. Embora seja verdade que Shakespeare tem muito para nos ensinar a respeito do amor e da tragédia, as pessoas de hoje não estão limitadas a autores e artistas canonizados.

Para cada pessoa nos EUA, há um artista, estilo ou meio que elucida e dramatiza sua experiência do mundo. O poder desses trabalhos culturais é que eles passam uma sensação de que nossa interpretação não é puramente subjetiva. Nossa experiência possui grandeza quanto é interpretada por meio de uma canção ou história tocantes.

Pense sobre a quase universal experiência de ser rejeitado ou deixado por alguém que você ama. Por que tantas pessoas imediatamente colocam músicas tristes para tocar? Porque queremos que nossa experiência de perda tenha significado para além da nossa cabeça. Queremos que aquele sentimento de rejeição, solidão ou alienação ressoe, que seja tão grande e objetivo quanto sentimos que ele é dentro de nós. Trabalhos criativos poderosos passam uma sensação de realidade para a maneira como interpretamos o mundo. É claro que você não precisa ouvir músicas que validem os sentimentos de rejeição ou de solidão. Você pode encontrar todo tipo de trabalho cultural que interprete a sua experiência. Enquanto uma pessoa pode escolher músicas de "dor de cotovelo", outros, que pensem que foram tratados de maneira injusta, podem ouvir músicas raivosas, enquanto outros podem interpretar o fim do relacionamento como sendo a vontade de Deus. Para essa pessoa, um livro de romance religioso ajuda a sentir a tragédia da perda, ao mesmo tempo que inspira nela um sentimento de propósito maior.

Músicas talvez sejam o exemplo mais comum de um trabalho cultural que nos ajuda a interpretar a vida, mas a sociedade fornece estilos de vida e subculturas inteiras para elucidar e dramatizar o significado para nós. Imagine que você é um jovem branco, solitário e raivoso que viva em uma cidade pequena, no interior dos EUA, e que esteja convencido de que os judeus ou outro grupo minoritário estão trabalhando para que você seja condenado ao ostracismo ou emasculado. Se você procurar bem no SoundCloud, vai descobrir uma banda que incorpora sua identidade, e a música dela o ajudará a interpretar momentos importantes de sua vida. Qual é o "significado" de você não ser capaz de arranjar um emprego ou uma namorada? A música desse grupo pode fornecer respostas ou, pelo menos, modelos de interpretação para você escolher. Porém, por meio desse tipo de música, você descobre toda uma comunidade de homens jovens e amargurados. Eles têm sua própria filosofia, sua própria maneira de se vestir, suas gírias, sua filiação política e assim por diante. E todas essas coisas trabalham junto para dar sentido às suas experiências de vida.

Ou imagine que você é uma mulher de meia idade que deseja reviver sua juventude por meio de festas e *raves*. Você pode encontrar músicas, roupas e uma comunidade que afirmará seus sentimentos, dará uma identidade para você e interpretará sua vida. E isso é verdade para todos nós. Qualquer que seja o seu pano de fundo, qualquer que seja a identidade que você escolha, sempre haverá canções, adesivos para o carro, canais no YouTube e estilos de roupa que reflitam a maneira particular como você vê sentido no mundo. Então, mesmo

De que maneiras a sociedade o ajuda a pertencer a si mesmo

que você seja responsável por encontrar sentido na vida, pode sempre encontrar outras pessoas para validar esse significado e dar um ar de grandeza para ele.

* * *

Nós somos individualmente responsáveis por criar significado, mas escolher identificarmo-nos com uma comunidade maior pode ser uma maneira eficaz de compartilhar o peso da interpretação e da validação. Por que começar do zero, quando você pode simplesmente unir-se a uma comunidade que forneça uma estrutura de significado para você? Além disso, essa comunidade pode ajudá-lo a expressar sua identidade e a ter um senso maior de propósito. Suspeito que a igreja cumpra esse papel pragmático para um número expressivo de pessoas que se autoidentificam como evangélicas. Tornar-se membro de uma igreja pode fornecer um lugar onde você sente que faz parte de uma comunidade, uma maneira de interpretar tudo o que está envolvido no ritmo diário da vida e até mesmo eventos políticos globais. Membresia também pode ajudá-lo a definir a si mesmo. Na melhor das hipóteses, as igrejas locais nos lembram de que não somos de nós mesmos, mas pertencemos a Deus. Ao fazê-lo, as igrejas subvertem os entendimentos contemporâneos de sentido e identidade. É preciso dizer, no entanto, que muitas igrejas adotaram a antropologia contemporânea. Elas pressupõem que somos de nós mesmos e fornecem opções de sentido e identidade da mesma maneira que qualquer outra comunidade.

O grande perigo em permitir que uma comunidade o ajude a descobrir significado está no fato de que, em algum momento, a comunidade extrapolará os limites e tentará impor significado. Talvez você frequente uma igreja porque "se sente em casa". Você gosta do fato de que a comunidade da igreja compartilha das mesmas posturas políticas que você. Mas, então, em um domingo de manhã, o pastor chama de pecado um comportamento que você aprecia bastante. É provável que você se sinta traído pela comunidade e vá procurar outra em que você realmente "se sinta em casa".

Pertencer a uma comunidade é contingente ao encaixe entre ela e sua maneira de ver o mundo. Uma igreja (ou qualquer outra instituição ou comunidade) pode ajudá-lo com as responsabilidades do autopertencimento, desde que não infrinja o seu autopertencimento. Quando isso acontece, há outra comunidade pronta para acolhê-lo.

* * *

Os rituais são outra maneira significante como a sociedade nos ajuda a cumprir as responsabilidades do autopertencimento. Os momentos mais significativos em nossas vidas tendem a se tornar momentos solenes por meio de algum tipo de ritual ou cerimônia. No Ocidente, casamentos, funerais e batismos têm sido, historicamente, celebrados com rituais especificamente cristãos, os quais marcam esses eventos e definem o significado que têm em nossa sociedade. Os cristãos ainda praticam esses rituais, mas, hoje em dia, há milhões de outros rituais para serem escolhidos.

Nós marcamos o tempo e a significância com festas, formaturas, cerimônias de premiação, viagens, tatuagens, músicas e compras. E mesmo as três cerimônias tradicionalmente cristãs tornaram-se mais personalizadas, para refletir os significados atribuídos a elas pelos indivíduos, muitos dos quais não são religiosos. Não há um padrão para as cerimônias de casamento no século XXI. A estrutura, a duração, o tom, os elementos e o local dos casamentos são todos determinados pelos indivíduos. De fato, esta intensa personalização das cerimônias de casamento é parte do charme (e da lucratividade), pois permite aos casais definirem o significado que o amor e o casamento têm para eles.

Os seres humanos precisam de rituais — ou "liturgias", como James K.A. Smith refere-se a eles — para criar sentido em nossas vidas e dar forma e substância a elas.[5] No entanto, sem que haja um sentido compartilhado para esses rituais, precisamos de cada vez mais opções. Precisamos da habilidade de criar rituais completamente personalizados.

Um exemplo dramático de rituais personalizados é a Ritual Designs Labs (Laboratório de Design de Rituais), uma empresa do Vale do Silício que ajuda pessoas a desenvolverem rituais que se encaixem em suas necessidades específicas. Em 2018, eles conduziram uma classe na universidade de Stanford sobre o *design* de rituais para deixar os seres humanos mais confortáveis a bordo de carros autônomos.[6] Embora eu não acredite que veremos uma onda de empresas especificamente voltadas para o desenvolvimento de rituais, continuaremos a ver mercados, áreas ou espaços sociais desenvolvendo seus próprios rituais que ajudem a dar significado para seu trabalho.

É comum que companhias tenham suas próprias cerimônias solenes para marcar eventos ou conquistas. Mesmo quando sabemos que rituais foram criados apenas para promover a integração

---

5 Veja, especialmente, James K. A. Smith, *Desejando o Reino: Culto, Cosmovisão e Formação Cultural* (São Paulo: Vida Nova, 2018).
6 Kursat Ozenc, "Rolling Chairs, Wagging Cars, & Designing Ritual Interactions for Autonomous Cars," *Medium*, 11 de abril de 2018, https://medium.com/ritual-design/rolling-chairs-wagging-cars-designing-ritual-interactions-for-autonomous-cars-e5815382b488.

da equipe e celebrar marcos na vida — para conceder à experiência algum significado específico —, a fisicalidade e o drama do ritual podem exercer profunda influência em nós. Pense acerca do episódio da série *The office* em que Michael Scott, o personagem principal, tenta forçar seus funcionários a dar valor para os prêmios que ele havia inventado, os *dundies*. É um tanto patético, mas também bastante humano. É natural interpretarmos nossa experiência por meio de rituais comunitários, mesmo quando eles não têm qualquer raiz na tradição, na cultura, na etnia, na religião ou em qualquer outra coisa.

A sociedade não apenas oferece recomendações a respeito de como interpretar o sentido de nossas vidas. Ela também nos capacita a fazê-lo, ao limitar o poder da depressão, primariamente por meio de antidepressivos. Se você sofreu com depressão por um longo período, sabe que o sentimento de falta de sentido da vida pode ser esmagador. Aquilo que costumava trazer alegria e propósito, de repente, parece completamente vazio. Você sabe que deveria sentir algo, mas você não consegue escapar da neblina causada pela falta de esperança ou pelo amortecimento. Você já não deseja sexo, sua comida favorita não tem gosto de nada e todas as comédias ficam sem graça. Quando você está em uma depressão assim, o único significado que você pode descobrir na vida é a aparente falta de significado. Algumas vezes, você sente como se não tivesse um corpo, como se o mundo estivesse lá fora tendo experiências, mas, para você, tudo está nu, desnudado de qualquer significância ou importância. Matéria bruta, movendo-se de acordo com a física, a biologia e os costumes.

Eu espero que você nunca tenha se sentido assim, mas muitos de nós já passamos por isso. Nos próximos capítulos, consideraremos o aumento na prevalência de doenças mentais nos EUA e de que maneira isso está relacionado com o que estamos discutindo. Por ora, precisamos apenas ver de que maneiras a sociedade trabalha para nos ajudar a criar sentido, ao reduzir os efeitos das doenças mentais. Embora seja possível dar usos bons e apropriados para remédios psiquiátricos, é impressionante que eles pareçam uma necessidade para que milhões de pessoas, ao menos, cheguem ao ponto de serem capazes de encontrar qualquer significado, quanto mais de escolher significado por conta própria. E a sociedade fica feliz em fornecer qualquer ajuda necessária.

Como a sociedade fornece valores

Na ausência de um sistema compartilhado de valores, os seres humanos gravitam em direção a valores que sejam quantificáveis. Certamente, muitos outros valores são promovidos socialmente por diferentes vozes: o grupo PETA quer que eu valorize igualmente a vida de todas as criaturas, uma propaganda de carros quer que eu valorize minha liberdade, um político quer que eu valorize o nacionalismo. Todavia, percebemos esses valores como opções bastante negociáveis, o que o filósofo Zygmunt Bauman chamou de a qualidade "até novo aviso" das conexões e das redes humanas.[7] Um exemplo: "eu acredito na santidade do casamento, até que uma pessoa mais atraente apareça, momento em que avisarei a respeito dos meus novos valores".

A fluidez da ética no mundo moderno poderia levar a uma condição chamada "anomia", uma falta de normas sociais para conduzir nosso comportamento e nossa vida. É nesse lugar que creio que o poder dos números resgata muitas pessoas de uma moral sem rumo.

---

7 Zygmunt Bauman, *Liquid Modernity* (Malden: Polity Press, 2012), 14. [Edição em português: *Modernidade Líquida*, trad. Plínio Dentzien (Rio de Janeiro: Zahar, 2021).]

Especificamente, o valor moderno atribuído à "técnica" dá às pessoas uma maneira de funcionarem em sociedade sem ficarem perdidas em nossas preferências pessoais.

* * *

Quando ouve a palavra "técnica", a maioria das pessoas pensa em tecnologia ou em um método para cumprir uma tarefa bem. No livro *The technological society*, o filósofo Jacques Ellul dá uma definição de técnica que é extremamente valiosa para a interpretação de nossa sociedade: "Técnica é a totalidade dos métodos obtidos racionalmente e que tem eficiência absoluta ... em cada área da atividade humana".[8] Onde quer que usemos a razão para criar métodos e obter eficiência, estamos colocando em prática a técnica. Para Ellul, uma característica definidora da técnica é que, no mundo moderno, ela submete todos os valores à eficiência. A eficiência torna-se o maior bem e uma maneira de assegurar nossa consciência: "A técnica provê justificação para todos e concede a todos os homens a convicção de que suas ações são justas, boas, e de acordo com o espírito da verdade".[9]

Quando Ellul diz: "em cada área da atividade humana", descobri que ele realmente queria dizer isso. Enquanto esboçava este capítulo, comecei a sentir bastante dor em meus ombros, porque estava dormindo de lado. Como uma pessoa normal, procurei respostas no Google. Um dos primeiros resultados foi um artigo intitulado "Melhores práticas para dormir de lado" [*Best practices for side*

---

8   Jacques Ellul, *The Technological Society*, trad. John Wilkinson (New York: Vintage Books, 1964), xxv.
9   Ellul, *The Technological Society*, 369.

sleeping]. Eu não fazia ideia de que havia uma ciência inteira dedicada ao estudo da melhor maneira de se dormir de lado, mas eu *deveria* saber, porque o impulso para maximizar a eficiência de todas as atividades é um aspecto considerável da vida moderna.

Um exemplo interessante pode ser encontrado no campo da "liderança", uma categoria ampla que agora inclui todo o mundo, de diretores executivos a pastores. Por que os líderes são encorajados a cuidar do bem-estar de seus funcionários? Por que os especialistas recomendam que os patrões permitam que os empregados façam pausas regulares e encorajam festas da firma ou outras atividades sociais? Já ouvimos a resposta um milhão de vezes: tratar bem os trabalhadores vai aumentar a produtividade. Um trabalhador feliz é um trabalhador produtivo. Perceba que esse método de liderança *parece* ser motivado por valores maiores do que a eficiência: o bem--estar dos outros seres humanos. Se os trabalhadores estão fazendo pausas para o café, terão menos tempo para trabalhar; então, não seria verdade que os gestores estão valorizando mais as pessoas do que o lucro? E, mesmo assim, as razões para que haja pausas na rotina não é que sejam boas para os funcionários enquanto pessoas ou que seria imoral abusar do trabalho de pessoas feitas à imagem de Deus. Longe disso. Gentileza, respeito e amor são meios utilitários para maximizar a eficiência.

De forma notável, tudo isso acontece às claras. Os líderes raramente escondem o fato de que a eficiência, e não a caridade, é o que motiva suas políticas. Ao contrário, é comum ouvir os gestores anunciando seus motivos publicamente: "Aqui na Corporação do Trabalho, nós valorizamos os funcionários e suas famílias. Funcionários que estão satisfeitos com sua vida doméstica são quatro vezes mais produtivos do que aqueles que estão insatisfeitos. É por isso que estamos animados para começar a oferecer licenças remuneradas para casos de gravidez, doença ou outras crises familiares". Deveria parecer estranho para nós que os gestores possam abertamente admitir que tratar seus funcionários de forma humana tem como objetivo primário aumentar os lucros (especialmente porque isso levanta a pergunta sobre qual será a atitude deles quando políticas humanizadas diminuírem os lucros), mas estamos tão profundamente comprometidos com a técnica que nada disso incomoda. Na verdade, saber que licenças familiares aumentarão nossa produtividade e, portanto, trarão benefícios para a empresa pode diminuir nosso sentimento de culpa quando fizermos uso desses benefícios. Não precisamos nos sentir culpados por usarmos nossa licença remunerada quando sabemos que isso beneficiará nosso empregador a longo prazo!

A superioridade moral da eficiência está tão profundamente incorporada em nós que um autor recentemente escreveu um livro sobre "um mundo obcecado com trabalho", advogando um aumento no "tempo de recuperação", para evitar burnout nos empregados e aumentar a criatividade. O chamado de uma entrevista da Bloomberg com esse autor diz: "Tempo de recuperação é a chave para a inovação e a produtividade, diz o antropologista digital Rahaf Harfoush".[10] Por que deveríamos dar tempo de recuperação para nossos funcionários exaustos? Para que eles aumentem sua produtividade. Para combater o burnout, Harfoush apela para a eficiência.

Usamos a mesma lógica para justificar nosso lazer fora do trabalho. Tudo bem se eu tirar um cochilo, pois isso me ajudará a estar mais alerta para terminar essa tarefa. Tudo bem se eu assistir a esse

---

10 Lindsey Tramuta, "To Avoid Burnout, Work Less and Ignore 'Productivity Propaganda,'" Bloomberg.com, 11 de maio de 2020, https://www.bloomberg.com/news/articles/2020-05-11/exercising-eating-right-won-t-prevent-burnout.

jogo, porque preciso dar um descanso para o meu cérebro. Tudo bem se eu passar algum tempo com meus filhos, já que pesquisas mostram que ler para uma criança é a maneira mais eficiente de aumentar o vocabulário delas e os ganhos financeiros que elas terão ao longo da vida. Tudo bem se eu for correr, porque isso vai melhorar minha saúde. E assim por diante.

Exemplos de técnica podem ser encontrados por todo lado em nossa sociedade. Embora talvez não tenhamos pensado nelas como um fenômeno, suspeito que costumamos responder de maneira similar à técnica quando ela aparece em nossas vidas. Experimentamos um sentimento de cansaço, de urgência e de obrigação moral. Depois de aprender mais uma técnica para viver, você talvez diga a si mesmo: "Eu só preciso fazer...". Talvez você leia uma manchete descrevendo a última pesquisa a respeito de perda de peso sem efeito sanfona. Ou talvez seja um artigo descrevendo estratégias para criar filhos bem-ajustados ou bem-sucedidos. Ou talvez seja um método de anotações que prometa trazer ordem à sua vida caótica. Ou instruções sobre como lavar corretamente uma blusa ou uma gravata. Ou um novo plano de leitura bíblica. Ou rotinas de autocuidado. Ou um aplicativo que desenvolve um plano de exercício baseado em seus interesses, peso, altura, idade, gênero e tempo disponível. Ou um método para organizar sua casa. E você diz: "Eu só preciso seguir esse conselho e, então, não terei todos esses problemas".

Eficiência tem muitas aplicações saudáveis quando não é tratada como o fim *mais importante*. Porém, de acordo com Ellul, a técnica não acolhe facilmente outros valores. A eficiência tende a expulsar outras considerações ou, pelo menos, subjugá-las. Por exemplo, é algo maravilhoso desenvolver uma maneira mais eficiente de cultivar a terra, para que você possa produzir mais alimento para o seu próximo; no entanto, quando sua preocupação com a eficiência faz com que você ignore a maneira como determinada técnica de cultivo pode *causar dano* ao seu próximo ou à natureza, você foi enfeitiçado pela técnica.

O mais impressionante é a facilidade com que a técnica penetrou em todos os cantos da vida moderna. Em praticamente qualquer situação, tratamos o método mais eficiente como uma obrigação moral. Embora possamos hesitar ao julgar moralmente a vida sexual das pessoas (porque isso é um assunto privado), quase todos querem reduzir as taxas de gravidez na adolescência.

No capítulo anterior, usei o exemplo da prostituição para explicar nossa adoção quase universal da eficiência como o bem maior. Algumas pessoas que advogam a legalização da prostituição apontam para o dano quantificável gerado pela proibição. Se a legalização reduzir a violência sexual, a violência estatal, as taxas de encarceramento e as doenças venéreas, além de possibilitar que mulheres pobres possam prover sustento para si mesmas e suas famílias, é claramente mais eficiente legalizar a prostituição. Afinal, cada dano social drena energia da sociedade e, portanto, é um ponto de ineficiência.[11] Há problemas consideráveis com o sistema judicial, mas o que fica de fora desse argumento é se não existe alguma perda moral não quantificável que justificaria opor-se à prostituição. Não vale a pena responder a essa questão, pois, se algo não pode ser medido, não podemos debater o assunto publicamente. Você define "dignidade" humana de uma maneira, eu a defino de outra, mas ambos podemos analisar os dados que apontam para uma redução mensurável nos danos.

---

11 Investigar, processar e lidar com os resultados físicos e mentais causados por abusos sexuais, por exemplo, é algo extremamente custoso.

Embora essa tendência de apelar para a eficiência e para os dados seja amplamente utilizada pela ala esquerda da política, a direita — e até mesmo a direita religiosa — está igualmente apaixonada por essa abordagem. Há um debate corrente entre conservadores (particularmente, entre conservadores religiosos) a respeito de proibir a pornografia ou regulamentá-la de maneira estrita.[12] A ala libertária da direita opõe-se a esse tipo de restrição à liberdade, mas alguns conservadores sociais argumentam que há dados que demonstram os prejuízos psicológicos e físicos causados pelo vício em pornografia, a ponto de ser uma questão de saúde pública.[13] Novamente, o dano social é algo que drena as energias da sociedade e, portanto, é um ponto de ineficiência. Similarmente, alguns ativistas pró-vida têm enfatizado os danos físicos e psicológicos associados com a prática do aborto. Nenhum desses apelos aos dados e à eficiência parecem estranhos para nós, visto que, como Ellul argumentou, a eficiência estabeleceu-se como o bem maior.

Não há uma área da vida contemporânea que não esteja sujeita ao domínio dos métodos racionais para a obtenção de eficiência máxima, desde a intimidade no casamento até a arte e a guerra. Isso não é dizer que nunca priorizamos outros valores — nós certamente o fazemos —, mas o valor com o qual todos concordamos em todas as esferas da vida tende a ser o valor da eficiência. Os métodos para melhorar nossas vidas que enchem os livros, podcasts e conferências de autoajuda são exatamente a maneira como a sociedade auxilia em

---

12 Jane Coaston, "There's a Conservative Civil War Raging—over Porn," *Vox*, 12 de dezembro de 2019, https://www.vox.com/policy-and-politics/2019/12/12/21003109/pornography-obscenity-barr-doj-conservatives-libertarians.

13 Madeleine Kearns, "Pornography Is a Public-Health Problem," *National Review*, 6 de fevereiro de 2020, https://www.nationalreview.com/magazine/2020/02/24/pornography-is-a-public-health-problem.

nossa responsabilidade de determinar as feições de uma vida moral. A sociedade pode fazer muito pouco para nos ajudar a decidir se a escolha mais ética é a fidelidade ou a promiscuidade, já que somos de nós mesmos. Contudo, para tornar nossa escolha eficaz, ela *pode* fornecer métodos anticonceptivos, com estratégias para a vida sexual dentro do casamento, além de material erótico. Essa ênfase tremenda em otimização pessoal reflete uma sociedade feita para seres humanos para quem a eficiência é o bem maior.

* * *

Na ausência de valores universais, procuramos a eficiência e, na ausência de uma visão para o bem comum, procuramos políticas identitárias, por meio da organização de coalizões políticas baseadas na religião, na raça, na etnia, no gênero, na sexualidade ou em preferências culturais. Embora a frase tenha algumas conotações negativas entre os conservadores, políticas identitárias são a forma dominante em todos os espectros da política contemporânea. Evangélicos brancos de classe média e sem diploma de curso superior são um grupo político identitário tanto quanto pessoas de cor com diploma universitário ou pessoas transgênero. Isso não significa que todos os grupos identitários tenham justificativas iguais para agirem como movimentos políticos, mas é apenas uma observação quanto ao estado atual da política nos EUA.

Como todo o resto da sociedade, políticas identitárias são inerentemente antagônicas. Grupos são formados, geralmente, por meio de experiências compartilhadas de opressão ou por meio de atos compartilhados de agressão. Esses grupos oferecem uma visão política juntamente com um grupo de valores sociais.

Se somos desesperadamente nossos e pertencemos a nós mesmos, não pode haver nenhum tipo de bem comum substancial em direção ao qual possamos caminhar, nem política, nem socialmente. O melhor que podemos fazer é tentar sair da frente uns dos outros. Nisso, vemos a influente filosofia política de John Rawls, que acreditava que "liberdade consiste em buscar nossa própria concepção da boa vida, enquanto respeitamos o direito dos demais de fazer o mesmo".[14] Charles Taylor chama essa postura de "liberalismo procedimental da neutralidade" e afirma que essa é uma das razões pelas quais o Ocidente está tão fragmentado.[15] Enquanto o estado permanecer neutro com relação à boa vida, o "bem comum" poderá ser apenas a tolerância.

Em vez de um bem comum, temos bilhões de bens privados. O melhor que podemos fazer é unir forças com outras pessoas que estejam na mesma interseção identitária. Políticas identitárias são uma maneira pela qual a sociedade oferece uma visão para ação política na ausência de um bem comum. Se somos radicalmente nossos, não podemos esperar construir uma visão política que inclua toda a nação ou mesmo uma comunidade local. Mas podemos formar grupos de ação coletivos para defender nossos interesses privados.

Políticas identitárias não podem ser inteiramente explicadas pela antropologia que delineio neste livro, mas elas são um fator. A história demonstra claramente que discriminação e opressão forçam as pessoas a tomarem medidas políticas coletivamente para sobreviverem. De fato, ignorar a opressão de determinados grupos identitários não é um refúgio contra as políticas identitárias, mas a defesa de um grupo identitário dominante. Contudo, é possível nomear e

---

14 Sandel, *The Tyranny of Merit*, 133.
15 Charles Taylor, *The Malaise of Modernity* (Ontario: Anansi, 1991), 117.

resistir à discriminação contra grupos de pessoas e posicionar essa luta por justiça dentro de uma visão mais ampla do bem comum. No entanto, quando nos vemos como pertencentes a nós mesmos, é difícil sequer imaginar um bem comum que seja diferente daquele que John Lennon descreve na canção *Imagine*: uma ilusão insípida, incoerente e pouco imaginativa. Então, a sociedade fornece grupos identitários para nós.

Como a sociedade fornece pertencimento

Estive falando de nossas responsabilidades do autopertencimento coletivas, que se referem a todas as maneiras como as pessoas modernas se sentem responsáveis por sua existência. Nesta seção, vamos nos concentrar em um tipo diferente de pertencimento: nossa necessidade humana de estar corretamente posicionados no universo. De todas as responsabilidades do autopertencimento, o peso de pertencer a algum lugar talvez seja o que mais dependa do suporte da sociedade. Uma coisa é ser responsável por escolher o lugar e a pessoa a quem você pertence nesta vida; outra bem diferente é ter a liberdade de efetivar a escolha.

Pertencimento requer uma sociedade que facilite a fluidez. Nossa tendência é colocar as obrigações uns nos outros. Somos seres naturalmente sociais, e, quando vivemos em comunidade, ela nos atrairá organicamente para a sua vida, tornando-nos membros, colocando fardos e responsabilidades em nós, além de fornecer direitos e privilégios.

Até mesmo a terra age assim. Viver em um lugar específico por um período longo organicamente imprime algo do ambiente natural em você. Talvez você perceba que pertence a algum lugar porque as mudanças de estação tornam-se parte dos ritmos da sua vida. As

De que maneiras a sociedade o ajuda a pertencer a si mesmo

pessoas que viveram na região nordeste dos EUA costumam falar a respeito da mudança das cores das folhas no outono, um fenômeno que não significa nada para mim, já que nunca passei por isso. Na infância, o cheiro dos campos de cebola me trazia à memória que minha casa era o alto deserto californiano. É um cheiro que conjura anos e anos de memórias.

Nós encontramos o mesmo princípio atuando nos relacionamentos humanos: quando você se compromete a estar com alguém, sempre parece uma aberração quando o relacionamento fracassa. Relembre uma amizade preciosa que terminou. Mesmo que tenha terminado mal, mesmo que você tenha descoberto que foi traído por seu amigo, você experimenta o fim daquela amizade como uma perda de pertencimento.

Aquilo que é verdade para amizades é ainda mais verdade para relacionamentos românticos. A maioria das pessoas experimenta o término desses relacionamentos como algo que corta seu próprio eu. Ao se unir intimamente a uma pessoa, qualquer rachadura nessa união envolverá uma sensação de deslocamento. É precisamente por isso que precisamos de uma sociedade que tenha meios robustos para nos ajudar a superar essa tendência natural ao pertencimento. A sociedade deve nos libertar, senão criaremos raízes. A sociedade deve nos ajudar a ter "a coragem de ser você mesmo", nas palavras de Brené Brown.

E a sociedade fornece isso. Pense quão fácil e normal é que pessoas saiam de suas cidades natais. É praticamente um rito de passagem formar-se no ensino médio e mudar-se para outra cidade, a fim de fazer faculdade. Nessa fase da vida, vemos o mundo ou, pelo menos, o país como um espaço completamente aberto para nossas escolhas. Você pode viver em qualquer lugar. Esse tipo de liberdade funciona apenas se nós tivermos a infraestrutura que possibilite que mudanças de longa distância tenham preços acessíveis e sejam fáceis. A substituição do mundo natural pelas construções humanas enfraquece nossos laços com locais específicos. Boas estradas, companhias de mudança, móveis baratos e descartáveis e diversas opções de casas tornam tudo isso possível.

Porém, mais do que nosso deslocamento físico, a expansão das identidades legais, comerciais e pessoas para a internet simplifica todo o incômodo da mudança. Mesmo que eu me mude para outro estado, quase todas as partes fundamentais da minha pessoa pública permanecem as mesmas. Meus cartões de crédito, meu banco, boa parte das contas mensais, minha presença nas mídias sociais e até mesmo meu número de telefone podem permanecer os mesmos. Eles nunca pertenceram ao local onde eu vivia. Assim, minha persona pública reside *online* tanto quanto (ou, talvez, ainda mais do que) *offline*.

A tecnologia não apenas permite mudanças mais fáceis, mas também possibilita permanecermos livres de amarras em qualquer lugar onde estejamos. Não sou obrigado a conhecer meus vizinhos. Todos, educadamente, cuidam de sua própria vida, a não ser que aconteça uma catástrofe. Mesmo a maneira como compro faz com que eu permaneça livre de amarras. Para começar, a maioria das lojas pertence a grandes redes, e é difícil sentirmos qualquer solidariedade por uma rede de supermercados. Quando entro em uma rede de lojas, enxergo os funcionários de maneira diferente do que enxergo as lojas do bairro. Nas grandes redes, uma máscara corporativa cobre os empregados, para que, mesmo que efetivamente sejam os meus vizinhos, eu sinta que estou interagindo primeiramente com um agente ou com um avatar da rede de supermercados, e não com uma pessoa. Essa alienação para com o meu próximo pode gerar interações desconfortáveis, mas, na maioria das vezes, isso não acontece; afinal, a tecnologia adaptou-se para que eu não tenha que interagir com pessoas enquanto estou comprando algo. Leitores digitais colocados em postes podem informar o preço dos itens. Caixas de autoatendimento me protegem até mesmo das interações mais banais com um operador de caixa. Em troca dessa liberdade de pertencer às pessoas de uma comunidade, apenas tenho que aceitar vigilância constante por meio de câmeras de segurança. Diversas televisões estão posicionadas acima dos caixas de autoatendimento, para assertivamente relembrar os consumidores de que, mesmo que não haja um funcionário presente, eles estão sendo observados.

A boa notícia é que outras inovações tecnológicas permitem que eu evite completamente a experiência de ir a um supermercado. É possível receber as compras em casa, mesmo em minha pequena cidade de 30 mil habitantes. Com um aplicativo, posso selecionar todos os itens que quero, escolher o período da entrega e pagar com um cartão de crédito. Os itens que não puderem ser entregues pelo mercado local posso encomendar *online* em outra plataforma, com entrega rápida e gratuita. Virtualmente todas as minhas necessidades de consumo podem ser atendidas com pouco contato humano e, portanto, com pouquíssimas obrigações de pertencimento. Não preciso testemunhar o sofrimento ou a alegria do meu próximo. Não preciso sentir que nós temos algo em comum. Não preciso me sentir responsável pelo bem-estar dele.

Nunca foi tão fácil estar socialmente "conectado" a pessoas sem que fosse necessário estar realmente conectado a elas. Em minha vida, passei por duas mudanças de grande porte. Primeiro, mudei do deserto do sul da Califórnia para Waco, no Texas. Depois, fui de Waco para Shawnee, em Oklahoma. Depois de cada mudança, eu e minha esposa fizemos um esforço combinado para pertencermos à comunidade — participar de uma igreja, de um grupo pequeno e fazer amigos. E, então, precisávamos mudar de novo. No decorrer dessas transições e da perda (ou diminuição) das amizades próximas que acontece com qualquer mudança, dois dos meus amigos mais próximos têm sido Richard Clark e Derek Rishmawy. Nós nos falamos quase diariamente por meio de mensagens, compartilhamos os fardos pessoais, os pedidos de oração, os motivos de gratidão, as perguntas, a raiva, a confusão e as palavras de exortação.

Embora seja verdade que amizades *online* não são a mesma coisa que amizades em pessoa, as diferenças entre elas têm diminuído. Posso escrever para meus amigos onde quer que eu esteja e receber uma resposta imediata, como se eles estivessem na mesma sala que eu. Eu posso jogar *video game* com meus amigos e, assim, "fazer" algo juntos. Podemos gravar *podcasts* juntos. Se eu quisesse, poderia estender isso para incluir cada vez mais comunidades *online* e cada vez menos comunidades presenciais. Um bom jogo de *video game* para vários jogadores pode fornecer objetivos em comum, oportunidades para estabelecer relacionamentos de amizade e até mesmo relacionamentos amorosos. Se eu sentir que sou "maduro demais" para jogos, posso engajar-me profundamente em uma microcomunidade *online*: grupos dedicados à modificação de drones, à maximização (a eficiência!) de certos programas de treino físico ou a teorias da conspiração. Microcomunidades surgem ao redor de *podcasts*, *sites* da internet, canais do YouTube, *instagrammers*, religiões, carros, décadas passadas, dietas e assim por diante. A tecnologia efetivamente me livrou de qualquer necessidade de pertencer ao local onde meu corpo está. Eu talvez precise dormir aqui, mas eu não preciso *estar* aqui.

Casamentos e famílias são mais difíceis de serem tratados de maneira tão fluida, mas a sociedade oferece o que pode também nessas áreas. Divórcio consensual torna o fim de um casamento tão fácil quanto possível. Redes de segurança sociais, que costumam ser benéficas, absolvem-nos da responsabilidade de cuidar dos feridos, incapacitados, doentes, pobres ou de membros idosos da família. Os idosos são um caso particularmente instrutivo de como nossa sociedade permite que escolhamos a quem pertencemos. Historicamente, cuidar dos pais e dos avós era uma parte comum da vida. Da mesma maneira que eles pertenciam a você, cuidando de você e lhe provendo sustento enquanto você era uma criança, você pertencia a eles, e era esperado que cuidasse deles e lhes provesse sustento quando envelhecessem. Porém, nós estamos tão longe dessa regra que muitos idosos sentem culpa e vergonha diante da possibilidade de dependerem de seus filhos. Mais de uma vez, ouvi alguém dizer que gostaria de morar em uma casa para idosos em vez de ser um "fardo" para seus filhos, que teriam que limpar o bumbum deles. Infelizmente, os filhos geralmente concordam. Por isso, a maioria das cidades nos EUA possui vagas o bastante para que os filhos não precisem cuidar dos pais, a não ser que eles queiram. A sociedade fornece isso.

Um último exemplo: a pornografia fornece uma maneira para que casais "pertençam" um ao outro legalmente e, mesmo assim, sejam emocional e fisicamente autônomos. No final das contas, sexo — ou, pelo menos, sexo em um casamento saudável — requer bastante tempo, esforço, vulnerabilidade e autonegação. Se você não é casado, acredite em mim. Se você é casado e ainda não experimentou isso, tenha paciência. Sexo de qualidade não combina com autonomia. O ato em si é a expressão daquilo que há de mais íntimo, afirmativo e vulnerável que você pode compartilhar com uma pessoa.

Quando as tempestades da vida chegam — estresse, trabalho, filhos, problemas com dinheiro, tédio, a idade —, cultivar um amor rico com seu cônjuge é difícil. Em alguns períodos, parece impossível. E o poder da pornografia está em que você pode experimentar praticamente qualquer fantasia sexual a qualquer momento, sem qualquer trabalho emocional ou entrega de si mesmo e, normalmente, de graça. Isso significa que, em um casamento em que os cônjuges não querem separar-se, mas já não estão "apaixonados", a sociedade fornece uma maneira eficiente para que cada um experimente alguma forma de estímulo sexual, sem, contudo, os efeitos desestabilizantes gerados por um caso extraconjugal.

A escolha de pertencer a seu cônjuge ou não tem sido amplamente auxiliada nos tempos modernos pela pronta disponibilidade da pornografia. Não é incomum que, com o tempo, casais — particularmente, casais com filhos — parem de ter relações e suplementem essa perda com a pornografia. Para outras pessoas, a pornografia torna a escolha de pertencer a si memo e de abandonar completamente o casamento muito mais fácil de suportar. Novamente, a sociedade fornece isso.

***

As responsabilidades do autopertencimento são consideráveis, e a pressão para cumpri-las é grande demais para a maior parte das pessoas suportar. Mas a sociedade responde às nossas necessidades equipando-nos para sermos nossos e pertencermos a nós mesmos.

De certo modo, as ferramentas necessárias são as ferramentas da "autoria de si". Jordan Peterson, autor de *bestsellers* e psicólogo, realmente vende um curso *online* para qualquer pessoa que queira melhorar a si mesma por meio da autoria de si. Se você comprar o pacote completo, é convidado a escrever respostas para uma série de perguntas a respeito do seu passado, seu presente e seus objetivos futuros. Eu não tenho dúvidas de que essa reflexão é bastante útil, pois tendemos a evitar uma introspecção honesta. Porém, acho que o programa tem duas coisas impressionantes. Primeiro, ele é chamado *Self authoring*, "Autoria de si". Peterson apresenta o processo de autoaperfeiçoamento como se isso consistisse em escrever uma vida melhor para si mesmo — algo que faz perfeito sentido se nós pertencemos a nós mesmos. O que poderia ser pior do que delegar a história da sua própria vida para algum escritor fantasma, sejam os ideais de seus pais, sejam as normas sociais? Claramente, devemos pegar a caneta e ser os autores de nossa própria história. Segundo, como Peterson descreve em um vídeo propaganda no YouTube, a origem das ferramentas da "autoria de si" esteve, em parte, nas consultorias corporativas.[16] Peterson foi trazido para ajudar as empresas a fazer os funcionários tornarem-se mais produtivos, e ele descobriu que, através desse método da "autoria de si", os funcionários eram capazes de definir objetivos e trabalhar de maneira mais eficiente para alcançá-los. Então, desde o princípio, o método de autoria de si proposto por Peterson está baseado não na pessoa humana, mas na eficiência do mundo dos negócios. Isso não é uma coincidência. Da mesma maneira que as corporações precisam otimizar-se por meio de aumentos na eficiência, para continuarem competitivas, os indivíduos devem otimizar a si mesmos, para cumprirem suas responsabilidades de autopertencimento.

16 Jordan B. Peterson, "Intro to Self Authoring," 25 de agosto de 2015, vídeo do YouTube, 8:47, https://youtu.be/qa9u5t3C0AI.

Os sistemas, as técnicas e as normas que a sociedade desenvolveu para nos ajudar a lidar com as responsabilidades do autopertencimento vêm com seus próprios problemas. A sociedade faz uma promessa: ela fará sua parte para nos ajudar a viver de maneira autêntica, se aceitarmos as responsabilidades do autopertencimento.

Contudo, será que a sociedade nos capacita a viver a boa vida? Será que os métodos e ferramentas de que tratamos neste capítulo são efetivos? E se a sociedade esteve, todo o tempo, construindo sistemas, técnicas e normas baseados em um entendimento falso do que é uma pessoa humana? Se isso for verdade, esperaríamos encontrar uma sociedade desumana. E é isso que encontramos. Mas também seria esperado que um entendimento adequado da pessoa humana nos desse uma sociedade mais humana. E é isso que acontece. Antes que consideremos uma antropologia alternativa, que pressuponha que pertencemos a Cristo e também que considere a esperança que ele pode oferecer tanto na vida quanto na morte, precisamos entender como a sociedade contemporânea fracassa completamente em cumprir as promessas que fez de oferecer uma vida plena por meio das responsabilidades do autopertencimento.

3
DE QUE MANEIRAS A SOCIEDADE NOS DECEPCIONA

É tão óbvia a impotência e a aflição de todos os homens diante da máquina social, a qual se tornou uma máquina de partir corações e esmagar espíritos, uma máquina para manufaturar irresponsabilidade, estupidez, corrupção, frouxidão e, acima de tudo, tontura. A razão para esse doloroso estado de coisas é perfeitamente claro. Estamos vivendo em um mundo no qual nada é feito sob medida para o homem; há uma monstruosa discrepância entre o corpo do homem, a mente do homem e as coisas que, no presente, constituem os elementos da existência humana; tudo é desequilíbrio.

Simone Weil, *Opressão e liberdade*

A lógica, o espírito e a economia da pornografia contemporânea são um reflexo quase perfeito do fracasso da sociedade em nos fornecer as ferramentas necessárias para cumprirmos as responsabilidades do autopertencimento. A pornografia pressupõe que somos nossos e pertencemos a nós mesmos. É uma ferramenta que promete nos dar um tipo de validação pessoal, um senso de identidade, uma amostra de significância e um vislumbre de um pertencimento íntimo. Mas, por sua própria lógica, a pornografia é uma promessa vazia, assim como a modernidade. Ao invés de nos ajudar a cumprir nossas responsabilidades e a lidar com um mundo desumano, ela exacerba nossa condição. Ao invés de nos trazer para mais perto de nossa humanidade, ela nos desumaniza a todo momento, instrumentalizando nossa intimidade e nos deixando viciados, deprimidos, exaustos, sozinhos e entediados — o que também é uma descrição precisa da nossa sociedade em geral.

A pornografia contemporânea é apenas a continuação de uma longa tradição de esforço humano para representar o sexo e o corpo sexualizado. Alguns podem argumentar que não existe diferença real entre os murais eróticos presentes nas casas da antiga Pompeia e aquilo que um jovem, homem ou mulher, que seja saudável, imaginativo e que tenha uma atitude tolerante com relação ao sexo, pode acessar em seu smartphone hoje em dia. Os seres humanos sempre representaram de maneira criativa o sexo e os corpos sexualizados. Qual a diferença se eles foram desenhados a mão ou filmados e colocados na internet? Existe alguma diferença significativa entre os adolescentes que escondem pornografia em seus telefones em 2021 e os adolescentes que escondiam cópias da revista Playboy debaixo do colchão em 1981?[1]

---

1 Essa pergunta atinge o centro de uma barreira comum que enfrentamos quando precisamos criticar a tecnologia de maneira adequada. É difícil observar mudanças tecnológicas ou culturais quando há algum grau de continuidade com o passado. Mensagens de texto são apenas uma

Não é a mesma coisa. A internet mudou a pornografia, e essas mudanças refletem nossa antropologia contemporânea. Pense no poder da escolha. Hoje, você pode encontrar uma representação pornográfica de virtualmente qualquer fantasia. Se você pode imaginar, pode encontrar. E você provavelmente pode encontrar de graça, em menos de três minutos. Quando você inevitavelmente ficar entediado com aquela fantasia, simplesmente jogue-a fora e encontre algo novo — indefinidamente. Os seres humanos sempre foram capazes de imaginar todo tipo de cenário sexual, mas não fomos capazes de fazê-los existir, a não ser que você fosse algum tipo de déspota tremendamente poderoso. Agora, todos nós temos o poder de Calígula.

Munido apenas com uma conexão de internet e um aparelho eletrônico, você pode entreter-se com seres humanos reais realizando qualquer fantasia sexual que você deseje, não importa quão degradante, abusiva ou bizarra. E, na situação inesperada de não encontrar o que você quer, com algum dinheiro, é possível entrar em contato com um artista pornô e pedir um vídeo privado, customizado e personalizado para as suas preferências. A pornografia contemporânea é a experiência mais afirmativa que podemos ter.

versão mais rápida de escrever cartas; portanto, mensagens de texto não são realmente algo novo. O GPS e os mapas que estão em seu *smartphone* são apenas versões mais convenientes e confiáveis dos guias e mapas de papel; portanto, eles não são algo realmente novo. A internet é apenas uma versão muito maior de uma biblioteca; portanto, acesso público a quantidades enormes de informação não é algo realmente novo. E assim por diante. No entanto, em algum momento, uma tecnologia ou uma prática mudam de maneira tão grande que é mais apropriado entendê-las como algo novo, em vez de uma continuação. Elas podem parecer ou estar relacionadas com a versão antiga, mas algo fundamental mudou. Com essa mudança, vieram novos significados, consequências e riscos. Pode ser que a versão antiga fosse tolerável ou até mesmo auxiliasse a sociedade, mas a nova é bastante danosa. Porém, se não pudermos identificá-la como algo novo, como poderemos avaliá-la seriamente? Apenas assumiríamos que as regras antigas ainda se aplicam.

Todavia, você diz: "Eu não posso ter *qualquer coisa*. O que eu realmente gostaria é de um vídeo de uma colega de trabalho tendo relações comigo. E, já que ela nem ao menos sai para tomar um café comigo, não há qualquer chance de isso acontecer". Não se preocupe; a tecnologia vai encontrar uma maneira. E já está quase encontrando. Como o surgimento dos *deep fakes*, já é possível criar vídeos realistas em que a cabeça de uma pessoa é substituída pela de outra. Atualmente, essa tecnologia é usada para criar pornografia falsa de atrizes famosas. O usuário pega imagens da atriz, usa um programa com inteligência artificial avançada e junta com um vídeo pornográfico já gravado. O resultado é um vídeo pornográfico de sua celebridade favorita, mesmo que ela não tenha feito as cenas de sexo. E, se você tiver tempo e imagens suficientes, é possível usar a mesma tecnologia com sua colega de trabalho, sem a permissão dela. Já que sua colega, como a maioria de nós, postou diversas imagens dela *online*, você tem toda a matéria prima necessária.

Se essa discussão revirou seu estômago, isso é um bom sinal. *Deveria* revirar seu estômago. Porém, o que eu gostaria que você percebesse é que a pornografia contemporânea coloca o usuário individual no centro do universo. Temos a liberdade de um deus para realizar qualquer fantasia que tenhamos. Podemos consumir a experiência humana mais íntima, internalizando imagem atrás de imagem, juntando uma coleção de intimidade humana tão vasta e diversa que você passa a sentir que isso dá a você o direito de acessar o corpo de qualquer pessoa para obter prazer. Essa é uma razão pela qual os jovens — particularmente, as mulheres jovens — sentem frequentemente a pressão de mandarem fotos e vídeos de seu corpo nu para seus namorados ou namoradas. Quando tantos corpos estão

tão amplamente disponíveis para os olhares masculinos (principalmente), expor o próprio corpo pode parecer a taxa que todos pagam para jogar o jogo.

Outro resultado é que o valor econômico de expor seu corpo para os olhares sexuais de outras pessoas caiu dramaticamente. Durante a pandemia de Covid-19, em 2020–2021, o jornal The New York Times relatou que um *website* que permite que pessoas vendam imagens pornográficas de si cresceu de 120 mil "criadores de conteúdo" para mais de 1 milhão. Desempregados e desesperados, esses criadores de conteúdo venderam imagens e vídeos de si mesmos para pagar as contas.[2] No entanto, com mais de 1 milhão de pessoas vendendo conteúdo, somado ao já vasto mercado da pornografia, um corpo simplesmente não vale tanto assim — o que torna ainda mais fácil pensar que você merece ver qualquer fantasia que tenha.

Ao seguir suas preferências eróticas, você tem um senso de autoexpressão. Os tipos de pessoas que você procura, o tipo de performance, o cenário, a música, o tom e o sentimento — tudo isso reflete sua identidade. Ao consumir momentos de intimidade, você sente que está tornando-se um pouco mais real e um pouco mais poderoso. Sua existência parece estar justificada enquanto você consome a intimidade de outras pessoas. Talvez você se sinta mais "vivo" com o arrepio causado pelo acúmulo de imagens. Ou talvez você sinta um tipo de pertencimento, uma vez que pertencer *a alguém* é central para o ato sexual, mesmo nas expressões mais mediadas. No entanto, assim como acontece com o consumo, é impossível ficar muito tempo, porque isso nunca satisfaz. É por isso que bons mecanismos de busca

---

2 Gillian Friedman, "Jobless, Selling Nudes Online and Still Struggling," *New York Times*, 13 de Janeiro de 2021, https://www.nytimes.com/2021/01/13/business/onlyfans-pandemic-users.html.

e uma internet veloz podem acomodar seu apetite. Tão rápido quanto você possa imaginar uma fantasia, você fica insatisfeito com ela. O arrepio gerado pela caçada e pela descoberta é inevitavelmente acompanhado pela decepção. Possuir algo já não é suficiente.

Por um momento, você sentiu um pouco de intimidade, de paixão, de conquista sexual, de poder, mas você sabe que é um jogo. Não é real. Mesmo quando os vídeos são criados de forma amadora e lhes faltam os benefícios da edição profissional, nunca são genuinamente íntimos. Esta é a lógica oculta da pornografia: esse ser humano único e belo está oferecendo-se a mim, expondo a si mesmo para mim; então, devo ter algum valor.[3] No ato sexual, duas pessoas se entregam uma à outra da maneira mais vulnerável possível. Elas podem erguer barreiras psicológicas ou físicas para protegê-las da intimidade e da união, mas o ato em si é inseparável de um profundo senso de entrega, unidade, abertura e, portanto, de pertencimento. Qualquer abuso da intimidade sexual é uma afronta especialmente maldosa contra a pessoalidade de alguém, precisamente porque trata essa pessoalidade apenas como um meio para um fim.

Mesmo em formas altamente mediadas e artificiais de intimidade sexual, como vídeos pornográficos editados, o sentimento de que o espectador está recebendo acesso especial a alguém por ser uma pessoa digna permanece. Acredito que a melhor descrição desse sentimento seja "pequeno, e sem sentido, e fazedor de tristeza", uma frase usada por um dos personagens de J. D. Salinger para expressar um esforço patético para sentir-se existencialmente justificado por meio

---

3 Esse ponto e a discussão mais ampla a respeito da pornografia foi influenciado por um artigo de Matthew Lee Anderson, intitulado "Como a pornografia faz com que sejamos menos humanos e menos humanizados" (o artigo em inglês está disponível com o nome "How Pornography Makes Us Less Human and Less Humane", *The Gospel Coalition*, 26 de Agosto de 2019, https://www.thegospelcoalition.org/article/pornography-human-humane.

de um jogo de faz-de-conta.⁴ O que vamos descobrir é que, assim como se dá com a pornografia, muitas de nossas tentativas de cumprir com as responsabilidades do autopertencimento são "pequenas, e sem sentido, e fazedoras de tristeza".

Essa é uma lógica "não explícita" da pornografia; já que, se a tornarmos explícita, se admitirmos que, na pornografia, momentaneamente, nos permitimos acreditar que uma imagem reproduzida em massa representa uma afirmação íntima e pessoal, então, a pornografia perderia muito do seu poder. Essa lógica permanece oculta porque, pelo menos para os homens, é mais fácil admitir que somos impelidos biologicamente pela luxúria do que admitir que somos impelidos emocionalmente por sentimentos de solidão e inadequação. Como argumenta o sociólogo Alain Ehrenberg em sua história da depressão, a inadequação é a patologia causadora da depressão contemporânea.⁵ O sexo e até mesmo a masturbação, inevitavelmente, incluem o coração. Todavia, quando o momento passa, e você contempla quão pequena, e sem sentido, e fazedora de tristeza sua fantasia de fato foi, você pode sentir-se mais sozinho e inadequado do que nunca. E, para aliviar os sentimentos renovados de inadequação, você retorna para a pornografia.

Assim, uma ferramenta criada para ajudá-lo a ter justificação, identidade, sentido, valor e pertencimento é incapaz de cumprir sua promessa. Ela apenas o deixa em uma situação pior do que antes: deprimido e inadequado, ansioso e viciado.

***

4   J. D. Salinger, *Franny and Zooey* (Boston: Liple, Brown and Company, 1961), 26 [Edição em português: *Franny e Zooey*, trad. Caetano W. Galindo (São Paulo: Todavia, 2019).]
5   Alain Ehrenberg, *The Weariness of the Self: Diagnosing the History of Depression in the Contemporary Age* (Montreal & Kingston: McGill-Queen's University Press, 2010), 9.

Para lidar com a desumanidade de nossa sociedade, desenvolvemos técnicas novas e melhores que, sendo baseadas em uma antropologia falsa, apenas ampliam a desumanidade de maneiras novas, exigindo novas técnicas para lidar com o problema.

Pense a respeito de um homem casado que sofre de depressão e ansiedade. Essas condições costumam vir à tona como uma apatia generalizada com relação à vida e um sentimento de inadequação e fadiga. Talvez a falta de sentido no trabalho desse homem seja a fonte de seu desespero; ou uma crise de meia-idade, que o leva de sua contribuição para o mudo; ou o *burnout* decorrente de décadas de tentativas desesperadas de entrar em forma e de conseguir uma promoção. Escolha um dos motivos. Quanto mais deprimido e ansioso ele estiver, mais alienado ele se torna de sua esposa. Ele sente-se deprimido demais para iniciar o sexo, e ela sente-se emocionalmente distante demais para tomar iniciativa. Quanto mais tempo eles ficarem distantes, mais deprimido e ansioso ele fica. Logo, seus sentimentos de inadequação parecem ser afirmados pela falta de intimidade: "Talvez eu não seja desejável?" Ele sente uma aguda falta de pertencimento. Para lidar com sua condição mental, ele começa a tomar um antidepressivo. Usando a técnica da medicação psiquiátrica moderna, ele é capaz de reduzir os sintomas de sua depressão e ansiedade para níveis administráveis. Em algumas semanas, ele quase se sente como antigamente. Ele está mais produtivo no trabalho e descobre que é capaz de encontrar alegria nos prazeres simples da vida.

Infelizmente para o nosso marido hipotético, o efeito colateral mais comum para os antidepressivos é a perda do apetite sexual.[6]

---

6 Arthur Allen, "Antidepressant Side Effects: Sexual Side Effects, Weight Gain and More," *WebMD*, 9 de março de 2011, https://www.webmd.com/depression/features/coping-with-side-effects-of-depression-treatment#1.

Agora que ele não está deprimido demais para fazer sexo, ele perdeu o desejo e, talvez, a habilidade de fazer sexo. Mas ainda existe pornografia. O drama e a infinita novidade da pornografia renova o desejo que havia morrido por causa dos antidepressivos e da idade. De maneira mais importante, a pornografia o liberta da vulnerabilidade emocional e física diante de sua esposa e mitiga seus medos de falhar sexualmente. Ele experimenta uma simulação mediada do pertencimento, em vez de se arriscar a fracassar em obter pertencimento verdadeiro com sua esposa.

Assim, a técnica (pornografia como uma ferramenta para validação sexual e para pertencimento) é usada para lidar com um problema (falta de intimidade e pertencimento) criado por uma técnica (antidepressivos) usada para lidar com um problema (depressão e ansiedade), que surgiu por causa das condições desumanas da vida moderna.

A parte mais sombria da lógica não explícita da pornografia é a ideia de que os atores pornôs são indivíduos que, mesmo livres e atuando de forma consensual, consciente e liberada, usam sua liberdade para se expressar, ganhar dinheiro e dar prazer a outros. Porque eles são deles e pertencem a si mesmos, são livres para tratar seu corpo e sua pessoalidade íntima como uma ferramenta, um produto, objetificando-os e usando-os de modo instrumental para seu ganho pessoal.

E, se eu sou de mim mesmo, não tenho nenhuma responsabilidade moral para com o ator. Se uma pessoa adulta decide oferecer um bem ou um serviço ou aceitar um trabalho que cria um bem ou realiza um serviço, sou livre para participar também. Sou livre para tratar os outros como meios para meus próprios fins, como ferramentas, como instrumentos para minha realização pessoal, desde que eles recebam sua compensação. E, se uma pessoa adulta escolhe colocar na internet suas imagens pornográficas amadoras, sou livre para desfrutar disso também. Se eu não for capaz de dizer se aquela pessoa realmente *decidiu* tornar público aquele vídeo ou aquela imagem, ou se aquele adulto é realmente um adulto, não posso ser responsabilizado. Eu era um consumidor livre e que ignorava essas coisas.

A dinâmica da escolha, do consumo, do poder e da identidade na pornografia espelha as práticas culturais mais amplas. O mesmo espírito de escolha sem fim que concede à pornografia contemporânea tanto de seu poder pode ser experimentado quando andamos no corredor dos cereais matinais no supermercado. Em outras palavras, a pornografia não apenas pede que os usuários adotem ideias novas ou diferentes a respeito da escolha, do consumo e da identidade. É exatamente a mesma lógica de escolha que praticamos a vida toda. Consumo é uma maneira como lidamos com a depressão, a ansiedade, a insegurança e a crise de identidade. Nós escolhemos, consumimos e descartamos objetos, a fim de afirmar nossa existência, definir nossa identidade e conceder significado às nossas vidas enfadonhas, assim como para possuir ou pertencer a alguém além de nós mesmos. Em outras palavras, a pornografia contemporânea apoia-se em uma concepção específica da pessoa humana, uma concepção que é amplamente compartilhada na sociedade, até mesmo por muitos que acham a pornografia de mau gosto ou ofensiva.

A pornografia pode oferecer apenas uma sombra de realização e, mesmo assim, é algo passageiro. Da mesma forma que muitos mecanismos de enfrentamento da modernidade, o vício vem na sequência, terminando em *burnout*.

A promessa não cumprida de uma boa vida
Nossa sociedade é um ambiente fabricado, construído para seres humanos que são de si e pertencem a si mesmos. Esse ambiente inclui as ferramentas (a internet, os antidepressivos), os espaços (cidades,

subúrbios), as leis (divórcio amigável, defesas da pornografia por meio da liberdade de expressão), os valores (eficiência, individualismo) e as práticas (autoexpressão, consumo) que refletem e reforçam essa antropologia. Cada um desses elementos, como os deuses pagãos da Roma antiga, promete nos ajudar a viver uma boa vida, desde que prestemos a ele a devoção e o tributo apropriados.

Implícita em nossa sociedade está a promessa de que você pode tornar-se um ser humano totalmente realizado se:

1. Aceitar que você é seu e pertence completamente a si mesmo.
2. Trabalhar todo dia para descobrir e expressar o seu *self*.
3. Usar todas as técnicas e métodos aperfeiçoados pela sociedade para melhorar sua vida e conquistar seus obstáculos.

Se você se adaptar à vida nesse ambiente, você será feliz. E, se não se tornar um ser humano completamente realizado, as causas são ou alguma injustiça no ambiente (uma ineficiência), um lapso na sua vontade de aperfeiçoar-se (outra ineficiência); ou alguma limitação natural/biológica (também uma ineficiência!). Mas a sociedade é autoajustável: coletivamente, estamos eliminando as injustiças, melhorando a nós mesmos e superando os fardos do mundo natural — um processo que chamamos de "progresso". Nossa esperança no progresso faz com que deixemos de lado aquilo que está quebrado em nossa sociedade.

No entanto, por seus próprios critérios, a sociedade não pode cumprir sua promessa. Os deuses estão mudos. E aqueles que os produzem tornam-se como eles.

* * *

Uma razão pela qual a sociedade fracassa em cumprir sua promessa é que uma sociedade embasada na soberania do *self* não possui fins visíveis, apenas um número cada vez maior e mais exigente de meios. O objetivo de nosso esforço não pode ser alcançado, já que ele é autodefinido. A imagem de uma vida realizada está sempre mudando. Um dia, podemos acreditar que a boa vida consiste em escalar a escada corporativa, mas, no próximo dia, ela pode ser a busca por justiça social. Os fins de nossas vidas são incertos, mas há diversos meios para buscá-los. Sabemos quais são nossas obrigações; porém, não há um modelo do que significa cumprir essas obrigações, visto que não pode haver. Tudo o que temos são nossas intuições.

Como seria um Alan Noble plenamente realizado? A resposta otimista (algo que eu chamarei de "afirmação" algumas páginas abaixo) seria qualquer coisa que eu sinceramente acredite ser mais verdadeiro a respeito de mim e de minha identidade. Robert Bellah e Charles Taylor descreveram corretamente essa ideia como sendo um "individualismo expressivista".[7] Isso soa maravilhoso, mas não é exatamente um fim. Ser "verdadeiro comigo" é ser "verdadeiro" de uma maneira não convencional. Ser verdadeiro consigo é categoricamente diferente de ser verdadeiro em um sentido empírico ou lógico, pois não há uma maneira externa ou objetiva para julgarmos ou afirmarmos a nós mesmos. Como é possível ter certeza de que estamos sendo verdadeiros com nosso próprio ser? Como podemos saber se estamos sendo autênticos? Você está completamente sozinho nesse julgamento — soberano, mas sozinho. E, para piorar as coisas, você não pode confiar em si mesmo. A mente humana é capaz de enganar a

---

7 Veja *Habits of the Heart*, por Robert Bellah e seus coautores, e *Uma Era Secular*, por Charles Taylor.

si mesma de maneiras tremendas. Talvez você seja menos verdadeiro consigo quando está tentando se parecer mais consigo!

Quando você não consegue vislumbrar o propósito de sua vida, você deve focar nos meios para chegar lá. A promessa de realização da sociedade acaba sendo um compromisso de encontrar mais e mais maneiras (meios) para que eu me sinta autenticamente eu mesmo, sabendo que é impossível chegar lá.

Para piorar as coisas, as responsabilidades do autopertencimento requerem o poder de um deus para serem sustentadas, deixando-nos exaustos, cansados, sofrendo de *burnout* e, enfim, entediados. Estamos sempre *nos tornando* um ser humano plenamente realizado, mas nunca chegamos lá. Ninguém chega lá porque não há um destino fora de nós mesmos para alcançarmos. Se somos nossos e pertencemos a nós mesmos, somos sempre apenas quem nós somos. Nem mais, nem menos. Tudo o que temos são opções transitórias e um senso esmagador de que, qualquer que seja o padrão, não estamos alcançando a medida. Nosso trabalho é inadequado, nossa casa é inadequada, nossos gostos são inadequados, nosso cônjuge é inadequado, nosso corpo é inadequado, nossa educação é inadequada, nossas habilidades na cozinha são inadequadas e assim por diante. A sociedade não pode cumprir sua promessa, porque ela nunca realmente ofereceu um objetivo claro. Nesse sentido, a promessa da sociedade é mais como um aviso: você continuará procurando, continuará expressando, continuará redefinindo, continuará esforçando-se em nome de sua personalidade autônoma até o dia da morte.

Algumas vezes, você ouvirá pessoas tentando transformar essa obsessão com os meios em uma virtude: "não é sobre o destino, mas sobre como chegar lá". Mas, se você insistir nesses argumentos, o melhor que você pode fazer é acompanhar Albert Camus, dizendo:

"A própria luta para alcançar as alturas é, em si, suficiente para preencher o coração de um homem. Devemos imaginar Sísifo feliz".[8] Em seu famoso artigo *O mito de Sísifo*, Camus sugere que a vida humana é muito parecida com o mito de Sísifo, retirado da mitologia grega, em que Sísifo foi condenado a passar a eternidade empurrando uma grande pedra montanha acima, apenas para vê-la rolar novamente montanha abaixo. A vida, então, é uma existência infinita, árdua e sem sentido. Aliás, para sermos claros, Sísifo está no Hades. Se tudo o que a sociedade pode nos prometer é uma vida que seja gasta empurrando as responsabilidades do autopertencimento no Hades, não é uma promessa muito boa. Pode ser um destino absurdo, o qual optamos por encarar com dignidade, e isso é essencialmente o que Camus quer dizer com a ideia de que a "luta" preenche "o coração de um homem" e de que devemos imaginar Sísifo "feliz". Contudo, essa não é a promessa de uma vida realizada e autoefetivada que a sociedade prometeu.

***

Outra maneira como a sociedade falha em cumprir sua promessa é introduzindo novos problemas para resolver problemas antigos, enquanto a sociedade progride. Novas ferramentas criam novas ansiedades e novas competições. Novos espaços nos deixam confinados de novas maneiras.

Fast food e outras comidas pré-embaladas nos oferecem mais tempo para sermos mais competitivos. Bebidas energéticas nos

---

8 Albert Camus, *The Myth of Sisyphus and Other Essays*, trad. Justin O'Brien (New York: Vintage Books, 1955), 91. [Edição em português: *O Mito de Sísifo*, trads. Ari Roitman e Paulina Watch (Rio de Janeiro: Best Seller, 2010).]

oferecem um estado de alerta necessário para trabalhar horas extras. Entretanto, ambos deterioram nossa saúde. *Smartphones* permitem a percepção de estarmos conectados, mesmo que a sociedade nos isole, mas o preço para isso é o vício e a perda de privacidade. Namoros *online* abrem um mundo de possibilidades para pessoas solteiras, mas, ao mesmo tempo, aumentam dramaticamente a competição e diminuem o esforço necessário para enganar alguém com quem você esteja namorando. A explosão de informação faz com que seja mais fácil checarmos aquilo que os políticos andam dizendo e que sejamos mais suscetíveis a teorias da conspiração. A globalização nos deu infinitos produtos para expressarmos nossa identidade, o que fez com que nossa identidade fosse cada vez mais contestada.

A sociedade responde a seus fracassos criando novas ferramentas, espaços, leis, valores e práticas, os quais pressupõem que somos nossos e pertencemos a nós mesmos. Esses novos elementos nos ajudam a lidar com os problemas atuais, ao passo que inserem outros. O problema pode estar em você (falta de vontade), neles (uma sociedade injusta), ou nisso (a natureza). Mas o que continua sem ser questionado é nosso entendimento da pessoa humana. Nós podemos debater o uso de determinada tecnologia, ou como acabar com a violência policial, ou se devemos modificar nossos corpos; mas não podemos debater nossa soberania.

A sociedade também falha em cumprir sua promessa porque as responsabilidades do autopertencimento acabam sendo profundamente dependentes de outras pessoas. Como vimos no capítulo 2, a justificação nos tira de nós mesmos para buscar validação por meio de histórias ou de outra fonte externa. A identidade sempre pressupõe um *outro*, para quem nos apresentamos e de quem buscamos afirmação. O significado parece inerentemente externo ou não é digno de ser chamado assim. Nosso desejo por justiça implica valores que transcendam os vieses individuais. E, por definição, pertencimento é relacional. Para sermos nossos e pertencermos a nós mesmos, precisamos realizar o impossível trabalho de afirmarmos a nós mesmos enquanto dependemos de outros para sermos afirmados. E isso é exaustivo.

No final, muitos acabam em um estado de *burnout*. Como eu discuti anteriormente, Anne Helen Petersen escreveu um artigo bastante lido a respeito do *burnout* dos *millennials*[9] em 2019. A popularidade do artigo deve-se à maneira profunda com que os leitores se identificaram com a condição que ela descreve:

> Por que eu não consigo realizar essa tarefa mundana? Porque eu estou sofrendo de *burnout*. Por que estou com *burnout*? Porque eu internalizei a ideia de que preciso trabalhar o tempo todo. Por que eu internalizei essa ideia? Porque tudo e todos em minha vida a reforçam — explícita ou implicitamente —, desde que eu sou jovem. A vida tem sido difícil, mas muitos *millennials* estão mal preparados para lidar com as maneiras particulares pelas quais a vida tornou-se difícil para nós.

Petersen argumenta que *burnout* vai além da "exaustão" e torna-se um hábito: "Exaustão significa chegar ao ponto em que você não consegue continuar; *burnout* significa alcançar esse ponto e forçar-se a continuar adiante, seja por dias, seja por semanas ou mesmo anos". Os *millennials* costumam sofrer com vício em trabalho, trabalhando

---

9 Anne Helen Petersen, "How Millennials Became the Burnout Generation," *BuzzFeed News*, 2 de agosto de 2020, https://www.buzzfeednews.com/article/annehelenpetersen/millennials-burnout-generation-debt-work.

alegremente mais de 40 horas por semana e sentindo-se culpados quando não estão trabalhando. Mas, mesmo quando não estamos "trabalhando", estamos nos otimizando (aplicando técnicas à nossa pessoalidade) para que possamos ter uma vida plena e satisfatória.

Embora Petersen esteja correta em apontar para as mudanças nas condições econômicas como uma causa do *burnout*, em outro artigo, Derek Thompson identifica a significância mais profunda do vício em trabalho: ele funciona como uma religião. Ele escreve: "O que é 'trabalhismo'? É a crença de que o trabalho não é apenas necessário para a produção econômica, mas também a peça central da identidade de alguém e do propósito da vida; e a crença de que qualquer política que promova o bem-estar humano deve sempre encorajar mais trabalho".[10] Em outras palavras, o *burnout* experimentado por muitas pessoas não é meramente o resultado de trabalhar demais. Há uma inquietação existencial por baixo de nosso desejo de "auto-otimização".

A competição é a alma do sucesso

Talvez a maneira mais significativa como a sociedade falhe em cumprir sua promessa é que, em um mundo onde todos nós levamos a sério as responsabilidades do autopertencimento, experimentamos a escalada e o espalhamento da competição, e não paz ou autorrealização. Todos devem lutar para tornar sua pessoalidade visível e afirmada. Todos devem definir sua identidade em oposição a todos os outros. Todos devem buscar um autodesenvolvimento constante. Apesar de todo o discurso público a respeito de troféus de participação, minha

---

10 Derek Thompson, "Workism Is Making Americans Miserable," *The Atlantic*, 13 de agosto de 2019, https://www.theatlantic.com/ideas/archive/2019/02/religion-workism-making-americans-miserable/583441.

sensação é que a maioria das pessoas sente que está constantemente competindo, queiram ou não. No livro *Franny e Zooey*, de J. D. Salinger, Franny quer largar a faculdade de cinema, não porque ela tenha medo da competição, mas por ter medo de que irá competir.[11] Da mesma forma, muitos de nós sentem que temos duas opções: largar tudo ou participarmos devotamente de uma competição sem fim.

Quando meu filho estava no segundo ano do ensino fundamental, a escola passou a publicar semanalmente no mural as pontuações de leitura de todos os alunos da escola, organizados por série. Todo estudante que caminhava pelo corredor era recebido com um lembrete de quem eram as crianças inteligentes e qual a posição relativa de sua inteligência em relação aos demais alunos da série e da escola. Nesse evento, há uma série de pressuposições dignas de nota. A primeira pressuposição, compartilhada amplamente ao redor do país e, provavelmente, determinada pelo estado, é que a habilidade de leitura pode ser quantificada e medida de maneira significativa. A segunda é que a habilidade de leitura é *o tipo de coisa* pela qual podemos competir — parte da experiência de aprender a ler é derrotar seus amigos na tarefa. As duas pressuposições são produto da influência da técnica sobre o sistema escolar, particularmente na ênfase dada na padronização e nas métricas. A busca por melhorias constantes na eficiência por meio de práticas melhores está amarrada à nossa obsessão com métricas e competição.

No grande esquema das coisas, uma escola publicar as pontuações de leitura no corredor é insignificante. Mas esse é um exemplo de um fenômeno muito maior e mais preocupante. Michael Sandel e Malcolm Harris observaram que alunos do ensino básico e da

---

11 Salinger, *Franny and Zooey*, 90.

universidade estão sofrendo pressões maiores para competir e alcançar resultados. Porque nós ensinamos nossos filhos que vivemos em uma meritocracia, na qual os vencedores são responsáveis pelo seu sucesso e os perdedores são responsáveis por seu fracasso, a vida inteira torna-se parte de um jogo. A cada etapa, ou nossas crianças estão melhorando e se desenvolvendo, trabalhando para conseguirem melhorar suas chances de entrar em uma universidade, ou elas estão ficando para trás. No livro *Kids these days*, Harris documenta a maneira como "muito mais crianças estão trabalhando mais". As escolas de ensino fundamental aumentaram a carga de lição de casa, e as classes de estudos avançados para o ensino médio explodiram em popularidade.[12] Pais e mães passar a ver seus filhos como

> um projeto capital. A realização — a tendência que as firmas têm de reduzir o número de interações, para que elas sejam mais fáceis de serem otimizadas — tem sido aplicada cada vez mais para as pessoas como ferramentas de produtividade. A gestão de risco costumava ser uma prática do mundo dos negócios; hoje, é a estratégia dominante para a criação de filhos.[13]

A descrição dada por Harris da criação de filhos na modernidade é extremamente cínica, mas toca uma verdade importante. Se nós vivemos em uma meritocracia estrita, os pais devem fazer o que for necessário para preparar seus filhos para a competição. Isso significa reduzir os riscos e aumentar o número de atividades que

---

12 Malcolm Harris, *Kids These Days: Human Capital and the Making of Millennials* (New York: Liple, Brown and Company, 2017), 20-27.
13 Harris, *Kids These Days*, 26.

forneçam algum benefício distinto. Assim, os esportes coletivos são importantes porque podem ensinar trabalho em equipe e melhorar a saúde de uma criança, e não porque o baseball é um belo esporte. Os programas infantis usam as melhores pesquisas sobre o desenvolvimento infantil para melhorar a inteligência emocional dos espectadores, em vez de apenas contarem uma boa história. Ser um pai ou uma mãe na modernidade é viver com a ansiedade de que você não está fazendo tudo o que pode para criar filhos que possam competir em um mercado de trabalho global.

Sandel testemunhou o peso esmagador da meritocracia sobre seus alunos universitários. Em seu livro *A tirania do mérito*, Sandel alega que o aumento dramático no estresse emocional entre estudantes universitários é um resultado direto do nosso sistema meritocrático: "Anos de esforço ansioso deixam os jovens com um senso frágil de valor-próprio, contingenciado a realizações e vulnerável ao julgamento rigoroso dos pais, dos professores, dos comitês de avaliação e, por fim, de si mesmos".[14] Isso certamente se encaixa na minha própria experiência como professor universitário. Contudo, como Sandel argumenta, o problema é muito maior do que estudantes universitários ansiosos. Nosso sistema meritocrático — que torna a competição por eficiência em um julgamento do valor humano — deforma moralmente tanto os vencedores quanto os perdedores: "Entre os vencedores, ele gera arrogância; entre os perdedores, humilhação e ressentimento".[15] Na visão de Sandel, a alma da meritocracia é aquilo que nós temos chamado de antropologia contemporânea: "Quanto

---

14 Michael J. Sandel, *The Tyranny of Merit: What's Become of the Common Good?* (New York: Farrar, Straus and Giroux, 2020), 81. [Edição em português: Michael J. Sandel, *A Tirania do Mérito: O Que Aconteceu Com o Bem Comum?* trad. Bhuvi Libanio (Rio de Janeiro: Civilização Brasileira, 2020).]

15 Sandel, *The Tyranny of Merit*, 25.

mais nos vermos como feitos por nós mesmos e autossuficientes, será mais improvável cuidarmos do destino daqueles que foram menos afortunados do que nós. Se meu sucesso foi causado por mim, o fracasso deles é culpa deles. Essa lógica faz com que a meritocracia seja corrosiva para o aspecto comunitário".[16] Nossa fé no mérito é danosa, espiritual e moralmente, para os pais e para as crianças, para os professores e para os estudantes, para os vencedores e para os perdedores, para os indivíduos e para as comunidades. E ela está baseada na crença de que somos de nós mesmos.

Se Jacques Ellul está correto em dizer que vivemos em uma sociedade governada pela técnica, devemos esperar que nossas interações sejam marcadas pela competição, já que a essência da eficiência é a competição: colocar um método contra o outro para descobrir a melhor prática. E a meritocracia é uma maneira poderosa de recompensar aqueles que dominam as técnicas.

Nós também não podemos ignorar a influência do capitalismo. Por exemplo, nossa tendência é conceber a competição como uma espécie de fogo purificador que revela o que há de melhor em nós. A competição nos conduz à grandeza, inspira inovação e nos motiva a melhorar. Todavia, a competição também contribuiu para uma condição que Josef Pieper chama de "trabalho total", em que cada faceta de nossas vidas é marcada por um tipo ou outro de produtividade.[17] As obrigações do trabalho nos acompanham até em casa. Elas interrompem nosso sono e nosso tempo em família. Eventos sociais tornam-se oportunidades para fazer *network*. E, como Pieper destaca, as únicas exceções de fato ao trabalho são as atividades que

---

16 Sandel, *The Tyranny of Merit*, 59.
17 Josef Pieper, *Leisure: The Basis of Culture*, trad. Alexander Dru (San Francisco: Ignatius Press, 1963). Veja, em especial, o capítulo 4.

aumentam a produtividade. Você pode tirar dias de férias porque foi provado que descansar por alguns dias aumenta a produtividade, visto que isso deixa os funcionários mais felizes. Trabalho total é a lógica da técnica aplicada a todo tipo de trabalho — aqueles que não aceitam essa lógica ficarão para trás; mas tudo bem, pois é culpa deles. Isso é a meritocracia.

Com algumas exceções, a competição é tratada como a resposta para nossos problemas. Há muitas coisas positivas a dizer a respeito do poder que a competição de mercado tem para melhorar a qualidade de vida, mas é importante ver como ela também afeta nossa percepção do mundo.

Minha questão não é se o capitalismo é ou não aquilo que nos faz excessivamente competitivos. Porém, quando os trabalhadores competem por um número limitado de vagas, colegas de trabalho competem por promoções e empresas competem por consumidores, nós não deveríamos ficar surpresos quando, naturalmente, começamos a competir por plataformas nas mídias sociais, por atenção ou até mesmo por amor. Deixe-me encorajá-lo a passar um dia procurando exemplos de competição em nossa sociedade. Uma vez que você começar a procurar, vai perceber rapidamente que a maior parte de nossas interações podem ser classificadas como alguma forma de competição, frequentemente auxiliada pela tecnologia (como os aplicativos de exercício físico que automaticamente postam os resultados nas mídias sociais).

A presença de métricas introduz o fantasma da competição em qualquer atividade. Enquanto descobrimos maneiras de mensurar mais variáveis com mais precisão, as métricas adentram todas as áreas da vida.

De que maneiras a sociedade nos decepciona

Alguns meses depois que minha esposa comprou um carro híbrido para ir ao trabalho, usei-o para uma viagem rápida para o Arkansas. Durante toda a viagem de ida e volta, eu estava obcecado em melhorar o consumo de combustível por quilômetro. O painel do carro mostra dados em tempo real a respeito da eficiência e oferece até mesmo um resumo do percurso quando você estaciona. Em outra ocasião em que dirigi o carro da minha esposa, mencionei minha pontuação e perguntei se ela seria capaz de igualar ou ultrapassar a eficiência que obtive. Naquele tempo, o galão da gasolina em Oklahoma custava menos de US$ 2,00, aproximadamente US$ 0,43 por litro, e, mesmo que você tentasse usar o combustível da maneira mais ineficiente possível, o carro não faria menos do que 40 milhas por galão (aproximadamente, 14 km/l). Não havia qualquer razão para eu competir com minha esposa, mas lá estava eu, dirigindo como se fosse um *video game*, lutando para bater minha melhor pontuação e gabando-me disso. Por quê? A simples presença da métrica me convidou a comparar meus resultados com minha pontuação anterior e com a pontuação de outros.

Além da eficiência no consumo de combustível, tenho métricas a respeito do tempo que passo em certos aplicativos, quantas horas de Netflix assisti, quantos passos dei, quantos andares subi de escada, quantas horas dormi na noite passada, quantos *tweets* postei, quantas curtidas recebi, como minha renda se compara a outras, o valor atual da minha casa, minha pontuação de crédito, meu saldo bancário, meu peso, minhas mensagens não lidas e assim por diante. Cada métrica dá um empurrãozinho para que eu me compare com outras pessoas e melhore. Tomadas individualmente, muitas dessas informações são saudáveis e úteis. Porém, coletivamente, elas nos sobrecarregam com um sentimento de que a vida toda é essencialmente uma competição.

A tecnologia também nos torna mais cientes das várias opções de estilo de vida disponíveis. Nós temos mais exemplos de sucesso e percepções mais íntimas a respeito da vida de outras pessoas. Poucas pessoas modernas admitem conscientemente que usam as mídias sociais como uma plataforma para competição e comparação, mas nós sabemos que é assim. Da mesma maneira que nós não ousamos admitir que, por meio da pornografia, imaginamos intimidade real com uma pessoa desejável e que nos afirma, também não ousamos admitir que, por meio das mídias sociais, buscamos afirmação por meio de comparações e engajamento:

> Todos nós sabemos que aquilo que vemos no Facebook ou no Instagram não é "real", mas isso não significa que nós deixamos de julgar a nós mesmos em comparação com o que vemos. Eu penso que os millennials sentem muito menos inveja de objetos ou bens apresentados nas mídias sociais do que da experiência como um todo que está representada ali, o tipo de coisa que faria alguém dizer: "eu quero a sua vida". Essa mistura invejável de lazer e viagens, a acumulação de pets e de crianças, os cenários habitados e a comida consumida não parecem apenas desejáveis, mas balanceados, satisfatórios e imunes ao *burnout*.[18]

É tudo pequeno, e sem sentido, e fazedor de tristeza, mas aqui estamos nós.

* * *

---

18 Petersen, "Burnout Generation".

Nós certamente não precisamos viver em uma sociedade de consumo capitalista, governada pela técnica, para vivermos vidas fundamentalmente antagônicas e competitivas. O primeiro assassinato na Bíblia resultou da competição entre dois irmãos, um dos quais não reconheceu que eles estavam competindo, enquanto o outro via apenas a competição. Nós somos criaturas egoístas e vãs que, naturalmente, comparam-se umas com as outros e lutam para ter dominância. Mesmo assim, não é verdade que nossa sociedade atual está organizada de modo a encorajar nosso desejo inato de competir? Isso não é apenas uma diferença de tipo, mas de qualidade. Sim, nós sempre fomos egoístas, mas, quando você é constantemente lembrado disso e pressionado a melhorar, fazer melhor, superar e derrotar o seu próximo ou seu colega de classe (ou a pontuação de economia de combustível da sua esposa), isso moldará seus desejos. E, de fato, moldou. Nós somos ensinados, desde muito cedo, que há vencedores e perdedores, e apenas aqueles que competirem sobreviverão e florescerão, seja nas avaliações de leitura, seja no romance.

Uma sociedade comprometida com a crença de que nós somos nossos e pertencemos a nós mesmos desenvolver-se-á em uma sociedade hipercompetitiva, na qual todos nós devemos lutar pela sobrevivência, pela validação, pelo significado, pela atenção e pela afirmação. A promessa de uma vida plena e satisfatória apenas aumenta nosso antagonismo e nos coloca em uma posição mais precária. Em resposta a isso, tendemos a assumir uma destas duas posturas a respeito das responsabilidades do autopertencimento: afirmação ou resignação.[19]

---

19 Devo a inspiração para estas categorias ao livro *Caring for souls in a Neoliberal age*, de Bruce Rogers-Vaughn. Ele identifica muitos dos mesmos sintomas e causas que identifico neste livro para a crise da modernidade; porém, ele os enquadra em termos distintamente marxistas. Embora seja pouco convincente em alguns momentos, *Caring for souls in a Neoliberal age* é um trabalho perspicaz.

O caminho da afirmação

Algumas pessoas parecem prosperar em uma sociedade hipercompetitiva. Elas aceitam suas responsabilidades do autopertencimento e capitalizam em cima delas. "Eu *sou* meu", eles dizem. "Eu pertenço a mim mesmo. A sociedade está suficientemente organizada para que eu alcance meus desejos, expresse minha identidade e seja meu verdadeiro eu. E, onde quer que a sociedade esteja desorganizada, posso me envolver no grande projeto do progresso, para que, se eu não puder me tornar exatamente o meu verdadeiro eu, possa, pelo menos, tentar chegar cada vez mais perto e lançar as bases para que outros possam ser bem-sucedidos naquilo em que não fui".

Vamos chamar essa postura de afirmação. É um aval para a maneira geral como a sociedade contemporânea está construída, mas, de maneira mais importante, uma afirmação do autopertencimento.[20] Essa postura reconhece que a vida é difícil; mas afirma que, se alguém for aplicado, visualizar seus objetivos, acreditar em si mesmo e comprometer-se com um processo de autodesenvolvimento perpétuo por meio da técnica, será possível atingir uma espécie de domínio sobre a vida — pelo menos, em comparação com outras pessoas. Você pode ser responsável por sua própria existência.

Perceba que o sentido que estou usando para a afirmação vai além dos "vencedores" a respeito dos quais Michael Sandel escreve na Tirania do mérito. Esses vencedores que afirmam a justiça da meritocracia dizem para si mesmos: "Nós podemos ser seres humanos que fazem a si mesmos, que são os autores de nosso destino e mestres

---

[20] Percebam que eu digo que isso é um aval para a sociedade contemporânea como ela é, e não um aval para a criação como ela é. De fato, a afirmação pressupõe a crença de que nós somos responsáveis por consertar a criação.

do nosso destino".²¹ Porém, o impulso contemporâneo para sermos "autores de nós mesmos" vai muito além das realizações no mercado de trabalho ou mesmo de realizações sociais. Sandel está certo em observar que há uma antropologia particular por trás da afirmação das meritocracias, mas quero argumentar que isso é parte de uma afirmação mais ampla das responsabilidades do autopertencimento, as quais também incluem as esferas da identidade, do pertencimento e do sentido, que não se encaixam bem no relato de Sandel.

Esse modo de viver toma a forma de um meticuloso planejamento diário, dietas e exercícios altamente controlados, um olhar confiante, sistemas de liderança, planos quinquenais, autoavaliações e itens de ação. Os afirmadores ouvem as promessas feitas pela sociedade, aceitam sua legitimidade e pretendem lucrar com elas tanto quanto puderem. Eles sentem que o sistema costuma funcionar. E, onde ele não funciona, eles podem ser parte do esforço sagrado de aperfeiçoá-lo, ao acabar com as injustiças, inspirar indivíduos e superar a natureza. A vida deles é uma vida de trabalho total, autodesenvolvimento e sucesso mensurável; de impulso, movimento, adaptação, progresso e autoconfiança.

Estar ocupado é um sentimento que satisfaz os afirmadores. Eles podem até sentir uma certa justificação moral quando estão exaustos e sobrecarregados. Há algo de certo em estar assim. Isso não é dizer que eles realmente gostam de estar ocupados o tempo todo, mas que isso é menos angustiante do que descansar. Saber que eles usaram todos os momentos do dia de maneira produtiva, a fim de melhorar a si mesmos e ao mundo, aproximando-se de objetivos maiores, os mantém longe de boa parte da culpa trazida pela vida e do medo

---

21 Sandel, *The Tyranny of Merit*, 123.

de serem inadequados. Eles precisam trabalhar bastante para que possam curtir bastante, mas não há nada entre um e outro.

Tudo precisa ser feito a todo volume, com máxima eficiência, em velocidade máxima. Não há descanso porque descansar é ser derrotado, é tempo perdido. Curtir é trabalhar, só que em outro tom. Da mesma forma que acontece com o trabalho, sempre é possível melhorar a maneira como você curte. Os afirmadores assistem TV como o resto de nós, mas apenas enquanto fazem exercícios ou mandam mensagens para os amigos ou respondem a e-mails. Eles podem estar constantemente em seus *smartphones* para fazer *network* e manter-se atualizado com as notícias, mas, provavelmente, estão igualmente comprometidos com práticas de atenção plena e autodisciplina, que os torna mais produtivos e equilibrados. Quer eles façam uso da tecnologia para melhorar a si mesmos e atingir seus objetivos, quer a desprezem em favor de métodos mais orgânicos e analógicos para o autodesenvolvimento e a realização, eles acreditam que a sociedade lhes forneceu os instrumentos adequados (técnicas) para que se tornem a melhor versão de si mesmos e que a vida diz respeito a ser a melhor versão de si. Essa é uma vida que exige coragem, mas os resultados costumam ser bastante altos, por algum tempo, para algumas pessoas.

Embora ela não use o termo afirmação, Petersen belamente descreve esse estado de espírito em seu artigo sobre o *burnout*. Quando ela era mais jovem, a promoção social do individualismo, da autoconfiança e do pensamento positivo moldaram sua maneira de pensar: "Eu nunca achei que o sistema fosse igualitário. Eu sabia que apenas alguns poderiam vencer. Eu apenas acreditava que poderia continuar otimizando a mim mesma, para que fosse um dos vencedores".[22] Na

---

22 Petersen, "Burnout Generation".

universidade, essas mensagens tornaram-se a religião do trabalho que Thompson descreve: "Coisas que deveriam trazer bons sentimentos (lazer, não trabalhar) trazem maus sentimentos, porque sinto culpa por não estar trabalhando; coisas que deveriam trazer maus sentimentos (trabalhar o tempo todo) trazem bons sentimento, porque eu estava fazendo o que penso que deveria e que preciso fazer para ser bem sucedido". Trabalhar é sentir que sua vida está existencialmente justificada; parar de trabalhar é arriscar ter uma vida de fracasso.

O espírito da afirmação pode assumir diferentes formas. Não estou falando apenas de homens brancos, com formação superior e pertencentes às altas classes, embora certamente seja verdadeiro que aqueles que nasceram em posições privilegiadas achem mais fácil acreditar que o sistema funciona. Ainda que riquezas, raça, sexo, idade e outros fatores possam tornar alguém mais ou menos inclinado em direção à afirmação ou à resignação, é possível encontrar afirmadores em todas as classes sociais.

Os profetas da afirmação assumem diversas formas, desde gurus da autoajuda até pastores de megaigrejas, grupos de e-mails de pessoas que se descrevem como "neoestóicos", economistas, professores, políticos e cientistas cognitivos, como Steven Pinker, que nos relembram dos tremendos benefícios trazidos pela democracia liberal, pelo Iluminismo e pela capacidade do homem de evoluir e viver uma existência mais satisfatória, com menos dor e mais moral. Quase todas as propagandas apelam para a afirmação: "você pode melhorar a sua vida se você comprar este produto ou serviço". Não é coincidência que muitas das vozes que mais promovem a afirmação receberam incentivos econômicos diretos para fazê-lo.

O caminho da resignação

Embora a sociedade ocidental contemporânea pareça funcionar bem para muitas pessoas, o desgaste da competição constante é insuportável para outras. Uma coisa é ter que competir dentro de uma cidade pequena pela atenção de uma mulher com quem desejamos nos casar ou por um bom emprego. Porém, quando a competição se torna global, como aconteceu com a globalização econômica e a internet, quando as ferramentas para competirmos se expandem rapidamente tanto em quantidade como em qualidade, quando o que está em jogo tem aspecto existencial, em algum momento, você pode concluir que a competição não é *para você*. As cartas estão marcadas. Os times foram escolhidos, e você ficou de fora. Agora, já que você não pode competir para valer, você talvez pegue sua bola e vá para casa. Na verdade, é mais *eficiente* usar seu tempo para diminuir as perdas. A alternativa é a falácia do "valor investido": continuar investindo tempo e recursos em uma causa perdida.

Essa é a postura da resignação. Os resignados reconhecem e sentem as responsabilidades do autopertencimento tanto quanto os afirmadores, mas eles as reconhecem resignadamente: "Eu sou apenas meu", dizem. "Embora a sociedade tenha prometido que daria, não me dará as ferramentas de que preciso para alcançar meus desejos, expressar minha identidade e me tornar meu verdadeiro eu. O sistema está quebrado. As cartas estão marcadas contra mim. Mas, talvez, eu possa encontrar alguns momentos de prazer que tornem a vida digna de ser vivida".

Os resignados costumam ser erroneamente acusados de não levarem a vida a sério o bastante e de não amadurecerem — uma falha no lançamento, uma inabilidade de aceitar responsabilidades e assim por diante. Alguns especialistas preguiçosos têm descrito os *millennials* e a geração Z dessa forma por quase uma década. A explicação padrão é que uma geração criada por métodos positivos de autoestima e que recebeu troféus de participação é frágil e sensível demais para existir como adultos no "mundo real".

Minha experiência ensinando *millennials* e a geração seguinte me ensinou que essa descrição está longe da verdade. Quando um jovem para de vir à classe, maratona *Friends* por 36 horas e parece não conseguir levantar da cama, isso quase sempre acontece porque o aluno se importa demais, e não de menos. Eles não decidem desistir da vida porque pensam que vencer é desimportante. Eles desistem porque foram ensinados que vencer é tudo, e eles não conseguem enxergar um caminho para vencerem.

Se você vive em uma sociedade hipercompetitiva, em que você sabe que é impossível para você competir contra pessoas que tenham vantagens biológicas ou econômicas, qual o sentido de jogar o jogo? Não é verdade que dizemos que a definição de insanidade é fazer a mesma coisa vez após vez e esperar resultados diferentes? Em uma situação assim, desistir é algo bastante racional e eficiente.

Em vez de não ser capaz de aceitar responsabilidade, o resignado concluiu, de maneira razoável, que a melhor maneira de aceitar as responsabilidades do autopertencimento é achar um espaço alternativo para encontrar justificação existencial. Se não sou capaz de competir na pós-graduação, eu talvez seja capaz de competir em um *video game*. Se não sou capaz de conquistar o amor de uma esposa, posso encontrar um senso de pertencimento na pornografia ou em histórias de amor.

Visto dessa maneira, o resignado é bastante autossuficiente. Eles observam corretamente que a única obrigação é trazer sentido para a sua própria vida, e não atingir alguma norma cultural mais ampla de sucesso. De acordo com a lógica da nossa antropologia contemporânea, o jovem que escolhe um trabalho simples e dedica toda a sua paixão para o cultivo de um avatar digital (em uma comunidade de fantasia, ou em uma comunidade relacionada com o estilo de vida atrelado ao sexo ou ao gênero, ou em um *video game*, ou em um canal no YouTube) não é menos capaz de cumprir com suas responsabilidades do autopertencimento do que um empreendedor bastante enérgico.

À deriva entre dois polos

Até aqui, descrevi esses dois modos de viver no mundo moderno de maneira binária: há vencedores e perdedores, há os afirmadores e os resignados. Contudo, é melhor entendê-los como dois polos aos quais todos nós somos atraídos. Poucas pessoas gastam a vida inteira no espírito da afirmação ou da resignação. A maioria de nós oscila de um lado para o outro, de acordo com as experiências de vida e a personalidade. Alguns passam a adolescência resignados e brotam em afirmação na faculdade. Para outros, os sistemas estruturados do ensino médio e da faculdade — como notas, times esportivos e clubes sociais — fazem com que seja fácil ser um afirmador durante a juventude, enquanto a diversidade de métricas e a volatilidade do mundo corporativo fazem com que eles se tornem resignados.

Algumas pessoas são afirmadores em certas áreas da vida, mas bastante resignadas em outras. Você pode estar resignado à solteirice porque a alienação trazida pela vida moderna faz com que seja difícil encontrar um parceiro, mas você pode ser um afirmador no que tange à sua carreira profissional, sua forma física ou seu trabalho de justiça social. É por isso que descrevo estes polos como *posturas* ou *espíritos*. Você pode estar mais inclinado em direção a um ou a outro, mas eles não são tipos de personalidade nem um estado fixo.

Desses dois, acredito que a resignação exerça, de longe, a atração mais forte em nosso momento da história. Pessoas modernas que se devotaram ao autodesenvolvimento e à excelência pessoal inevitavelmente encontrarão momentos de resignação. Você pode ser um afirmador apenas enquanto não se tornar um resignado. Um dia, você estará velho demais para jogar o jogo, não mais terá a vantagem competitiva, sua beleza definhará, as circunstâncias ficarão contra você, ou você simplesmente ficará entediado. Essas percepções podem vir todas de uma só vez, em uma revelação esmagadora que leva a uma crise existencial ou a uma crise de meia-idade. Ou elas podem chegar aos poucos e pelas beiradas, na forma de lembretes noturnos recorrentes a respeito de sua inadequação. Pode ser mais preciso pensar que a afirmação é uma negação temporária da resignação. Algumas vezes, a única diferença entre a afirmação e a resignação é o uso de antidepressivos. Porém, em ambas as posturas a respeito das responsabilidades do autopertencimento, as responsabilidades permanecem sem serem questionadas.

A resignação exerce mais atração sobre nós porque a antropologia que molda nossa sociedade não apresenta fins naturais para a existência humana, não oferece propósito, mas apenas um número cada vez maior de meios. Justificar sua existência não é uma ação definitiva, mas um processo em andamento. Você está sempre caminhando e nunca chegando. Se você é responsável pelo significado de sua vida, você nunca pode parar com o trabalho de criar e sustentar momentos de significado. Se você é responsável por definir e expressar sua identidade, você nunca pode parar de expressar-se, nunca pode parar de descobrir e ajustar sua identidade. Porque a sua pessoalidade é um complexo irredutível, nunca haverá um fim para a sua busca. Se você é seu, você nunca pode parar de evoluir, progredir e aperfeiçoar-se por meio da técnica. Essa capacidade de aperfeiçoamento da vida humana por meio de métodos racionais de eficiência é a fundação dos valores públicos modernos. Se você é seu e pertence a si mesmo, você sempre pertencerá, simultaneamente, a qualquer lugar e a lugar nenhum. Você perpetuamente se digladiará entre sua autonomia e o desejo de render-se a uma comunidade maior de pertencimento. A resignação é a postura natural para alguém que não tenha algum objetivo último para buscar.

É precisamente por causa disso que as experiências mais comuns da vida moderna são a fadiga e o *burnout* e que Ehrenberg identificou a "inadequação" como a característica definidora da depressão moderna: "Tornarmo-nos nós mesmos nos fez nervosos, sermos nós mesmos nos deixa deprimidos. A ansiedade de ser de si mesmo esconde-se por trás da fadiga do *self*".[23] Nós experimentamos a vida como algo fatigante em parte porque sofremos da ansiedade de sermos nossos verdadeiros eu. Não é apenas porque o trabalho é uma "corrida de ratos", mas porque tudo na vida moderna é uma corrida de ratos, uma competição feroz. Em muitos casos, a única coisa que separa as pessoas que afirmam seu autopertencimento daquelas que se resignaram a ele é a qualidade das ferramentas que elas usam para lidar com o problema, isto é, sua automedicação.

***

A tensão binária do existencialismo é que, por um lado, a autonomia garante ao indivíduo os poderes de um deus para autocriação, mesmo que, por outro lado, a autonomia condene o indivíduo a uma

---

23   Alain Ehrenberg, *The Weariness of the Self: Diagnosing the History of Depression in the Contemporary Age* (Montreal & Kingston: McGill-Queen's University Press, 2010), 44.

eterna autopreservação, como nós vimos na discussão acima sobre a antropologia contemporânea e sobre como a sociedade tenta nos equipar a viver de acordo com ela. Nas posturas da afirmação e da resignação, vimos, novamente, essa divisão binária trabalhando, mas agora podemos ver de que maneira essas ideias contrárias sobrepõem-se aos principais modos de vida modernos. Se tentarmos o bastante, seremos capazes de afirmar nosso autopertencimento e encontrar prazer em nossa liberdade radical. Entretanto, isso, eventualmente, nos deixará exaustos, e ficaremos resignados. Descobri isso ao ensinar sobre a obra de Sylvia Plath.

Uma história de autopertencimento: *A redoma de vidro*

Na primeira vez que dei um curso a respeito do romance *A redoma de vidro*, escrito por Sylvia Plath em 1963, não esperava que meus alunos universitários evangélicos encontrassem reverberações tão profundas com o desespero da personagem Esther Greenwood. Mas eu devia ter imaginado que isso ocorreria, porque uma das razões pelas quais amo essa obra de Plath é que ela descreve acuradamente uma experiência comum dos jovens adultos, algo que eu mesmo experimentei: o movimento da afirmação para a resignação diante das esmagadoras responsabilidades do autopertencimento.

O romance começa com a protagonista, Esther Greenwood, no ápice de seu sucesso, uma estudante universitária que consegue um bom estágio de verão em uma prestigiosa revista feminina em Nova York. Ela lamenta que, mesmo que "devesse estar vivendo os melhores dias da sua vida", se sentia vazia.[24] Vindo de uma cidade pequena e tendo crescido pobre, Esther entende que sua história é um

---

24 Sylvia Plath, *The Bell Jar* (New York: Harper Perennial, 2005), 2. [Edição em português: *A Redoma de Vidro*, trad. Chico Mattoso (Rio de Janeiro: Biblioteca Azul), 2019.]

testemunho daquilo que venho descrevendo como a promessa da sociedade contemporânea: "Olhe o que pode acontecer neste país, eles diriam".[25] Com trabalho duro, força de vontade e inteligência — pela afirmação das responsabilidades do autopertencimento —, ela conseguiu fazer algo de significante com sua vida, e esse era apenas o começo. No entanto, Esther não interpreta seu cobiçado estágio como um sinal de que a sociedade cumpriu sua promessa.

Em vez de sentir-se plena e empoderada por seu sucesso, ele sente-se cansada e sem controle: "Eu não estava dirigindo nada, nem sequer a mim mesma".[26] Como Charlie Brown no Natal, ela sabe como deveria se sentir, mas não consegue sentir-se assim. Enquanto Charlie Brown está deprimido com a falsidade e o aspecto comercial do Natal, Esther é atingida pelo fracasso da sociedade em cumprir sua promessa. O sucesso dela não é bom o bastante. Ela não é boa o bastante, apesar de fazer tudo certo.

Uma razão pela qual os meus estudantes acham a história de Esther tão atraente é que a atitude dela com relação à escola é semelhante à deles. Assim como Esther, eles foram ensinados a ver a educação como o espaço principal para que estabeleçam sua identidade e valor, para fazer algo significante com suas vidas: "A minha vida inteira eu disse a mim mesma que estudar, e ler, e escrever, e trabalhar como louca era o que eu queria fazer, e isso realmente parecia ser verdade; eu fiz tudo bem o bastante, tirei nota 10 em tudo e, quando cheguei à universidade, ninguém poderia me parar".[27]

Ao contrário das muitas críticas feitas à geração mais nova, os jovens universitários tendem a ser motivados por conquistas e

---

25 Plath, *Bell Jar*, 2.
26 Plath, *Bell Jar*, 2.
27 Plath, *Bell Jar*, 2.

orientados na direção de objetivos. Desde o ensino primário, os estudantes são ensinados a ver o ensino médio como uma longa prova para entrar na universidade. Esta, por sua vez, é vista como uma grande prova para a vida. Por causa de classes de estudo avançado, muitos deles têm a média bem acima da nota máxima possível, e eles entram na universidade esperando que isso continue assim. Alguns deles rapidamente chegam à perturbadora conclusão de que não são tão excepcionais quanto imaginavam. Alguns passarão quatro anos sendo excelentes em tudo o que fazem. Porém, mesmo aqueles que são muito bem-sucedidos se sentem como impostores, assim como Esther.

Cedo em seu estágio, a editora-chefe da revista feminina "tira a máscara" de Esther em uma reunião, ao perguntar-lhe quais são seus planos de carreira. Em minha experiência, a maneira mais rápida de gerar um ataque de pânico é perguntar a um estudante universitário: "quais são seus planos para quando terminar a faculdade?", a não ser que eles já tenham planejado a resposta. Nesse caso, eles provavelmente não estão respondendo à pergunta, mas ensaiando um discurso.

Esther surpreende-se com sua própria resposta: "'Eu não sei muito bem', foi a resposta que me ouvi dizer. Eu senti um choque profundo ao me ouvir dizer aquilo, porque, no minuto em que eu disse, sabia que era verdade".[28] A editora, então, informa à jovem que, caso ela tivesse a intenção de ser uma editora em Nova York, precisaria aprender francês, alemão, espanhol e, provavelmente, russo, se quisesse se destacar da competição.

São essas duas revelações combinadas que levam Esther a uma espiral descendente de depressão e suicídio. Primeiro, ela não sabe qual carreira realmente quer seguir, mesmo que tenha várias boas

---

28   Plath, *Bell Jar*, 32.

opções. Segundo, mesmo que ela se comprometa com uma carreira em editoração, provavelmente fracassaria. A competição é muito mais intensa do que ela havia imaginado, e, apesar de ter trabalhado de maneira determinada durante toda sua vida, ela simplesmente não era boa o bastante. Ela pensou que estava à frente da competição, mas, agora, descobriu o quão para trás sempre esteve.

Na superfície, nenhum desses problemas podem parecer muito graves para você. Se você não está passando por um momento em que precisa decidir como será o resto da sua vida, escolher uma carreira não parece tão difícil. Escolha alguma coisa que você goste de fazer e que pague bem, é o que nos dizem. Mas, quanto mais opções estão disponíveis para nós ao longo da vida, mais difícil é estar seguro de nossas escolhas. E uma sociedade que assume que somos nossos e que pertencemos a nós mesmos precisa nos oferecer tantas opções quanto forem possíveis para que tenhamos a liberdade de sermos quem nós queremos ser. Assim, o número de opções só aumenta.

Ainda bastante jovem, Esther poderia tentar aprender outras línguas para se preparar para uma carreira como editora. Ela poderia continuar comprometida com a afirmação e encarar bravamente o medo do desconhecido, mas, agora, isso parece sem sentido para ela, e ela cai em uma depressão marcada por inação. Ela não quer mais sair de seu quarto do hotel. O autor Alain Ehrenberg argumenta que a depressão moderna é amplamente definida por sentimentos de inadequação e fadiga, e é isso que nós vemos em Esther.[29] Quando Esther volta para seu quarto depois de uma reunião, descobre que não se importa mais em ser uma boa estagiária: "Eu questionei por que não conseguia mais fazer até o fim aquilo que deveria fazer. Isso

---

29 Ehrenberg, *The Weariness of the Self*, 9-12.

deixou-me triste e cansada".[30] Quando os estudantes descobrem quão brutalmente competitivo o mundo é e quão pouco seus intensos esforços foram capazes de fazer, não me surpreende que alguns deles parem de tentar.

* * *

Assim como Esther Greenwood, meus alunos têm opções — muitas e muitas opções. E elas costumam ser *boas* opções. No geral, cada geração tem mais oportunidades de carreira disponíveis para si do que a geração anterior. Posições executivas, que, 30 anos atrás, eram exclusividade de homens brancos, estão cada vez mais disponíveis para mulheres e pessoas de cor. Anúncios de emprego *online* expandiram o acesso a mercados de trabalho globais. Estas são mudanças positivas em nossa sociedade.

Meus alunos tendem a ser jovens bastante ambiciosos, esforçados e motivados. Eles foram treinados desde cedo a compreender o sistema, competir e a ser bem-sucedidos, assim como Esther. Eles cresceram em uma meritocracia. Foram exortados a ser autoconfiantes, a encarar e superar seus medos e a acreditar em si mesmos. Eles foram inspirados a buscar os seus sonhos. O segredo para uma boa vida, é o que dizem para eles, é descobrir o que você ama fazer e buscá-lo pelo resto da sua vida. E nossa sociedade forneceu tantas opções de carreira que tudo o que meus estudantes precisam fazer é descobrir qual é a carreira perfeita para si e ser bom o bastante para ser contratado. Mas, se você passar algum tempo pensando nessas coisas, percebe que é algo bastante assustador. No centro do livro de Plath,

---

30 Plath, *Bell Jar*, 30.

está uma imagem que captura poderosamente o tremendo terror de tentar escolher a vida certa.

Esther vislumbra o desafio de escolher sua jornada de vida como tentar escolher figos em uma árvore carregada de frutos grandes, maduros e deliciosos. Cada figo está na ponta de seu próprio galho, chamando-a sedutoramente. Dentre as opções, está ser uma mãe dona de casa, uma editora, ganhar uma medalha de ouro olímpica, ser uma professora universitária — os galhos e os figos parecem infinitos, em um horizonte sempre distante de opções empolgante e gratificantes.

Até aqui, a imagem parece atraente. Assim como meus alunos, Esther tem muitas opções, de certa forma. Mas, então, a figura definitivamente torna-se sombria, e Esther imagina-se passando fome, incapaz de escolher, incapaz de mover-se, até que todos os figos apodrecem e caem no chão.

Se ela escolhesse um figo, perderia todos os outros. E todos eles são tão atrativos que ela não consegue imaginar-se abrindo mão de qualquer um deles.[31] Entre descobrir que o mundo é bem mais competitivo do que ela imaginava e a percepção de que ela deseja múltiplos estilos de vida antagônicos, Esther cai em desespero. Ela sai de uma postura de afirmação para uma de resignação, de acreditar que, essencialmente, a sociedade havia lhe dado todas as todas as liberdades e ferramentas de que ela precisava para pertencer a si mesma, para acreditar que o jogo já tinha acabado e que ela nunca teve a liberdade de seguir os seus desejos.

Esse é, literalmente, um problema do "Primeiro Mundo". Contudo, é um problema especialmente intransigente. Historicamente

---

31 Plath, *Bell Jar*, 77.

— e isso ainda é verdade em boa parte do mundo —, escolher uma carreira não é uma opção. As mulheres raramente tiveram qualquer agência para escolher algo que não fosse a maternidade. Os homens tinham opções limitadas ao número de trabalhos disponíveis para escolha. Claramente, a explosão de opções de carreira que surgiu depois da Revolução Industrial foi algo bom.

Por exemplo, eu seria um péssimo fazendeiro. Mas não sou tão ruim assim ensinando redação e literatura. A democracia liberal dá a liberdade para que eu persiga uma carreira para a qual eu tenha habilidade e na qual possa fornecer algum benefício para a sociedade. Acredite em mim quando digo que é melhor para todo mundo que eu não seja um fazendeiro. Porém, devemos ser honestos quanto aos desafios particulares que surgem dessa liberdade, sem ignorarmos os benefícios trazidos por essa dramática revolução no trabalho que continuou expandindo as opções para os indivíduos.

* * *

Como Esther descobre, quanto mais escolhas você tem, mais ansiedade você experimenta. Quando há dois tipos de cereal, não é difícil escolher entre eles. Você compara preços, ingredientes, valor nutricional e sabor. Você baseia sua avaliação em algumas variáveis apenas. No entanto, e se nós expandirmos as prateleiras para incluir não apenas dois, mas dez tipos de cereal, cada um com, pelo menos, uma versão genérica. Decidir entre 20 tipos de cereal é muito mais difícil.

Todavia, você não gasta muito tempo escolhendo, gasta? Por que não? Porque, funcionalmente, você não tem 20 opções. Ao longo dos anos, você experimentou diferentes tipos de cereal e tomou decisões sobre incluí-los ou não em sua lista de opções. Ou talvez você tenha decidido evitar cereais infantis. Para você, grãos integrais. Ou talvez o preço diminua as opções para cinco. O mais provável é que seja uma combinação de critérios, mas, quando você caminha pelo corredor, sua mente exclui 90% dos cereais. Tecnicamente, você vê as caixas, mas, em sua imaginação, elas não são opções reais. Se fossem, você passaria 30 minutos escolhendo.

No caso de decisões simples da vida, você pode evitar a paralisia da escolha que afetava Esther ao limitar suas opções a um número administrável, para que sua mente consciente não seja sobrecarregada e esmagada.

Fazer isso é fácil quando estamos falando de cereais matinais, e há poucas coisas em jogo. Porém, e se você tivesse que comprar uma única caixa de cereal que estivesse sempre cheia e da qual você tivesse que comer pelo resto da vida? Ou como seria se você só fosse capaz de mudar o tipo de cereal pagando um preço extremamente alto: perder 75% dos seus amigos e mudar-se para um lugar a, pelo menos, 160 quilômetros de distância? Ah, e se todos que você encontrasse o julgassem pela sua escolha de cereal? Nessas condições, escolher entre as opções não é uma questão de prudência, mas um fardo existencial. Você não poderia mais excluir a maioria dos cereais disponíveis. Tudo permanece como uma opção possível. E, de repente, um privilégio do Primeiro Mundo (ter opções) já não parece tão libertador. Essa é a pressão sentida por Esther, por meus alunos e pela maior parte das pessoas que vivem no Ocidente. Nossas vidas são nossa responsabilidade. É nossa culpa se não formos capazes de sermos alguém, e a maneira mais fácil de não ser alguém é escolhendo a carreira errada. Tudo está em suspenso.

* * *

Émile Durkheim, pai da sociologia, descobriu essa característica surpreendente da vida em seu livro O suicídio, o primeiro estudo sociológico das causas que inspiram o suicídio na Europa. Durkheim observou que, ao contrário do que seria esperado, a pobreza não costuma aumentar a taxa de suicídios em uma comunidade, mas uma economia em rápido crescimento, sim. Durkheim conclui que uma das causas primárias do suicídio não é sofrimento, mas desequilíbrio. Quando os valores sociais mudam rapidamente, inclusive os valores econômicos, as pessoas perdem a habilidade de avaliar claramente suas vidas.[32]

Por exemplo, na década de 80, quando praticamente ninguém podia comprar um computador pessoal, ter um computador não fazia parte das expectativas da maioria das pessoas. Elas não achavam que ter um computador era uma possibilidade razoável; então, nunca se sentiam inadequadas por não terem um. Quando você não tem a opção de comprar alguma coisa, é bem menos provável que você se sinta ansioso por não a comprar. Você sabe que seus pares não se importarão com o fato de que você não tem um computador. Ninguém tem! Às vezes, você pode fantasiar ser muito rico, mas esse tipo de devaneio é apenas um exercício de imaginação, e não um objetivo de fato.

Mas, quando o preço do computador pessoal cai dramaticamente, ele torna-se possível e você começa a julgar a si mesmo baseado no fato de ter ou não ter um. E, mesmo quando você, confiantemente, decide não comprar um, seus pares continuarão a julgá-lo. Agora, imagine que o preço de todas as coisas caia o tempo todo

---

32 Emile Durkheim, *Suicide: A Study in Sociology*, ed. George Simpson, trad. John A. Spaulding e George Simpson (New York: Free Press, 1972), 252. [Edição em português: *O Suicídio*, trad, Monica Stahel (São Paulo: Martins Fontes, 2000).]

e que sua experiência normal seja que a qualidade de vida (conforme medida por bens materiais) está em uma crescente perpétua.

Para as economias ocidentais modernas, uma rápida expansão das opções de consumo é uma experiência normal. Aquilo que costumava ser impressionante ou um símbolo de status para a classe média, torna-se trivial rapidamente. Os padrões nunca são fixados. Tudo está em fluxo constante, uma condição que o filósofo Zygmunt Bauman chama de "modernidade líquida".[33] Em vez de uma percepção sólida do que constitui uma boa vida, somos deixados com valores em constante mudança, enquanto as opões se multiplicam.

O princípio básico que Durkheim descobriu é que, em certo momento, um aumento no número de escolhas leva a uma diminuição no nível de satisfação — em alguns casos, de maneira acelerada: "Desejos ilimitados são insaciáveis por definição, e a insaciabilidade é corretamente considerada um sinal de morbidez. Sendo ilimitadas, elas constante e infinitamente ultrapassam os meios à sua disposição; elas não podem ser saciadas. Uma sede inextinguível é uma tortura constantemente renovada".[34] Enquanto encara aquela árvore, Esther Greenwood vê um número sem fim de boas escolhas. Nós poderíamos dizer, usando a linguagem de Durkheim, que Esther tem desejos ilimitados para seu futuro, fazendo-a insaciável. Algumas vezes chamado de "o mal-estar do infinito", os desejos insaciáveis, Durkheim alerta, são um "sinal de morbidez". Assim, Esther se imagina morrendo por causa de sua incapacidade de escolha.

Não é apenas que ela tenha um número infinito de figos para escolher (ela os descreve como indo além de onde sua vista

---

33 Veja Zygmunt Bauman, *Modernidade Líquida*, trad. Plínio Dentzien (Rio de Janeiro: Zahar, 2021).
34 Plath, *Bell Jar*, 247.

alcançava). É que cada escolha representa uma escolha de boa vida que exclui as demais. E é isso que costuma tocar meus alunos de forma mais intensa.

Se a vida é uma enorme competição e a sua carreira é o principal campo de conflito, escolher a carreira é uma tarefa monumental. Assim como o preço dos brinquedos e dos eletrônicos diminuiu, a globalização e a internet aumentaram enormemente os tipos de trabalho disponíveis para as pessoas. E se eu escolher a carreira errada? E seu eu escolher o cônjuge errado? E se eu escolher uma carreira que é tão exigente que eu não possa encontrar um cônjuge ou ter filhos?

São essas as ansiedades que mais preocupam Esther. Ela deseja algum tipo de carreira e não quer o fardo de ter filhos, mas também quer ser livre para curtir o sexo. Leitores contemporâneos podem ficar confusos com esse dilema. Não é verdade que a maior parte dos jovens adultos possuem liberdade de carreira e praticam sexo sem consequências? O que mudou da década de 1960 para cá é que métodos anticoncepcionais liberaram mulheres e homens de uma consequência normal do sexo: filhos. Desculpe-me se isso é novidade para você.

O desejo de Esther por liberdade sexual e por uma carreira gratificante é negado vez após vez por um mundo extremamente competitivo e sexista. Parte do argumento de Plath é que, embora Esther não seja socialmente livre para curtir sexo fora do casamento, as pessoas aceitam a promiscuidade masculina. Esse é um problema antigo e significativo. Para todas as críticas tradicionalistas feitas contra as mulheres que abandonam a maternidade em favor de uma carreira, historicamente, os homens têm bastante prática no abandono da paternidade em favor de uma carreira. Pouco depois do devaneio a respeito da figueira, Esther sofre abuso sexual em um encontro. Ela, então, tenta o suicídio, que termina em terapia com choques elétricos e em uma longa estadia em um sanatório.

O ponto de virada do romance vem quando Esther vai a uma consulta para colocar um diafragma. Enquanto escala na mesa de exame, ela pensa: "Eu estou escalando para a liberdade".[35] Para colocar essa liberdade em prática e para exorcizar sua virgindade, ela encontra um jovem professor de matemática com quem dormir. A experiência é péssima, levando a uma hemorragia vaginal e a uma ida ao pronto-socorro. Mas, quando ela faz com que o professor de matemática pague a conta da internação, afirma: "Eu era minha própria mulher".[36] Mais tarde, ela conclui: "Eu era perfeitamente livre".[37] Apesar da reputação de ser um romance depressivo, Plath termina de maneira um tanto otimista. Esther, confiantemente, entra em uma reunião com psicólogos do sanatório para determinar se ela está pronta para retornar à sociedade normal. Agora, ela está livre para seguir os seus desejos sem medo. Sua liberdade significa, de maneira específica, que ela é "sua própria mulher". Em outras palavras, ela voltou a afirmar as responsabilidades do autopertencimento.

* * *

Embora eu ame essa obra de Plath, essa conclusão sempre me deixou desapontado, porque parece contradizer o espírito do resto do livro. Em todas as páginas anteriores, Esther lida, de maneira honesta e dolorida, com as responsabilidades do autopertencimento. Eu ainda não encontrei uma imagem melhor do que a figueira de Esther

---

35 Plath, *Bell Jar*, 223.
36 Plath, *Bell Jar*, 223.
37 Plath, *Bell Jar*, 242.

para descrever a responsabilidade de justificar e definir a si mesmo. Contudo, a solução de Esther não resolve, de fato, o problema da escolha infinita que ela tão claramente experimenta. O diafragma permite que Esther aprecie dois figos: relações sexuais com homens e uma carreira. Mas a maioria dos figos, a maioria das vidas belas e atraentes a respeito das quais ela agoniza, que acabam murchando no chão, são *outras carreiras* que ela ainda não poderá seguir. Se o conflito dela fosse apenas entre dois figos, o diafragma seria uma solução. Mas suas escolhas eram infinitas. A diferença de escolher um único figo em meio a um número infinito para selecionar dois figos entre infinitos é praticamente nula ($\infty \approx \infty - 1$). Ela ainda não poderia ser tudo aquilo que seu coração desejava. Ela não poderia sequer ser um punhado dessas coisas. E isso significa que há boas chances de que ela escolheria a carreira errada por engano.

O romance de Plath apresenta acuradamente um dilema comum para jovens ocidentais, mas, pelo padrão que ela mesma estabeleceu, a solução apresentada é fraca. A Esther Greenwood que narra a primeira metade do romance teria deixado o sanatório, reconquistado sua confiança — seu compromisso com a afirmação — apenas para se lembrar de todos os figos desejáveis e inalcançáveis que permanecem na árvore e de toda a competição que guarda cada um deles. Então, ela teria, inevitavelmente, recaído na resignação. Tragicamente, em sua própria vida, Sylvia Plath foi incapaz de obter a liberdade e o pertencimento de si que sua protagonista parece ter alcançado ao final de *A redoma de vidro*. Isso faz com que, para mim, seja difícil ler a conclusão como algo que não seja apenas uma ilusão de liberdade.

* * *

Por que será que meus alunos se identificam com Esther Greenwood? Esther é uma ateísta nos anos 50. Meus alunos nasceram depois do 11 de Setembro, e a maioria cresceu em igrejas evangélicas conservadoras. Suas crenças fundamentais e suas experiências são profundamente diferentes das experiências de Esther. Muitas das tensões que Esther sentiu (por exemplo, a tremenda pressão social para casar-se e ter filhos) já não tinha o mesmo poder sobre a cultura dos EUA, mesmo entre os evangélicos.

Embora as crenças professadas por meus alunos e aquelas de Esther Greenwood sejam dramaticamente diferentes, eles compartilham a experiência de viver em uma sociedade formada pela ideia de que somos nossos e pertencemos a nós mesmos. Minhas alunas mulheres sentem-se menos pressionadas ao casamento e à maternidade do que as estudantes universitárias de 70 anos atrás. Porém, sua maior liberdade não diminui as responsabilidades do autopertencimento. O peso da justificação e da formação da identidade continua altíssimo. Elas sentem o mesmo fardo de fazer algo significativo com suas vidas e de criar uma identidade interessante e bem valorizada por meio de suas escolhas de vida. Elas têm exatamente o mesmo sentimento de que são responsáveis pela própria existência. A globalização e a internet apenas aumentaram a competição ao acrescentar mais jogadores no jogo. A figueira de Esther cresceu exponencialmente.

Anne Helen Petersen também viu essa ansiedade pela carreira nos *millennials*:

> Os estudantes internalizam a necessidade de encontrar um emprego que seja bem acolhido por seus pais (estável, com salário decente e, reconhecidamente, um "trabalho bom"), que também impressione seus pares (uma empresa "legal") e

que realize tudo aquilo que *disseram* a eles a respeito de qual é o objetivo de toda essa otimização da infância: trabalhar com aquilo por que você é apaixonado.

Embora Petersen não defina o que os estudantes querem dizer com "apaixonado", pelo contexto, isso parece referir-se a um desejo por sentido, justificação e identidade. Um bom trabalho não apenas paga as nossas contas, mas nos satisfaz, molda nossa identidade e justifica a nossa presença na comunidade. O desespero de Esther está bem vivo no século XXI.

Jovens, muitos dos quais evangélicos, encontram-se oscilando entre afirmação e resignação, entre autoconfiança em seus poderes de estabelecer e solidificar suas vidas e o desespero quanto à sua inadequação e falta de agência. Para lidar com as intensas demandas pessoais da afirmação ou o com o desespero da resignação, cada um aprende a medicar-se.

4
TODOS NÓS NOS AUTOMEDICAMOS

Tudo pode ser tratado, nada pode ser curado.
Alain Ehrenberg, *The weariness of the self*

Conforme a sociedade falha em cumprir sua promessa, conforme falha em fornecer as técnicas suficientemente adequadas para respondermos às responsabilidades do autopertencimento, adquirimos novas técnicas para lidar com o estresse, a ansiedade, a exaustão e a inadequação. Fazemos isso quando usamos métodos para amenizar o fardo que sentimos a respeito das responsabilidades do autopertencimento, sem as questionar. Se você olhar de perto, descobrirá que a maioria das pessoas nas sociedades ocidentais adotou algumas práticas — que continuam em desenvolvimento — para ajudá-las a lidar com a vida.

O fardo de nossa responsabilidade pode assumir diferentes formas psicológicas, emocionais, físicas ou espirituais — desde o sentimento de inadequação trazido por uma sociedade hipercompetitiva e com demandas crescentes até a fadiga cognitiva causada pelo fluxo constante de informação, desenvolvido para nos equipar a tomarmos decisões racionais, passando pela letargia física, trazida pela suspeita de que o jogo está marcado contra você.

Uma postura de afirmação nos deixa esfarrapados. Você se torna consumido pelo autodesenvolvimento e pelo trabalho total, e qualquer pausa em sua intensa labuta o deixa ansioso e com um sentimento de culpa. Sua única concepção de "paz" é a exaustão causada pelo trabalho total ou uma satisfação momentânea enquanto trabalha.

Uma postura de resignação nos deixa sem rumo e desanimados. Você convive com a falta de sentido disso tudo, com a impossibilidade de fazer qualquer coisa que importe ou que seja boa o bastante tanto para agradar seus pais ou aqueles que você admira quanto para impressionar seus pares e atrair alguma atenção positiva para si.

Em ambos os casos, é difícil levantar-se da cama. Os afirmadores lutam para levantar-se porque estão exaustos das tentativas de satisfazer as demandas desumanas do mundo. Os resignados lutam para levantar-se porque estão exaustos em decorrência de sua sensibilidade à desumanidade das demandas do mundo.

Para todos nós, as responsabilidades do autopertencimento, sejam aceitas conscientemente, sejam inconscientemente absorvidas da cultura, são experimentadas como uma inadequação perpétua. Sua vida nunca está justificada; você está sempre no processo de validar sua existência. Sua identidade nunca está segura; você está sempre no processo de descobrir, proclamar e definir quem você é. O sentido nunca é dado; é sempre algo para ser reinterpretado ou reafirmado. Os valores nunca são definidos; eles sempre estão sendo negociados. E o pertencimento nunca acontece; ele está sempre deslocado.

A sociedade promete nos fornecer os meios para viver uma vida plena e satisfatória por meio do autopertencimento, mas essas ferramentas apenas aumentam o fardo, dando-nos novas maneiras de trabalhar para alcançar um objetivo inalcançável. As mídias sociais nos oferecem ajuda para criarmos e expressarmos nossas identidades, dando cada vez mais ferramentas para autoexpressão e autopromoção, mas essas ferramentas apenas se tornam mais coisas para fazermos. A tecnologia sempre alega ser opcional, mesmo quando se torna praticamente impossível rejeitá-la.

A distinção entre ferramentas que facilitam o autopertencimento e aquelas usadas para lidar com nossa incapacidade de pertencermos a nós mesmos torna-se cada vez mais difusa, conforme olhamos para ela. Será que tomamos antidepressivos para sermos quem nós verdadeiramente somos ou para lidar com o fracasso da tentativa de sermos nosso verdadeiro *self*? Nós compramos roupas para expressar nossa identidade ou como uma forma de terapia? Retoricamente e no *marketing*, as estratégias para o autodesenvolvimento e para lidarmos com as dificuldades são bastante parecidas, usam o mesmo apelo para as vendas e a mesma linguagem de empoderamento. Quanto mais similares eles se tornarem, menos seremos capazes de perceber que os mecanismos de enfrentamento das dificuldades não são ferramentas muito úteis para o autodesenvolvimento. Quando categorizamos tanto os antidepressivos quanto a moda como meios de nos tornarmos mais como nosso verdadeiro *self*, não mais podemos ver que os remédios podem ser usados para lidar com o fracasso da moda em comunicar qualquer coisa de verdadeiro ou significativo a respeito de nós.

É necessário um esforço ativo para ignorar as implicações trazidas pelos mecanismos de enfrentamento. Quando você começa a procurar exemplos de mecanismos de enfrentamento, rapidamente descobre que nossa sociedade é incrivelmente franca a respeito de quão intolerável é a vida moderna sem algum tipo de "medicação". O exemplo mais vívido que encontrei disso aconteceu quando meu estado, Oklahoma, legalizou o uso medicinal da maconha em 2018. Deixe um pouco de lado os debates legais e cívicos concernentes à legalização e reflita sobre a maneira como a maconha foi anunciada. Dirigindo por uma estrada e chegando em Oklahoma City, fui recebido por vários *outdoors* que anunciavam locais autorizados a vender maconha. A retórica variava um pouco, mas a mensagem dominante era: "Você está infeliz? Experimente Maconha!"

Um dos outdoors usava emojis felizes e tristes para mostrar os efeitos do princípio ativo da maconha (a loja também vendia maconha para fins médicos). Outro *outdoor* perguntava se eu estava ansioso. Um deles tinha um casal idoso bem relaxado e usando óculos de sol, com a legenda: "Viva sua melhor vida".[1] As propagandas pareciam ser efetivas. Apesar de a lei de Oklahoma não permitir o uso recreacional, na prática, parece haver poucas barreiras para conseguir o atestado médico. Alguns dados apontam que um em cada 13 adultos em Oklahoma possuem atestado médico para uso de maconha.[2]

O *marketing* e a demanda por maconha medicinal refletem uma sociedade que acha a vida sem drogas insuportável ou, pelo menos, bastante desagradável. É difícil olhar para essas propagandas e não concluir que nossas vidas não estão funcionando muito bem para nós. O rápido crescimento das lojas que vendem maconha medicinal

---

1 Victoria Cano, "CBD Plus USA," *Victoria Cano*, acesso em 22 de janeiro de 2021, https://www.victoriacano.com/cbd-plus-usa.
2 Paul Monies, "How Recreational Is Oklahoma's Medical Marijuana Market?," *Oklahoma Watch*, 12 de junho de 2020, https://oklahomawatch.org/2020/01/19/how-recreational-is-oklahomas-medical-marijuana-market.

reflete uma sociedade que desistiu, mas que apresenta sua resignação como saúde mental. Mas, se nós vivemos em um *habitat* que não foi construído para seres humanos, não deveríamos ficar surpresos quando precisamos de um pouco de ajuda para aturar nossa jaula.

Uso a palavra "automedicar" para descrever não apenas aquilo que normalmente associamos a esse termo (o uso de alguma substância para tratar sintomas de uma doença sem que haja supervisão e aprovação médica), mas para descrever, além disso, o uso supervisionado. Uma vez que, em muitos casos, o medicamento prescrito é de uso eletivo, essa também pode ser uma forma de automedicação. A legalização da maconha medicinal é um exemplo perfeito.

Em 25 de julho de 2019, os moradores de Oklahoma estavam "se automedicando" com maconha, usando o termo no sentido tradicional. Em 26 de julho de 2019, a lei que legalizava o uso medicinal entrou em vigor, e esses mesmos moradores, agora, poderiam conseguir um atestado médico, para que eles não mais "se automedicassem". Agora, eles estavam "recebendo tratamento".

O que mudou de um dia para o outro? Na teoria, a única diferença é que um profissional autorizado agora decide quem tem necessidade do uso medicinal da maconha e quem não tem. Mas, na prática, se você sente ansiedade, pode conseguir um atestado. Há diversos médicos que cobram pouco e que farão uma consulta *online* para prescrever a droga para você. Médicos mais tradicionais talvez hesitem em prescrever maconha, mas já surgiu todo um mercado de "doutores da maconha".

A diferença real entre aqueles que "se automedicam" com maconha e os que têm uma receita é meramente burocrática. Pode ser que o uso prescrito ajude a diminuir o uso excessivo de drogas (há algum debate a respeito da qualidade do monitoramento oferecido pelos médicos a seus pacientes); no entanto, o *propósito* da medicação permanece o mesmo: para aqueles que não sofrem de doenças, a maconha medicinal torna a vida mais tolerável. Nesse sentido, todos que usam maconha, legal ou ilegalmente, estão medicando a si mesmos.

Ainda há estigma quanto ao uso medicinal da maconha — uma suspeita de que não seria uma droga legítima e que pessoas que sofrem de casos médicos reais de ansiedade deveriam usar remédios antidepressivos ou ansiolíticos. Nós não achamos que as pessoas que tenham uma receita para o uso de Prozac estejam se automedicando. Elas estão reequilibrando-se para que possam ser mais quem elas são. Felizmente, boa parte do estigma contra a medicação psiquiátrica foi perdido. Vemos antidepressivos como vemos remédios contra a pressão alta. Você espera que muitos de seus amigos estejam usando algum tipo de bloqueador de serotonina. Porém, não vemos a maconha da mesma forma.

Temo que a demanda por remédios psiquiátricos (que continua a crescer) não seja muito diferente da demanda por maconha, ou álcool, ou pornografia, ou caça-níqueis, ou jogos *online*. A vida é intolerável. Pensamos que o uso de alguns tipos de medicação seja um sinal de fraqueza ou de imaturidade, um sinal de inadequação, enquanto vemos outros medicamentos como sinal de que alguém está sendo proativo em melhorar sua saúde mental. Mas, na verdade, não há muita diferença entre a pessoa que depende de Xanax para viver a vida e a pessoa que precisa de maconha, ou de álcool, ou de qualquer outra coisa. Um deles é socialmente aceitável, o outro não. Um deles requer algum dinheiro, educação, advogados e planos de saúde. Os outros estão disponíveis mais facilmente. E, embora seja mais provável encontrar um usuário de Zoloft que seja altamente funcional do que um usuário de maconha, ambos podem tornar-se um vício. Ambos podem ser automedicação.

Uma vez que você dê um passo atrás e comece a pensar a respeito das muitas maneiras como as pessoas contemporâneas lidam com a vida moderna por meio da automedicação — em vez de apenas criticar das formas "socialmente inaceitáveis", como o uso de drogas ilegais —, você percebe que uma grande parcela de nossa economia está dedicada a mecanismos de enfrentamento. A maioria desses mecanismos leva a algum tipo de vício. Começamos com o uso disseminado de antidepressivos, mas a maioria das pessoas usa uma miríade de ferramentas para sobreviver aos dias. Nós precisamos de uma miríade de ferramentas porque nenhuma daquelas que a sociedade fornece para que lidemos com as responsabilidades do autopertencimento são suficientes para a tarefa. Como Ehrenberg observa, "a depressão e o vício são os dois lados de um indivíduo soberano, de uma pessoa que acredita em si mesma como o autor de sua própria vida".[3]

**

Em meu livro anterior, *Disruptive witness*, explorei os usos das distrações presentes no mundo contemporâneo e algumas das razões pelas quais nós estamos tão viciados nelas. Ali, eu foquei primariamente em nosso desconforto de confrontar as grandes questões da vida. Muitos de nós preferem distrair nossa atenção com as mídias sociais a examinar a nós mesmos.

Ainda acredito nessa tese a respeito de nossa cultura de distrações, mas, desde que escrevi *Disruptive witness,* pensei mais a respeito

---

[3] Alain Ehrenberg, *The Weariness of the Self: Diagnosing the History of Depression in the Contemporary Age* (Montreal & Kingston: McGill-Queen's University Press, 2010), 232.

da maneira como as distrações também são usadas por pessoas que são autorreflexivas e que ponderam as grandes questões da vida. Para pessoas assim, há outra motivação para essa tendência para a distração. Parece-me que "permanecer ocupado", incluindo o uso de distrações tecnológicas e de entretenimento, é uma maneira comum como pessoas contemporâneas lidam com o estresse de viver em um ambiente desumano. Se você sente que não há esperança para a melhora da sua situação, talvez seja melhor não pensar nisso.

Pense em um pai ou uma mãe que passarão o verão com os filhos em casa.[4] Não há nada de desumano em cuidar de seus filhos. É uma das atividades mais humanas possíveis. Porém, a organização das cidades modernas e o declínio das comunidades tornou muito mais difícil encontrar condições humanas para cuidar dos filhos. Em um contexto suburbano, é provável que o pai ou a mãe estejam física e emocionalmente isolados de outros adultos. O declínio nas taxas de natalidade significa que as crianças não têm outras crianças com quem brincar em seu bairro, algo que era inimaginável para mim enquanto crescia.

Como resultado, os pais precisam focar inteiramente em suas crianças pequenas, uma atividade que é ótima por algumas horas do dia ou durante o dia todo por algumas semanas. Mas, quando seu mundo social é quase inteiramente formado por crianças pequenas por meses a fio, isso cobra um pedágio emocional e espiritual. Os seres humanos não foram feitos para viver em isolamento. Podemos fazê-lo, especialmente quando há causas nobres para o isolamento, mas não fomos feitos dessa maneira. Até mesmo introvertidos precisam da companhia de pessoas que se importem conosco. Nós fomos

---

[4] A descrição a seguir é inteiramente hipotética e nem um pouco parecida com minha experiência cuidando de meus queridos filhos ao longo do verão de 2019.

feitos para comunidades. As mídias sociais fornecem uma conexão simples, constante, desencarnada e viciante com outros adultos. Navegar no Instagram por horas e horas todos os dias é pouco saudável e improdutivo, além de distanciar-me de meus filhos. Mas é o tipo de mecanismo de enfrentamento oferecido pela sociedade.

Talvez o exemplo anterior tenha sido mais irritante do que persuasivo. Posso imaginar alguns leitores pensando: "Bem, parece que aqueles que decidem ficar em casa com os filhos precisam parar de choramingar e ser mais intencionais com suas crianças". Ou: "Se essa pessoa não consegue lidar com as dificuldades de ter filhos, seria melhor não ter filhos!" Ou, ainda: "Talvez eles devessem contratar uma babá". E assim por diante.

O ponto desse exemplo não é que pais e mães que ficam presos com os filhos em casa são incapazes de mudar sua situação. Mesmo que eles mudassem suas circunstâncias, haveria milhares de outras maneiras pelas quais a sociedade aliena as pessoas umas das outras. É mais provável que elas sequer tenham pensado que pode haver algo de errado com a estrutura da sociedade e que isso gerou solidão, depressão e, para que as pessoas consigam atravessar o dia, vício em redes sociais. Afinal, a organização das cidades *parece ser* normal. Em vez disso, elas culparão o cônjuge, as crianças ou a si mesmas. E talvez o cônjuge pudesse ser mais compreensivo com relação a dividir as responsabilidades. Talvez as crianças pudessem ser mais gratas e gentis. Talvez elas próprias pudessem ser um pouco menos autocentradas. Entretanto, mesmo que isso tudo fosse verdade, ainda não muda o fato de que a maneira como nós vivemos nos separou dramaticamente uns dos outros, presos em nossas casas. Isso é bizarro e disfuncional.

Assim, lidamos com a vida nos distraindo. No mundo artificial das mídias sociais, um adulto pode sentir como se estivesse tentando cumprir as responsabilidades do autopertencimento, mesmo que saiba que há um vazio em suas ações. Aqueles que cuidam dos filhos em casa podem começar a postar *selfies* no Instagram enquanto separa as brigas das crianças, como uma maneira de sentir que estão realizando alguma coisa ao expressar sua identidade. Ou podem entrar em um debate político no Twitter, defendendo uma causa que acreditam ser justa. Seu ativismo *online* passa uma sensação de significância, uma espécie de justificação passageira em um dia banal. Ou podem submergir em livros de romance ou de suspense. Ou podem envolver-se em algum tipo de competição *online* de baixo risco, para experimentar uma vitória trivial neste mundo hipercompetitivo. Quando parece que o mundo todo é uma luta de unhas e dentes pela supremacia, quando parece que todos estão brigando por alguma posição, ou fama, ou poder, ou atenção, competições de baixo risco podem nos ajudar a lidar com as dificuldades, fornecendo pequenas vitórias.

Pense comigo. Se você se sente aleijado pela ansiedade trazida pela necessidade de encontrar um trabalho bom e significativo, jogar jogos *online* permite que você exercite sua competitividade sem colocar muita coisa em risco — exceto o seu tempo. O mesmo pode ser dito a respeito de milhões de outros jogos descerebrados para o celular. Há também a natureza altamente competitiva das mídias sociais, com registros públicos da popularidade dos indivíduos e de suas postagens. Novamente, todas essas coisas são "pequenas, e sem sentido, e fazedoras de tristeza", mas elas nos ajudam a atravessar o dia, à medida que nos distraem das competições em que há muito mais em jogo. No final, o homem que se automedica — por meio de aconselhamento, antidepressivos, exercícios e comprando — está tão desesperado para conseguir lidar com a vida quanto um homem que se automedica com jogos *online*, acompanhando esportes e usando maconha. A única diferença é que uma forma de automedicação é socialmente aceita, enquanto a outra, estigmatizada.

Evidências de Desespero

Nem todos sentem que as responsabilidades do autopertencimento colocam um peso insuportável sobre nós. Talvez você tenha lido a seção anterior e sentido como se estivesse lendo a respeito de uma cultura alienígena.

Reconheço que nem todos usamos esses mecanismos de enfrentamento de maneira consciente para conseguir terminar o dia. Porém, também penso que é correto descrever nossa dependência coletiva da automedicação como uma doença social. O fato de que muitas pessoas conseguem passar os dias sem sucumbirem à pressão poderia ser interpretado como evidência de que nossa sociedade contemporânea está funcionando muito bem para nós. Podemos citar também os diversos avanços tecnológicos e médicos que fazem nossas vidas serem mais fáceis e seguras. Para estudiosos como Steven Pinker, essas vantagens, juntamente com o aumento mensurável da expectativa e qualidade de vida, são sinais objetivos do sucesso do projeto Iluminista.[5] E é verdade que os seres humanos realizaram grandes feitos nos últimos três séculos.

Então, como eu poderia alegar seriamente que os americanos, em 2021, "lutam para encarar o dia", quando nossas tarefas diárias exigem menos esforço do que nunca? Lavar a roupa, verificar o tempo lá fora, deslocar-se até o trabalho e preparar refeições dá muito menos

---

5 Esta é a premissa do livro de Pinker, *O novo iluminismo*.

trabalho e leva muito menos tempo hoje do que no passado. Ainda assim, os americanos estão deprimidos. Pinker, baseada em razões psicológicas e sociológicas, culpa nosso pessimismo, nossa incapacidade de ver quão maravilhosa nossas vidas são. Nós costumamos ser ingratos. Focamos nos negativos. A mídia e os críticos culturais assumem uma postura crítica contra o progresso, e é por isso que eles não conseguem admitir que a vida está ficando melhor — pelo menos, é o que Pinker argumenta.[6] Mas esse argumento não leva em conta a incrível complexidade da vida.

Não é apenas possível, mas é comum que um avanço em uma área da cultura traga efeitos negativos não previstos em outra. Isso não significa que o progresso nunca seja bom, mas que é possível que as duas coisas sejam verdade ao mesmo tempo: as tarefas banais que ocupavam a maior parte do nosso dia estão mais fáceis, rápidas e baratas, e as estruturas de nosso mundo contemporâneo colocam sobre nós fardos novos e desumanos. Para carregar esses fardos, apelamos para atividades que preenchem o tempo que ganhamos em decorrência de tecnologias que facilitaram o trabalho.

Apesar de precisarmos de muito menos tempo para cumprir tarefas diárias, a maioria das pessoas tem o dia cheio. Em vez de ser direcionado para o lazer, esse tempo extra é usado na melhoria da produtividade ou em alguma maneira de automedicação. Então, sim, de muitas maneiras, nossas vidas estão mais fáceis. Porém, de outras, nós carregamos fardos que conduzem ao vício, à violência e à depressão. A realidade do progresso em algumas áreas da sociedade

---

6 Steven Pinker, *Enlightenment Now: The Case for Reason, Science, Humanism, and Progress* (New York: Penguin Books, 2018), 40-43. [Edição em português: Steven Pinker, *O Novo Iluminismo: Em Defesa Da Razão, Da Ciência e Do Humanismo*, trad. Laura T. Motta e Pedro M. Soares (São Paulo: Companhia das Letras, 2018).]

não nos absolve da responsabilidade de observar e corrigir a desordem que há em outras áreas, mesmo que a desordem seja causada pelo progresso. O progresso que fizemos nos deslocamentos, por exemplo, não nos dá o direito de ignorarmos os custos ambientais e sociais desse avanço.

***

Outra razão pela qual você pode achar que estou exagerando o desespero contemporâneo é que nós somos muito bons em esconder nosso sofrimento. Nossas comunidades raramente requerem que sejamos vulneráveis. Quando você vive em uma comunidade próxima e tem obrigações diante dos outros que transcendem suas preferências e emoções pessoais, eventualmente, você terá que ser vulnerável e falar a respeito das suas dificuldades para a comunidade. Isso não significa que você precisa abrir-se com todo o mundo que conhece acerca de todos os problemas pessoais que você tem. É saudável e apropriado discernir a quem confiar sua vida pessoal. Mas, se nós estivéssemos realmente vivendo em comunidades que incluíssem responsabilidades mútuas, eventualmente teríamos que dizer algo a alguém quando estivéssemos deprimidos, ansiosos, viciados etc. O ambiente faria da vulnerabilidade uma necessidade, e não uma opção.

No mundo moderno, a vulnerabilidade pública é sempre uma escolha e, portanto, assume uma qualidade basicamente performática. O que quero dizer com isso? Quando comunidades (como igrejas, vizinhanças, clubes etc.) são voluntárias e "líquidas", elas tornam-se lugares que *visitamos*, e não que habitamos. Então, quando a comunidade de uma igreja, um grupo de amigos ou vizinhos exercem alguma pressão para sermos vulneráveis, podemos nos retirar para nossas casas ou para nossos *smartphones*. Você não precisa ficar ali e compartilhar seus fardos com alguém. Um dia, você talvez sucumba ou seja descoberto, mas você não precisa compartilhar.

O resultado é que nossos momentos de vulnerabilidade costumam ser cuidadosamente cultivados e preparados para consumo público, a fim de maximizar a atenção e desenvolver nossa imagem. Considere a diferença entre um amigo próximo que lhe pergunta sobre uma mudança brusca em seu comportamento e uma postagem no Instagram anunciando que você foi diagnosticado com uma doença mental. Se a amizade for sólida, será difícil esconder o seu sofrimento. Em algum momento, aqueles que estão perto de você precisarão reconhecer que algo está errado e intervir. No entanto, se nossas amizades e comunidades são altamente condicionadas e, como Bauman as descreve, funcionam com base no "até novo aviso",[7] não é difícil evitar uma vulnerabilidade desconfortável. Quando estamos vulneráveis em nosso sofrimento, a vulnerabilidade tende a ser uma performance pública calculada e autoconsciente.

Quando é necessário ou vantajoso para nós tornar público nosso sofrimento, você pode anunciar o que está acontecendo em suas próprias palavras e administrar a sua imagem. Mesmo que você escolha estar em um relacionamento com alguém que possa perguntar honestamente: "como você está?" e a quem você deva uma resposta igualmente honesta, ainda há muitas maneiras de administrar seu sofrimento, para que os outros continuem sem saber de nada. A sociedade fornece técnicas de enfrentamento, tais como medicação psiquiátrica, terapia, meditação, exercícios, técnicas de respiração,

---

7 Zygmunt Bauman, *Liquid Modernity* (Malden: Polity Press, 2012), 14. [Edição em português: *Modernidade Líquida*, trad. Plínio Dentzien (Rio de Janeiro: Zahar, 2021).]

maneiras de otimizar a produtividade em casa e assim por diante. Cada uma dessas técnicas tem seu valor, mas elas também podem ser usadas para nos proteger de sermos vulneráveis com aqueles que estão mais próximos de nós.

Dada a facilidade com que é possível evitar vulnerabilidade no mundo contemporâneo, não podemos supor que, simplesmente porque as pessoas ao nosso redor não compartilharam nenhum trauma e sofrimento, elas estejam bem. É melhor assumir que todas as pessoas que você encontra carregam algum fardo silencioso.

***

É possível que minhas experiências anedóticas estejam distorcendo meu entendimento da condição humana moderna. Mas acho que não. Minhas observações são consistentes demais ao longo de várias décadas, em diversas localidades e com diferentes tipos de pessoas. A maioria das pessoas, incluindo aquelas que parecem estar bem-ajustadas, bem-sucedidas e felizes, tem dores, traumas, medos e desordens que não podemos imaginar, dos quais nunca ouvimos falar e que nunca achamos possíveis — dificuldades que, se tomássemos conhecimento delas, alterariam para sempre a nossa percepção da humanidade. Essa tem sido minha experiência.

O que me surpreende é que continuo sendo surpreendido pela profundidade e largura do sofrimento humano. Muitos anos atrás, um colega de trabalho e amigo próximo passou por um terrível surto mental — dúvidas e pena a respeito de si mesmo, misturadas com ansiedade, depressão e desesperança. Contudo, ele só me falou que passou por essas coisas alguns anos depois. Ali estava alguém com quem eu trabalhava diariamente, alguém com quem eu orava e que eu admirava. Mesmo assim, o tempo todo, ele mal estava conseguindo manter-se de pé, e eu nunca soube disso. Nunca sequer suspeitei. Não havia qualquer pista. O que é realmente louco é que, anos atrás, enquanto ele surtava, eu também estava quase enlouquecendo. Os detalhes da minha experiência são irrelevantes aqui. Mas, quando eu disse para meu amigo que lutava com essas coisas durante o período em que trabalhamos juntos, ele ficou igualmente surpreso. Ele não tinha a menor ideia das dificuldades que eu tinha. Quase ninguém sabia. Quase ninguém fica sabendo, a não ser que tornemos isso uma parte de nossa imagem pública.

Depois de mais de 12 anos de sala de aula, ouvi história após história de abuso, doença mental e morte. Hoje, espero que, em uma classe de 25 alunos, pelo menos dois tenham experimentado algum tipo de abuso sexual e que outros tenham experimentado abuso físico, mental ou espiritual. E não há nada de anormal a respeito dos meus alunos.

A vida é muito, muito mais difícil do que reconhecemos publicamente. Muitas pessoas lutam para se levantar da cama pela manhã. Alguns só estão funcionais por causa do uso intenso de medicamentos psiquiátricos e de terapia. Alguns só estão funcionais porque ainda não continuaram tempo o bastante para testemunhar o próprio sofrimento. Alguns apenas parecem estar funcionais. Então, se você ler este capítulo e continuar pensando: "Nossa sociedade funciona mais ou menos bem. A maioria dos americanos está bem e feliz", eu gostaria de sugerir que muitas pessoas que você conhece e que aparentam estar felizes rotineiramente perguntam-se se a vida é digna de ser vivida. Só porque você não nota as milhões de pessoas deprimidas, não significa que nós estamos bem. Não estamos.

Dois livros recentes contaram a história de nossa crise de saúde mental corrente. Em *Lost connections*, Johann Hari explora o problemático relacionamento com remédios psiquiátricos e, em especial, antidepressivos nos EUA:

> Um em cada cinco adultos nos EUA está tomando, pelo menos, uma droga para problemas psiquiátricos; quase uma em cada quatro mulheres de meia-idade nos EUA está tomando antidepressivos; cerca de um a cada dez rapazes de ensino médio nos EUA está recebendo estimulantes poderosos para ajudá-lo a manter o foco.[8]

Em algum momento, teremos que aceitar que o uso generalizado de medicação psiquiátrica é indicativo de *mais* do que problemas biológicos. Há outros elementos trabalhando. O livro de Hari tenta chegar à raiz das causas que nos deixam tão ansiosos e deprimidos. Suas descobertas sugerem que "perdemos conexões" — conosco, com o mundo, com o trabalho, com a natureza, com o significado e assim por diante.

Um relato ainda mais alarmante de nossa crise de saúde mental está em Deaths of despair, escrito pelos economistas Anne Case e Angus Deaton. O ímpeto de seu estudo era o aumento nas taxas de suicídio entre pessoas brancas de meia-idade nos EUA. Eles notam que uma das poucas constantes do mundo moderno tem sido a queda na mortalidade, mas, em anos recentes, essa tendência foi revertida nos EUA. Pela primeira vez desde a Primeira Guerra

---

8 Johann Hari, *Lost Connections: Uncovering the Real Causes of Depression—and the Unexpected Solutions* (New York: Bloomsbury, 2018), 10-11.

Mundial, a expectativa de vida nos EUA caiu na análise anual.[9] Case e Deaton afirmam que essa anomalia foi causada por suicídios, mortes relacionadas ao uso de álcool e a overdoses experimentadas por americanos brancos de meia-idade, especialmente entre homens sem grau superior. "Todas as mortes mostram grande infelicidade com a vida, seja momentânea, seja prolongada. É tentador classificar todas elas como suicídio, feitos rapidamente, com uma arma ou por meio de enforcamento, ou lentamente, com drogas e álcool".[10] Boa parte do livro é dedicada a explicar as forças por trás dessa "grande infelicidade com a vida" presente entre americanos brancos sem formação universitária. Assim como Hari, Case e Deaton apontam para trabalhos que são menos significativos e gratificantes e para o declínio de instituições sociais e comunidades. Eles também apontam para o declínio da fé religiosa e para o aumento no custo dos tratamentos de saúde.

Embora Case e Danton estejam corretos em identificar esses aspectos como causas, suspeito que, se não focarmos na métrica referente às *mortes*, descobriremos que a "grande infelicidade com a vida" manifesta-se de outras maneiras alarmantes. Um recorte demográfico lida com essas dificuldades por meio de um comportamento

---

9   Em 2017, os EUA atingiram um nível estável de estagnação ou declínio na expectativa de vida, o que não acontecia desde a Primeira Guerra Mundial e a pandemia da Gripe Espanhola. Lenny Bernstein, "U.S. Life Expectancy Declines Again, a Dismal Trend Not Seen since World War I," *Washington Post*, 29 de novembro de 2018, https://www.washingtonpost.com/national/health-science/us-life-expectancy-declines-again-a-dismal-trend-not-seen-since-world-war-i/2018/11/28/ae58bc8c-f28c-11e8-bc79-68604ed88993_story.html. Em 2018, os EUA experimentaram um aumento bastante modesto na expectativa de vida. Mas a pandemia de Covid-19, ocorrendo enquanto escrevo estas linhas, e a crise econômica correspondente quase certamente reverteram essa tendência. Sabrina Tavernise e Abby Goodnough, "American Life Expectancy Rises for First Time in Four Years," *New York Times*, 30 de janeiro de 2020, https://www.nytimes.com/2020/01/30/us/us-life-expectancy.html.

10 Alain Ehrenberg, *The Weariness of the Self: Diagnosing the History of Depression in the Contemporary Age* (Montreal & Kingston: McGill-Queen's University Press), 38-39.

altamente destrutivo, mas há outras maneiras de machucar a si mesmo e ainda mais maneiras de lidar com a "grande infelicidade". Um trabalho que pague bem pode tornar possível isolar-se de alguns efeitos negativos da falta de significado do trabalho por meio de terapia, autocuidado e distrações. Mas, se a maioria das pessoas está lutando contra o desespero — e penso que os números de Hari a respeito do uso de medicamentos psiquiátricos sugerem que a luta seja essa —, algo mais profundo está acontecendo.

Para identificar essas causas mais profundas, precisamos voltar para o trabalho do sociólogo francês, Alain Ehrenberg, e seu extenso estudo sobre a história da depressão no Ocidente, *The weariness of the self*. Ehrenberg traça, com grande detalhe, a maneira como a depressão — suas causas, significado e tratamento — mudou ao longo do século XX. Sua conclusão surpreendente é que deixamos de entender a depressão basicamente como um sintoma de um conflito interno, geralmente impulsionado por sentimentos de culpa, os quais são causados pela violação das normas religiosas ou sociais, para entendê-la primariamente como um sintoma de inibição causado por sentimentos de inadequação.[11]

Entretanto, por que nos sentimos inadequados? Por que estamos com medo de agir no mundo contemporâneo? A resposta de Ehrenberg é precisamente aquilo que venho descrevendo como sendo nossa antropologia contemporânea: "A posse do próprio *self* tornou-se nosso estilo de vida; ela tem sido integrada sociologicamente em nossos costumes e está na alma de nossa soberania íntima".[12] Mas essa soberania não nos libertou. Contrastando a condição moderna com o sonho de individualidade soberana apresentado por

---

11 Ehrenberg, *Weariness of the Self*, 9.
12 Ehrenberg, *Weariness of the Self*, 221.

Nietzsche, Ehrenberg escreve: "O indivíduo, livre da moral, criador de si mesmo e por si mesmo, aspirando à super-humanidade ... não é nossa realidade. Mas, ao invés de possuir a força dos mestres, ele mostra-se frágil, carente de ser, cansado de sua soberania e cheio de reclamações".[13] O título do livro de Ehrenberg reflete esse diagnóstico. Nós estamos cansados de tentarmos ser nossos próprios senhores. Temos uma liberdade radical para refazer nossas identidades, mas isso veio com um enorme custo: "Se as amarras morais tornaram-se mais leves, amarras psíquicas assumiram o lugar delas. A emancipação e a ação esticaram a responsabilidade dos indivíduos para além de todas as fronteiras e nos fez dolorosamente cientes de que nós somos apenas de nós mesmos".[14] Em outros lugares, ele chama isto de "doença da responsabilidade".[15]

Para lidarmos com esses sentimentos de inadequação e inibição, nós dependemos, como sociedade, amplamente de antidepressivos, os quais foram concebidos como ferramentas para ajudar as pessoas a lidarem com conflitos internos específicos por um período. No entanto, agora eles são prescritos a longo prazo, como maneira de reajustar os indivíduos ao mundo moderno:

> A lógica psiquiátrica contemporânea legitima a prescrição de antidepressivos para qualquer pessoa que sofra qualquer tipo de incapacidade .... Prescrever moléculas com um espectro amplo de efeitos responde a um aumento nas demandas normativas de hoje; a dificuldade de confrontá-las pode ser custosa para o indivíduo pego em um mundo onde fracassos

---

13 Ehrenberg, *Weariness of the Self*, 218-219.
14 Ehrenberg, *Weariness of the Self*, 226.
15 Ehrenberg, *Weariness of the Self*, 4.

profissionais, familiares e emocionais podem somar-se rapidamente. Tais fracassos podem levar a uma rejeição social muito mais rápida hoje do que era no passado.[16]

Embora realmente haja muitos usos relevantes e importantes dos antidepressivos, a história relatada por Ehrenberg sugere que, ao menos nos termos da sociedade mais ampla, algo que vai além de doenças biológicas está colaborando para o uso generalizado desses medicamentos. As demandas da sociedade contemporânea, baseadas em uma noção específica da pessoa humana, levaram-nos a desenvolver técnicas médicas para enfrentá-las. Então, os seres humanos são forçados a se adaptar ao ambiente desumano que fizemos. Na raiz de nossa resignação e de nossa afirmação, está a crença de que pertencemos a nós mesmos.[17]

Burnout, exaustão e fadiga

Apesar do crescimento exponencial do número e da complexidade dos mecanismos de enfrentamento, a maioria de nós vive fatigada. Estar cansado não é a exceção, é a regra. Quando nós não estamos cansados, podemos até sentir culpa ou ficar confusos. Perdi a conta das vezes em que eu estava me sentindo feliz e descansado, e uma dúvida imediatamente passa pela minha cabeça: *será que eu não deveria estar fazendo alguma coisa?*

Isso é parte do que Pieper chama de sociedade do "trabalho total". Nas palavras de Ellul, "o tempo de lazer [na modernidade] é

---

16 Ehrenberg, *Weariness of the Self*, 209.
17 Para um estudo relacionado sobre a maneira como a ansiedade e remédios ansiolíticos tornam-se respostas esperadas para uma sociedade desumana, veja Heather Zeiger, "Our Uneasy Tranquility," *The New Atlantis: A Journal of Technology & Society*, no. 58 (primavera de 2019): 15-27.

tempo mecanizado e explorado por técnicas que, apesar de serem diferentes daquelas do trabalho ordinário de alguém, são tão invasivas e exigentes quanto e não deixam o homem mais livre do que o próprio trabalho".[18] Mesmo quando nós pensamos que estamos de férias ou relaxando, o espírito de nossos atos ainda é a eficiência. As férias tornam-se um projeto que precisa ser completado a tempo e dentro do orçamento. Mesmo quando tentamos "vegetar" no Instagram, jogando um joguinho qualquer ou assistindo a um episódio de uma sitcom medíocre, a velocidade do entretenimento é frenética. As imagens mudam rapidamente, e nós ficamos entediados com facilidade. Raramente descansamos em nosso tempo de descanso. É um descanso ativo, um descanso sem silêncio e quietude, um descanso marcado pela esmagadora responsabilidade de fazer melhor uso do nosso tempo.

No entanto, você pode dar um fim nesse "descanso" ansioso. Eventualmente, você fica tão ciente de todas as suas responsabilidades, de todas as tarefas que precisam ser completadas, de todas as promessas que você fez, de todas as práticas pelo bem da sua saúde ou para ser um bom amigo, ou o que quer que seja, que você acaba emperrando. As exigências para se manter ativo são tão grandes que a única saída é ficar *inativo*. Em minha experiência, é como sentir-se tão sobrecarregado pela minha lista de afazeres que tudo o que consigo fazer é encarar a tela do computador. Não é surpresa que tantos americanos se sintam frequentemente exaustos ou fatigados.

* * *

---

18 Jacques Ellul, *The Technological Society*, trad. John Wilkinson (New York: Vintage Books, 1964), 401.

Se você prestar atenção na maneira como falamos, encontrará evidência de quão cansados estamos. Pense na maneira como as pessoas dizem: "eu só preciso...", como na frase: "eu só preciso terminar meu imposto de renda"; ou: "eu só preciso diminuir os carboidratos"; ou: "eu só preciso ler mais a Bíblia"; ou: "eu só preciso ficar menos distraído enquanto estudo", e assim por diante. Sem que eu percebesse, essa frase infiltrou-se profundamente em minha consciência. Eu a repito para mim mesmo ao longo do dia como uma oração para exorcizar os espíritos malignos da inadequação perpétua.

Isso normalmente acontece quando sou lembrado de alguma obrigação que deixei de lado para lidar com outras obrigações. Talvez eu receba um e-mail perguntando se desejo escolher um plano de saúde para este ano ou me lembro de que meu carro precisa de uma troca de óleo. No entanto, como me lembro dessas coisas enquanto estou no telefone, tentando descobrir por que recebi uma cobrança extra de internet, tudo o que eu posso dizer é: "eu só preciso resolver o problema desta conta e, então, vou lidar com o plano de saúde".

Considerada isoladamente, não é uma frase tão ruim de se dizer. Ela mostra que estou focado na tarefa que está diante de mim. Mas essa frase nunca vem "isoladamente". Sempre há *mais uma coisa* que "eu só preciso fazer..." E elas também não são apenas tarefas comuns. Eu me pego usando essa frase para descrever objetivos de autodesenvolvimento: "eu só preciso memorizar o nome das pessoas quando me encontrar com elas"; ou: "eu só preciso não gritar com meus filhos quando eles desobedecem".

A lógica dessa frase é a mesma lógica de negociação dos viciados: "depois dessa, eu largo". Tanto a frase "eu só preciso..." quanto a frase "depois dessa, eu largo" usam um objetivo louvável, ainda que fingido, para justificar a continuação em um estilo de vida autodestrutivo.

Para o viciado que jura: "depois dessa, eu largo", a recuperação é só um pretexto para desculpar o vício. Para o viciado em trabalho total, que jura: "eu só preciso...", uma vida ordenada, balanceada e pacífica é só um pretexto para trabalhar mais — e trabalhar sem descansar é autodestrutivo. Em ambos os casos, o objetivo é genuinamente bom, mas enquanto o viciado continuar negociando consigo, a recuperação nunca será uma opção real. Enquanto dissermos a nós mesmos que "só precisamos" fazer mais uma coisa, o descanso nunca será uma opção real. Fica sempre para amanhã.

* * *

Deixe-me dar outro exemplo de como experimentamos *burnout*. Recentemente, precisei ser testado para um vírus. Liguei para a clínica local para marcar um horário, mas o atendente informou que eu não poderia marcar um horário pelo telefone, falando com uma pessoa. Eu precisaria usar o sistema *online*. Para agilizar o processo, a clínica me mandou toda a papelada que eu precisaria preencher em pessoa, como meu histórico médico e os dados do plano de saúde. A papelada concluía com uma série de documentos legais para eu assinar, abrindo mão de direitos, liberando a responsabilidade, reconhecendo os riscos e assim por diante. O sistema fez com que a experiência de assinar fosse extremamente simples. Tudo o que eu precisava fazer era assinar meu nome digitalmente uma única vez e, então, clicar em "aceitar", para que a assinatura fosse aplicada a cada documento.

Contudo, quando vi esses documentos, fiquei ansioso imediatamente. Eu rapidamente assinei meu nome e cliquei em "aceitar", até que tudo estivesse pronto. Eu não li nada. Nenhuma mísera palavra. Não tenho ideia do que assinei. Mas estava claro que o sistema *online* não *esperava* que eu fosse ler. Ele foi desenvolvido para tornar essas formalidades legais pouco dolorosas e tão eficientes quanto possível.

Presumo que esses documentos tenham alguma importância — do contrário, a clínica não os exigiria. E presumo que meu consentimento era importante, porque eu tinha que escrever meu nome em cada um dos documentos. Mas eu estava sobrecarregado. Afinal, eu estava doente. Estava preenchendo o formulário em meu telefone, em vez de estar conversando com um ser humano que trabalhava na clínica. Meus filhos estavam brigando na sala ao lado. O sistema me convidou apenas a clicar em "aceitar". E eu sabia que, qualquer fosse a importância daqueles documentos, eu precisaria assiná-los mesmo assim. Se eu lesse e descobrisse algo discutível, não poderia fazer nada. Não havia ninguém para quem eu pudesse perguntar. Não havia ninguém com quem negociar. Ninguém para explicar. Então, assinei de maneira resignada, sentindo-me impotente diante dos requisitos legais e das maquinações tecnológicas do sistema. Eu precisava fazer o teste. A única maneira de marcar o exame naquela clínica era *online*. E o formulário digital não me deu outra opção senão aceitar.

Novamente, esse exemplo pode parecer um "problema do Primeiro Mundo" ou um problema da classe média, mas há algo em comum nessa experiência. As circunstâncias particulares eram unicamente minhas, mas o fardo de viver em um mundo absurdamente draconiano, litigioso e burocrático não é exclusividade minha. Se eu não estivesse tentando marcar um exame médico, talvez estivesse tentando descobrir como entregar os papéis corretos para conseguir auxílio do governo ou passando horas no telefone tentando entender a conta do hospital. Sempre há alguma coisa. Nós experimentamos milhões dessas pequenas indignidades, que proclamam audivelmente que nós somos objetos, instrumentos, números, e que nossa humanidade é bem menos significante do que a responsabilidade legal e a eficiência. Assim, sentimos que estamos sobrecarregados e impotentes diante da máquina. Como não se sentir assim?

Tenho certeza de que, neste exato momento, há algum formulário que eu deveria ter preenchido, alguma conta que eu deveria ter pagado, algum conserto que eu deveria ter feito. Essas são ferramentas para tornar nossa vida mais fácil (formulários, contas e manutenção) e para aumentar a eficiência, mas parece que nós nunca conseguimos o tempo de volta.

A tecnologia expande-se para ocupar o tempo que ela nos economiza. Por definição, a técnica aumenta a eficiência e nos capacita a colocar em prática técnicas cada vez mais complexas, as quais tendem a usar o tempo que foi liberado por outra técnica. Quanto mais fácil é a coleta e a manipulação dos dados, mais dados vamos coletar e manipular para melhorar a eficiência. Podemos ir mais longe, mas nós não parecemos correr menos do que nossos antepassados. E, se você nunca parar de correr, qual a importância do lugar para onde você está indo?

As tarefas sisíficas impostas pela burocracia nos sobrecarregam e nos deixam exaustos, mas nós também sofremos o desgaste causado pelo formato desumano que essas tarefas assumem. Por exemplo, a tecnologia faz com que seja possível para que as corporações tenham uma existência quase que totalmente especulativa. Comprei o seguro residencial para a minha casa de um corretor de seguros pelo telefone. Ele pesquisou o banco de dados de seguradoras usando meus dados pessoais. Então, ele encontrou uma apólice que eu aceitei, e o meu banco faz os pagamentos do prêmio do seguro. Nunca falei com alguém da companhia de seguros. Eles nunca falaram comigo. Eles são legalmente obrigados a pagar uma certa quantia caso algum infortúnio aconteça com minha casa, que eles nunca visitaram nem viram. O lado positivo disso é que posso cotar preços e escolher a taxa mais em conta.

Quando tantas de nossas interações comerciais tem esse aspecto desencarnado, ficamos psicologicamente desgastados. É exaustivo ter que enganar o sistema automatizado de atendimento para que você consiga falar com outro ser humano. Parece ser um teste para ver se você é digno o bastante para conseguir alguma atenção verdadeira. E a razão pela qual as empresas usam sistemas automatizados é que eles são mais eficientes, e alguns consumidores desistirão muito antes de conseguirem falar com uma pessoa de fato. Você se sente desumanizado, visto que o estado e o mercado nos veem como um número de protocolo, e você teme que, não importa quanto você se esforce para estar com tudo certo, sempre haverá alguma obrigação de que você se esqueceu. E, um dia, você receberá um telefonema ou uma carta ou um e-mail anunciando suas faltas. É um peso terrível para trazer consigo.

Uma vez que você aceite que somos de nós mesmos, é razoável promover a eficiência em troca de nossa humanidade. E o resultado natural dessa ordem de prioridades é que todos nós nos sentimos exaustos por termos sido tratados de maneira desumana.

A técnica como solução para os problemas da técnica

A sociedade nos promete uma vida boa e gratificante se aceitarmos as responsabilidades do autopertencimento e se usarmos com diligência as ferramentas da sociedade para cumprirmos essas responsabilidades. No entanto, essas ferramentas frequentemente nos decepcionam. Nunca podemos cumprir as responsabilidades do autopertencimento, e, assim, as ferramentas nos deixam em uma luta constante para obtermos uma vida que foi prometida, mas que é inalcançável. Para lidar com o fardo de nossas responsabilidades, a sociedade cria outras ferramentas que distraem nossa atenção ou amenizam nossa ansiedade. Ellul escreve: "É necessário proteger o homem vestindo-o com uma espécie de para-choque psicológico. Apenas outra técnica é capaz de conceder proteção eficaz contra a agressão das técnicas".[19] É inevitável que essas ferramentas exijam mais de nós. E, então, elas fracassam. Todavia, em vez de questionar a premissa da promessa feita pela sociedade, culpamos a nós mesmos e pedimos novamente à sociedade outro método, mais treinamento ou outra ferramenta para nos ajudar. Quando isso também fracassa, pensamos que, talvez, não tenhamos o método ou a ferramenta certa e assim por diante.

A técnica promete um mundo melhor, mas produz apenas um mundo mais eficiente dotado de outros problemas. A técnica é usada, então, para resolver os problemas não intencionais causados pela técnica, produzindo apenas outras consequências não intencionais. Quanto mais distante ela vai, mais absurda ela se torna, e mais impotentes nos sentimos para impedi-la.

***

Pense no trabalho de moderação nas mídias sociais. As mídias sociais são uma maravilha da técnica. Com elas, podemos nos comunicar de maneira eficiente com nossa família e amigos, interagir com celebridades, ler as notícias, discutir assuntos importantes, promover os negócios, a caridade e outras causas, e expressar nossa identidade. A cada momento, as mídias sociais fazem o trabalho de comunicação ser mais eficiente.

---

19 Ellul, *Technological Society*, 332.

Quando encontro alguém novo, costumo ser tentado a imediatamente procurar o perfil dessa pessoa no Facebook, Instagram ou Twitter. Isso me ajuda a lembrar o nome dessa pessoa, a manter o contato vivo e a conhecê-la sem ter que me dar o trabalho duro de passar tempo com ela. Se o propósito de conhecer novas pessoas é desenvolver relacionamentos e "conexões" ou fazer *network*, as mídias sociais estão muito acima dos cartões pessoais e dos rolodex.

Similarmente, as mídias sociais fazem com que o compartilhamento de fotos de família seja mais eficiente. O Facebook permite que eu compartilhe fotos de bebê com as pessoas com quem me importo de maneira instantânea, mesmo com meus amigos do ensino médio para quem não tenho tempo de ligar ou mandar uma mensagem, mas com quem ainda quero manter contato.

A razão pela qual posso compartilhar instantaneamente as fotos de bebê com todas as pessoas que eu queira é que ninguém precisa autorizar minhas postagens. Posso disponibilizar qualquer imagem ou vídeo que queira, e eles ficam disponíveis imediatamente. Certos conteúdos — como material com direitos autorais, pornografia, terrorismo, violência etc. — podem ser removidos se outros usuários fizerem denúncias. Mas o Facebook não tem uma pessoa verificando todas as postagens antes que elas sejam publicadas.

A plataforma é eficiente *porque* ninguém precisa aprovar minhas postagens. Se houvesse necessidade de moderadores para aprovar cada postagem antes que elas fossem publicadas, seria necessário cobrar pelo serviço. E, se houvesse cobrança, muitos dos meus familiares e amigos não entrariam na plataforma, e isso significa que ela *deixaria de ser uma maneira eficiente de compartilhar fotos de bebês*. A eficiência da plataforma depende do fato de que ela é bastante aberta.

A eficiência das mídias sociais também cria pressão social para que as pessoas façam parte delas. Você pode não gostar da ideia do Facebook; no entanto, se a única maneira de ver o bebê de sua sobrinha é viajando para o outro lado do país ou por meio de um perfil no Facebook, você acabará escolhendo a mídia social. A técnica tem um poder tremendo sobre nossas normas sociais. Onde há um método mais eficiente disponível, é difícil não o adotar. E a dificuldade aumenta com o tempo.[20]

Como é difícil resistir ao Facebook, mais pessoas passam a usá-lo, tornando-o ainda mais eficiente. A sua eficiência, porém, depende de ser uma plataforma aberta, o que significa que conteúdo explícito ou ilegal será postado. Os usuários que postam conteúdo ilícito sabem que, eventualmente, ele será denunciado por outros usuários e retirado da plataforma, mas isso não desencoraja ninguém de postar; pois todos sabem que há um lapso entre o momento em que a foto ou o vídeo são postados e o momento em que são denunciados e excluídos. Se todo o conteúdo tivesse que ser aprovado antes de ser publicamente disponibilizado, a maioria dos usuários que desrespeita as normas não tentaria postar conteúdo ilícito. O entusiasmo de chocar outros usuários estaria perdido. Todavia, validar todo o conteúdo produzido tornaria a plataforma ineficiente e, assim, acabaria com seu propósito.

O resultado é que as companhias donas de mídias sociais são forçadas a contratar pequenos exércitos de moderadores de conteúdo

---

20 Pense, por exemplo, no uso de mapas por GPS. Você pode decidir não usar um smartphone nem qualquer dispositivo GPS. Você dependeria apenas de mapas de papel, de instruções por escrito e do seu senso de direção. Mas usar mapas de papel não é apenas mais ineficiente do que usar o GPS, mas também é menos eficiente do que costumava ser antes da universalização do GPS. Você descobre rapidamente que as pessoas já não incluem instruções por escrito nos convites para as festas, e mapas de papel são difíceis de encontrar. É difícil resistir à técnica.

para checar cada denúncia e julgá-las de acordo com os padrões de conduta da comunidade, sempre evoluindo. Isso significa que há homens e mulheres gastando várias horas no dia em um cubículo, olhando para imagens de estupro, assassinato, abuso infantil, abuso animal, tortura, terrorismo e assim por diante.

Os seres humanos não foram feitos para estar diante de conteúdo tão gráfico de maneira repetida.[21] Nem mesmo paramédicos trabalhando em ambulâncias deparam-se com tanto mal ao longo do dia. Então, uma técnica que foi desenvolvida para tornar nossa vida mais fácil e gratificante (compartilhar imagens nas redes sociais) tem o infeliz efeito colateral de induzir estresse pós-traumático em algumas pessoas.

Isso é precisamente o que está acontecendo em parques empresariais padrões ao redor do mundo. Vários escândalos assustadores envolvendo esses moderadores de conteúdo foram publicados ao longo dos anos, todos lidos por usuários horrorizados das redes sociais. As empresas prometem melhorar as condições de trabalho, é claro, mas não há como melhorar o trabalho de qualquer maneira significativa quando o trabalho consiste em assistir a vídeos de estupro e assassinato.

Para tratar do trauma causado em seus funcionários pela técnica da moderação de redes sociais, as empresas contratadas sugerem técnicas de enfrentamento: aconselhamento, yoga, pausas de bem-estar

---

21 De acordo com um gerente citado na investigação realizada pelo canal Verge, a maioria do conteúdo moderado é "bastante suave". Por causa de questões de privacidade, o conteúdo gerado pelos usuários é cuidadosamente guardado. Assim, não conheço qualquer verificação independente da alegação desse gerente. No entanto, há duas investigações bem fundamentadas a respeito dos contratos de moderação de conteúdo que citam diversos relatos de funcionários acerca do conteúdo gráfico ao qual são expostos. Casey Newton, "The Trauma Floor", *The Verge*, 25 de fevereiro de 2019, https://www.theverge.com/2019/2/25/18229714/cognizant-facebook-content-moderator-interviews-trauma-working-conditions-arizona.

e assim por diante. Esses métodos certamente foram escolhidos com muito cuidado — e após muitas orientações legais — por serem capazes de reduzir a ansiedade (e a responsabilidade legal) no ambiente de trabalho da maneira mais barata possível.

É claro que a melhor maneira de reduzir a ansiedade no ambiente de trabalho dessas empresas seria não pedir que os funcionários vejam imagens traumatizantes, mas essa solução é impensável — ou, pelo menos, ninguém fala a respeito dela, porque falar dessa solução seria valorizar *algo acima da eficiência*. Exigiria que os usuários de redes sociais abrissem mão da eficiência trazida pela facilidade de compartilhar imagens. Exigiria que as empresas donas abrissem mão de parte dos lucros. E, de qualquer maneira, se o Facebook não oferecer aos usuários alguma maneira fácil de compartilhar imagens de maneira imediata, outra plataforma ofereceria esse serviço. Então, para que brigar contra isso? Em vez de acomodar a tecnologia para servir às necessidades humanas, esses moderadores humanos são obrigados a se acomodarem às demandas da tecnologia. Eles precisam adaptar-se àquilo que é desumano.

Os relatos a respeito dessas empresas terceirizadas de moderação de conteúdo são sombrios. Em uma investigação, o canal The Verge descobriu que os funcionários de um escritório de moderação de conteúdo localizado em Phoenix, Arizona, estavam usando drogas habitualmente para conseguir lidar com o trabalho.[22] Eles contavam piadas de humor macabro. Sofriam ataques de pânico. Faziam sexo entre si para compartilhar as experiências de trauma. Enquanto isso, as empresas de mídias sociais mantinham esses empregados a uma

---

22 Newton, "The Trauma Floor".

distância segura ao contratá-los como funcionários terceirizados, e não como funcionários diretos.

Não tenho dúvidas de que as empresas de mídias sociais tentarão novas técnicas para resolver esses problemas. Em algum ponto, a inteligência artificial será avançada o bastante para moderar corretamente imagens e eliminar a necessidade de expor pessoas ao que há de mais sujo. Mas, dado o histórico das técnicas, suspeito que uma inteligência artificial assim trará novos problemas imprevistos. De qualquer forma, a capacidade humana para imaginar o mal sempre estará um passo adiante da inteligência artificial.

A sociedade desenvolve técnicas para nos equipar a cumprir as responsabilidades do autopertencimento e viver uma boa vida. As técnicas, pela definição de Jacques Ellul, valorizam a eficiência acima de todo o resto. A eficiência não é uma virtude humana. Não é, de forma alguma, uma virtude tradicional. É uma métrica para máquinas com propósitos claramente definidos — mas não para humanos. Inevitavelmente, a confiança da técnica na eficiência produz ferramentas que são altamente eficientes e lucrativas, mas, ao mesmo tempo, desumanizadoras de alguma forma. Compartilhar fotos *online* nos ajuda a definir e expressar nossa identidade e a interpretar momentos significativos de nossas vidas. Mas isso vem ao preço de expor milhares de pessoas àquilo de pior que os seres humanos pensaram, disseram ou fizeram. A pornografia nos ajuda a sentir um senso de pertencimento e justificação, mas vem ao custo de desumanizar outras pessoas e instrumentalizar a intimidade sexual.

De acordo com a lógica de nossa antropologia contemporânea, a chave está no fato de que essas pessoas *escolheram* ser expostas a essas coisas, escolheram aceitar o trabalho como moderadores. E, se foi uma escolha, é responsabilidade deles, não nossa. E, se os produtores de entretenimento pornográfico escolheram usar seus corpos e sua intimidade como uma ferramenta, é responsabilidade deles, e não nossa. Todos nós somos e pertencemos apenas a nós mesmos.

Talvez a pior parte disso seja que essas ferramentas sociais para o autopertencimento nunca chegam perto de cumprir suas promessas. Elas apenas oferecem mais promessas. Nossas identidades nunca são expressas o bastante. Nossas vidas nunca têm sentido o bastante. Nunca nos sentimos justificados o bastante ou como se realmente pertencêssemos. Nós "só precisamos" continuar tentando. Quando nossos esforços nos deixarem exaustos ou quando novas técnicas para consertar o problema das técnicas antigas fracassarem, trocamos a afirmação pela resignação. No caso dos moderadores de conteúdo das redes sociais, o movimento é trocar a yoga e o aconselhamento em grupo por drogas, álcool e desemprego.

Contudo, enquanto nosso entendimento básico a respeito do significado de ser um ser humano não for questionado, enquanto colocarmos a culpa de nossos problemas em limitações naturais ou biológicas, em injustiças sociais ou em fraqueza individual, nosso único recurso serão mais técnicas.

Graças a Deus, não pertencemos a nós mesmos.

5
VOCÊ NÃO PERTENCE A SI MESMO, MAS A CRISTO

Uma vez que aceitarmos que nossa antropologia contemporânea é fundamentalmente defeituosa e produz uma sociedade desumana que jamais pode cumprir suas promessas, só nos resta encontrar uma alternativa. Se não somos nossos nem pertencemos a nós mesmos, de quem somos? A quem pertencemos?

Essas perguntas fazem toda a diferença. Desde, pelo menos, o início do século XX, a pergunta existencial predominante para aqueles que estão no Ocidente tem sido: "quem sou eu?" Mas a pergunta melhor é "de quem sou eu?"[1] Quem é esse ser a quem pertenço, de que maneira pertenço a ele, quais são as implicações desse pertencimento para a minha vida?

Historicamente, a igreja cristã respondeu essas perguntas olhando, em primeiro lugar, para uma afirmação do apóstolo Paulo em 1 Coríntios 6:19-20:

---

[1] Paul Moser aponta para essa distinção entre "quem sou eu?" / "de quem sou eu?" no livro *The Elusive God* (Cambridge: Cambridge University Press, 2008). Agradecimentos a Josué Rodríguez por mencionar isto no Twitter. Viu só? O Twitter serve para alguma coisa.

> Acaso não sabem que o corpo de vocês é santuário do Espírito Santo que habita em vocês, que lhes foi dado por Deus, que vocês não são de vocês mesmos? Vocês foram comprados por um preço alto. Portanto, glorifiquem a Deus com o seu próprio corpo. (NVI)

O contexto desses versos é uma exortação mais longa contra a prostituição e outras formas de imoralidade sexual. O apóstolo Paulo poderia ter dado muitas outras razões para que os cristãos fugissem da imoralidade sexual. Ele poderia ter argumentado que a prostituição quase nunca é verdadeiramente consensual e, portanto, é inerentemente violenta e abusiva. Ele poderia ter argumentado que visitar prostitutas levaria a filhos ilegítimos e casamentos quebrados ou que tais práticas espalham doenças. Ele poderia ter argumentado que é simplesmente impuro ou que deveria ser socialmente inaceitável. Ele poderia ter argumentado que a promiscuidade sexual é apenas uma tentativa equivocada de diminuir a insegurança pessoal. Ele poderia ter argumentado até mesmo que a fidelidade no casamento é importante como uma prática em autodisciplina e integridade. No entanto, ele não menciona nenhuma dessas razões em sua carta. Em vez disso disso, ele fundamenta a moralidade sexual em nosso *pertencimento*.

Desde o Jardim do Éden, a rebelião fundamental da humanidade contra Deus tem sido a rebelião da autonomia. Adão e Eva receberam uma lei clara e escolheram tornar-se a própria lei. A história da humanidade seguiu esse exemplo. Quando o primeiro filho deles, Caim, assassinou seu irmão Abel, Deus amaldiçoou Caim, mas prometeu protegê-lo daqueles que buscassem causar-lhe dano, por estar ele debaixo da maldição de Deus (Gn 4.8–6). Ainda assim, apesar da promessa de Deus, como Jacques Ellul observa, Caim construiu uma cidade para proteger a si mesmo.² Ao que parece, Caim não confiou que Deus cumpriria sua promessa. Ellul aponta para isso como o espírito básico das cidades humanas: autoconfiança e autonomia.³

Em seu âmago, o impulso de construir cidades é o impulso de autoproteção, de sermos autossuficientes e de fornecer tudo o que precisamos para florescermos como seres humanos: "A cidade de Caim é, acima de tudo, o lugar onde ele pode ser ele mesmo — sua terra natal, o único local fixo em sua peregrinação. Em segundo lugar, é um sinal material de sua segurança. Ele é responsável por si e por sua vida".⁴ A cidade de Caim é uma reivindicação de que ele pertence a si mesmo.

Nesse sentido, construir uma cidade não é apenas uma maneira de proteger uma comunidade. É uma tentativa de rejeitar a provisão de Deus. Se Deus existe, não somos autônomos. Se ele não existe, estamos sozinhos, quem quer que sejamos.

A *quem* nós pertencemos faz toda a diferença do mundo. Se nós pertencemos a nós mesmos, somos radicalmente livres — com toda a glória e o terror que vêm disso. Mas, se pertencemos a Deus, nossa experiência de pertencimento no mundo tem limites que não escolhemos livremente. E alguns desses limites desafiaram um sistema de valores baseado na eficiência e em danos mensuráveis.

Suponhamos, por exemplo, que "unir-se a uma prostituta" (como Paulo descreve) fosse uma maneira imensuravelmente eficiente de atender às suas necessidades sexuais em meio a um casamento sem sexo e disfuncional. É mais barato do que aconselhamento de casais

---

2 Jacques Ellul, *The Meaning of the City*, trad. Dennis Pardee (Eugene: Wipf and Stock Publishers, 2003), 5.
3 Ellul, *The Meaning of the City*, 6.
4 Ellul, *The Meaning of the City*, 5.

e menos custoso emocional e cognitivamente do que consertar as coisas ou passar por um divórcio. Suponhamos também que a prostituição moderna fosse livre de violência e coerção, tivesse perdido todo o estigma social, fosse tolerada pela esposa e fosse perfeitamente seguro para a sua saúde (e talvez até beneficial para ela). Por esses critérios, de acordo com a antropologia contemporânea, seríamos forçados a admitir que o indivíduo é livre para desfrutar da prostituição. Alguns poderiam até argumentar que qualquer desconforto ou culpa que o cônjuge sentisse é uma forma de ódio contra si mesmo, uma recusa em reconhecer e abraçar a liberdade do autopertencimento — uma falha em permitir-se encontrar felicidade.

Entretanto, se Paulo está correto e nós não pertencemos a nós mesmos, não temos a liberdade de usar o corpo de outro ser humano como uma ferramenta para consumir intimidade da mesma maneira como consumimos qualquer outro produto produzido em série, não importa o quão eficiente e seguro isso possa parecer. Nossos limites não são determinados pela ineficiência, pelo dano mensurável nem mesmo pela lei, mas por aquele a quem nós pertencemos: Deus. Possuímos a agência de violar esses limites, mas fazê-lo é uma violação da realidade do relacionamento correto com o próximo e com Deus.

***

Pertencimento requer limites. A pergunta é: a quem pertencemos? Se pertencemos a nós mesmos, estabelecemos nossos próprios limites — o que significa que não temos limites exceto nossa própria vontade. Se pertencemos a Deus, conhecer e obedecer aos limites dele nos possibilitam viver da maneira como fomos criados para viver, como os seres humanos que ele nos planejou para sermos.

Os cristãos devem ser particularmente cuidadosos aqui. Aceitar limites não é a mesma coisa que aceitar que você pertence a Deus. É possível obedecer a muitos dos limites de Deus e, ainda, negar que você pertence a ele. Não há nada de contraditório em escolher por conta própria viver de acordo com uma ética sexual cristã, enquanto ainda acreditamos que somos é de nós mesmos e pertencemos a nós mesmo. Zombadores podem dizer que qualquer um que limite sua sexualidade por causa de uma lista antiga e arbitrária de regras de pureza tribais é um tolo que está perdendo toda a diversão e a autoexpressão. Mas, se esses limites foram escolhidos livremente, ainda são, fundamentalmente, uma expressão de autonomia. É dessa maneira que alguém pode facilmente pertencer à igreja contemporânea, seguir estritamente os ensinamentos cristãos sobre a sexualidade e ainda permanecer em absoluta rebelião contra a realidade de que você não pertence a si mesmo, mas a Cristo.

A ética cristã, assim como qualquer regra moral, pode ser tratada como uma escolha de estilo de vida. Depois de mudar para uma região particularmente religiosa do país, você pode escolher adotar a visão cristã tradicional a respeito do sexo, da ganância e da honestidade. Você desfruta de um senso de estabilidade proporcionado por essas coisas e beneficia-se socialmente do seu alinhamento com os valores da comunidade. Ou, talvez, depois de uma série de escolhas de vida irresponsáveis e prejudiciais, você esteja no fundo do poço e decida que sua vida precisa de algum tipo de estrutura. E a moral cristã fornece essa estrutura. Ou, talvez, a chegada dos filhos tenha mudado sua visão de mundo. Não é incomum que pais e mães comecem a frequentar a igreja para que seus filhos aprendam "bons valores".

Quando você escolhe obedecer às leis de Deus por escolha própria, eventualmente descobrirá o ponto em que seu desejo por experiências ou aquele por autoexpressão entrarão em choque com aquela lei ética. Quando esse momento chegar, você pode escolher abandonar o cristianismo como um estilo de vida inadequado ou antiquado, encontrar um estilo mais inclusivo de cristianismo ou aceitar que o cristianismo não se propõe a ser apenas um estilo de vida e, com o auxílio do Espírito Santo, negar o seu desejo. A última opção só faz sentido se você realmente pertencer a outra pessoa. Se você pertence a si mesmo, negar-se a si mesmo é tolice e talvez até mesmo um pouco abusivo. Porém, se "você não pertence a si mesmo", o que você faz com seu corpo importa. Importa até mesmo a maneira como você faz algo tão pessoal e íntimo quanto fazer amor.

As palavras de Paulo em 1 Coríntios apresentam a quem pertencemos e qual é o significado de pertencer. Não é coincidência que o adultério e a idolatria estejam tão conectados ao longo de todo o Antigo e o Novo Testamentos. A idolatria é trair seu pertencimento a Deus. Adultério é trair seu pertencimento a seu cônjuge e a Deus. Para aqueles que estão em Cristo, nossos corpos são o templo do Espírito Santo. Assim, não temos a liberdade de usar nossos corpos da maneira como queremos. Mas o mesmo Espírito que habita em nós e limita nosso comportamento também nos capacita a viver de maneira justa e humana.

Essa é uma posição radicalmente antimoderna — tanto que você pode ter se sentido desconfortável mesmo com essa breve discussão das palavras de Paulo. E tudo bem. À medida que continuarmos pensando a respeito do significado de não pertencermos a nós mesmos, peço que você se lembre dos capítulos anteriores. Lembre-se de que a nossa antropologia corrente já é profundamente desumana. A autonomia ofereceu liberdade e entregou alienação. O que a contingência pode oferecer?

Como um catecismo alemão de 500 anos pode nos ajudar

Em 1563, a faculdade de teologia da universidade de Heidelberg, atualmente na Alemanha, publicou um catecismo direcionado à educação de cristãos leigos a respeito das bases da fé cristã por meio de uma série de perguntas e respostas. O catecismo pretendia ser uma maneira memorável de compreender uma série de doutrinas chave da igreja, e, por isso, cada questão e cada resposta foi meticulosamente embasada com passagens bíblicas. O catecismo começa de maneira memorável:

P: Qual é o seu único consolo na vida e na morte?
R: Que não pertenço a mim mesmo,
mas pertenço de corpo e alma,
tanto na vida quanto na morte,
ao meu fiel Salvador, Jesus Cristo.
Ele pagou completamente por todos os meus pecados
com seu sangue precioso
e libertou-me
de todo o domínio do diabo.
Ele também me guarda de tal maneira
que, sem a vontade do meu Pai celeste,
nenhum fio de cabelo pode cair da minha cabeça;
na verdade, todas as coisas cooperam
para a minha salvação.
Por isso, pelo seu Espírito Santo,
Ele também me assegura
a vida eterna

e faz-me disposto e pronto de coração
para viver para Ele de agora em diante.[5]

Começando com uma pergunta a respeito do "consolo na vida e na morte", os teólogos de Heidelberg (o nome formal para os autores) apresentam as doutrinas essenciais da fé cristã em termos existenciais. A pergunta pressupõe que o leitor se sente *des*consolado tanto pela perspectiva de viver quanto pela perspectiva de morrer. Ela pressupõe que a vida requer algum tipo de consolo para que seja tolerável. Essa pressuposição segue o tema bíblico central do "shalom", a "paz", como um desejo humano básico.

Podemos ficar tentados a deixar essa primeira questão de lado como o produto de uma civilização que vive nas trevas do subdesenvolvimento. A Europa do século XVI não experimentava os benefícios das revoluções industrial, científica ou informacional. Os europeus não tinham a democracia, as liberdades civis e as tremendas riquezas que seriam geradas pelo livre mercado. É claro que eles precisavam de algum consolo!

Nosso próprio tempo não tem menos necessidade de consolo do que o tempo deles, apesar da surpreendente melhora nas condições econômicas que aconteceu nos últimos 500 anos. As pessoas, hoje em dia, estão obcecadas por maneiras de lidar com a vida. Não nos automedicamos porque nossas vidas estejam maravilhosas, mas porque nós precisamos de consolo para continuar vivendo. Muitas das inovações que podemos apontar como evidência do progresso da sociedade são coisas que usamos como consolo ao longo do dia. Uma boa porcentagem das outras inovações que definiram a transformação

---

5 *Catecismo de Heidelberg*, disponível no *site*: http://www.heidelberg-catechism.com/pt/. Acesso em 06/05/2022.

observada entre o século XVI e o século XXI acabaram aumentando o nosso desconsolo, em vez de diminuí-lo.

Não, a necessidade de consolo diante da vida não está restrita a um momento particular da história humana. É uma parte da experiência humana. Porém, é verdade que a necessidade de consolo se apresenta de maneiras diversas em períodos diversos. Enquanto as pessoas do século XVI procuraram consolo para lidar com os horrores das pragas e das guerras sem fim, as pessoas de hoje lutam para lidar com a perda de significado, de identidade e de propósito.

Similarmente, a necessidade de obter consolo diante da morte transpassa toda a história. Pode ser que as pessoas da Renascença estivessem mais inclinadas a temer "o que os sonhos podem trazer", como Hamlet lamenta, enquanto as pessoas modernas têm medo do fim da existência. Pode ser também que nosso medo da morte seja consideravelmente menor do que de períodos anteriores na história da civilização ocidental. Por exemplo, somos muito bons em estender a vida e em permanecermos distantes da realidade da morte. Se você é de classe média e, portanto, menos suscetível a mortes por desespero[6], é bem fácil evitar ver um corpo morto ou participar de um enterro por décadas. A morte simplesmente não está presente para as pessoas de hoje da mesma maneira como ela esteve ao longo de praticamente toda a história humana. Experimentar a morte é basicamente uma escolha para muitos de nós, até que, no final, deixe de ser.

Porém, isso significa apenas que a ansiedade da morte, que o medo de um nada repentino e eterno, transforma-se em ansiedade de viver. Será que estou vivendo uma vida plena e gratificante? Será

---

6 N. do E.: As mortes do desespero são aquelas que ocorrem em decorrência de suicídio, intoxicação por drogas ou alcoolismo.

que é o bastante? Dessa maneira, nossas tentativas de evitar a morte apenas acentuam a ansiedade que sentimos ao tentarmos viver vidas adequadas, porque inadequação significa uma vida fracassada.

"Que não pertenço a mim mesmo"

Você pode sentir-se *des*confortável com a frase "não pertenço a mim mesmo", pois ela traz à mente imagens de escravidão, controle e autoritarismo. E, ainda assim, o catecismo diz que essa é uma fonte de *conforto*.

Parte de nosso desconforto com a frase deriva de sermos criados em uma cultura que trata a autonomia como algo sagrado. Idolatramos os rebeldes, os pensadores livres, os desajustados. Nossos mitos modernos são histórias de rejeição das expectativas tradicionais para descobrir sua verdadeira e pura identidade. Como vimos, na antropologia contemporânea, ser plenamente humano é ser autônomo. A sociedade reforça essas reivindicações em suas estruturas, seus valores e suas práticas. Mas há outra boa razão pela qual vacilamos diante da frase "não pertenço a mim mesmo".

* * *

No Ocidente, a virada para a autonomia foi induzida, em parte, pelos terríveis abusos de autoridade gerados pela hierarquia, pela religião e pela tradição. Quando o rei, o clérigo e o banqueiro conspiram abertamente para nos roubar e oprimir em troca de ganhos para si, o que, eles dizem, é um direito divino que têm, começamos a duvidar da ideia de autoridade. Como não duvidar? Entre os abusos sistêmicos promovidos pela Igreja Católica Medieval (veja Dante ou Lutero) e a nobreza, cuja maneira de vida dependia amplamente das condições de vida brutais às quais os servos eram submetidos, havia razões suficientes para abraçar não apenas a democracia liberal, com sua liberdade política para o indivíduo, mas também aquilo que podemos chamar de liberalismo metafísico — a crença holística de que você pertence a si mesmo. Há uma progressão histórica que parte da autonomia política e chega à autonomia metafísica.[7] Se essa progressão é inevitável ou não, essa é uma pergunta separada. A realidade é que, à medida que os indivíduos começaram a obter liberdade política, também começaram a imaginar-se como livres de outras fontes de autoridade: Deus, a igreja, a tradição, as normas culturais, a família, a nação, a biologia e assim por diante.

É claro que abusos de autoridade não se tornaram menores desde a Idade Média. Talvez nós tenhamos menos instituições e menos indivíduos reivindicando autoridade sobre nós (embora eu não saiba como *medir* algo assim), mas ainda nos deparamos com abuso de autoridade diariamente.

A democracia liberal e o liberalismo metafísico criaram liberdades legais e nos libertaram das pressões por conformidade que tivessem origem espiritual, moral, cultural ou psicológica. Todavia, as autoridades que ainda existem parecem ter apenas mudado os seus métodos de abuso de poder. Em vez de leis estatais e eclesiásticas que regulam e limitam nosso comportamento, temos um número cada vez maior de instituições que usam a psicologia moderna, estudos de microeconomia e meios de comunicação em massa para dar "um empurrãozinho" na direção de certos comportamentos — para nos incentivar e nos pressionar a agir de certas maneiras, sem que saibamos disso. O exemplo mais óbvio é maneira como os *smartphones* dão "um empurrãozinho" para manter nossa atenção por meio de

---

7 Alain Ehrenberg, *The Weariness of the Self: Diagnosing the History of Depression in the Contemporary Age* (Montreal & Kingston: McGill-Queen's University Press, 2010), 7.

sons, vibrações e recompensando a interação. As empresas de saúde dão seu "empurrãozinho" para comermos de maneira mais saudável. O governo dá seu "empurrãozinho" para concluirmos o ensino médio e lermos para nossos filhos. As empresas dão um "empurrãozinho" para desejarmos e consumirmos seus produtos. Em lugar de termos o magistério da Igreja Católica Romana declarando definitivamente qual é a revelação de Deus, temos a comunidade científica, que interpreta e declara os *fatos*.

Por causa dessa mudança dramática na maneira como nossas vidas são limitadas por forças externas, não estou convencido de que podemos dizer que as pessoas modernas são *mais* livres do que aquelas da idade média. No entanto, podemos dizer que as pessoas modernas *se sentem* mais livres e são mais céticas com relação às autoridades, enquanto as civilizações da Idade Média e dos tempos antigos estavam mais inclinadas a acreditar que a hierarquia e a autoridade eram partes adequadas da sociedade.

Nossa postura padrão com relação às autoridades mudou. Tendemos ao ceticismo. Então, quando ouvimos a frase "não pertenço a mim mesmo", a repulsa que sentimos é, em parte, uma reação a abusos de poder reais e significativos que experimentamos em nossas próprias vidas e que aconteceram ao longo da história. Quando outras formas de lei nos oprimem, naturalmente buscamos abrigo na autonomia ou na autolegislação.

* * *

Para muitas pessoas contemporâneas, a frase "não pertenço a mim mesmo" traz à mente não abusos governamentais, nem propagandas manipuladoras, nem a falta de confiabilidade do projeto científico. O que vem à mente são abusos espirituais, emocionais, físicos ou sexuais perpetrados por figuras de autoridade. Professores, ministros, políticos, técnicos, doutores e empregadores frequentemente são pegos abusando das pessoas que estão debaixo de seu cuidado. E uma das maneiras pelas quais o abuso é perpetrado é convencendo as vítimas a acreditarem que elas não pertencem a si mesmas.

Antes que possamos considerar como a crença de que não pertencemos a nós mesmos pode nos reorientar na direção de uma antropologia verdadeira, precisamos reconhecer e lidar com o perigo bastante real apresentado por essa ideia. Uma vez que aceitarmos que não pertencemos a nós mesmos, estamos vulneráveis àqueles que gostariam de tirar vantagem disso. No entanto, a autonomia também não é uma proteção de fato contra o abuso e a opressão.

Apesar da aceitação ampla da autonomia, o mundo moderno não tem falta de figuras de autoridade abusivas. Os abusos de autoridade contemporâneos podem ser menos abertamente coercitivos, mas continuam coercitivos. Em outras palavras, a autonomia não nos livra dos abusos de autoridade; apenas muda a forma como eles se apresentam.

Mesmo assim, não podemos ignorar o fato de que "você não pertence a si mesmo" foi e será usado por abusadores para controlar suas vítimas, seja o líder de uma seita, seja um cônjuge abusivo ou um governo opressor. Sempre que você aceita que a sua vida não pertence a você, está abrindo a possibilidade para que pessoas más tirem vantagem de você de novas maneiras. Quero oferecer uma resposta geral para o problema do abuso e lidar com outras dificuldades específicas conforme elas forem aparecendo no livro.

***

Todo abuso de autoridade envolve uma figura de autoridade que deseja o seu próprio bem às custas do bem dos demais. Quando um governo pressiona seus cidadãos a lutar uma guerra injusta apelando para o dever patriótico, ele está disposto a trocar o bem de seus cidadãos por mais poder ou riquezas. Quando o líder de uma seita usa a vergonha para coagir suas seguidoras a praticarem atos sexuais abusivos, ele não deseja o bem delas. E, quando um marido afirma seu controle sobre sua esposa, como se ela fosse uma propriedade dele, ele ativamente opõe-se à pessoalidade dela.

Em cada um desses casos, a pessoa com autoridade trata a outra pessoa de maneira *instrumental*. O cidadão é uma ferramenta para que o Estado atinja seus objetivos. A seguidora é uma ferramenta para o prazer do líder da seita. A esposa é uma ferramenta para seu marido. Instrumentalizar uma pessoa é uma das características definidoras de nossa antropologia contemporânea. Quando todos nós pertencemos a nós mesmos, não temos a obrigação de pensar nos outros senão como ferramentas para nosso ganho pessoal. Porém, na contra-antropologia que estou propondo — a ideia de que não pertencemos a nós mesmos —, a mesma instrumentalização parece estar presente. Será que essa contra-antropologia também é desumana? Não exatamente. Ao contrário, deveríamos dizer que todas as formas abusivas de autoridade tratam as pessoas como menos do que seres humanos e não desejam o bem para elas.

O problema com a rejeição da soberania individual não é que, inevitavelmente, seremos roubados de nossa pessoalidade. Ao contrário, já vimos de que maneiras o *self* soberano leva às condições desumanas do mundo moderno. O perigo de rejeitar a soberania individual é que, se pertencermos a alguém que não deseja ativamente o nosso bem, seremos abusados. A razão pela qual a autonomia *parece* segura é que pensamos que podemos confiar em nós mesmos para cuidar de nosso próprio bem-estar, enquanto os outros sempre cuidarão do seu próprio bem-estar acima do nosso e, eventualmente, em oposição a nós. Sei que cuidarei de mim mesmo, mas, se eu me submeter à sua autoridade, é esperado que, eventualmente e apesar de suas melhores intenções, você vai usá-la para benefício próprio.

Uma agência governamental pode alegar que existe para servir aos cidadãos, mas, uma vez que eu precise de uma vaga de emprego, fica claro que, para a agência, sou apenas um número, uma estatística, uma oportunidade de melhorar a eficiência e de contribuir para as metas trimestrais. Posso genuinamente receber ajuda de um empregado, mas apenas a despeito da indiferença da agência.

Um ministro pode alegar que existe para discipular e cuidar das pessoas que precisam. Entretanto, ocasionalmente, o ministro parecerá estar mais interessado em *ser visto* ajudando outras pessoas do que em realmente ajudá-las. Ao menos é o que parece quando você olha para as postagens que ele faz nas redes sociais e para a marca pessoal que ele construiu.

Um marido ou uma esposa podem alegar que são devotados e fiéis a seu cônjuge, mas, eventualmente, seus próprios interesses vencerão. De fato, em um relacionamento honesto, a maior parte de sua vida de casado será feita de navegar, priorizar, sacrificar e defender os seus próprios interesses e os interesses de seu cônjuge. Mesmo em um casamento, onde você esperaria que ambos deixassem os egos de lado e, de maneira genuína e sem reservas, desejassem o bem de seu respectivo cônjuge, esse cenário só acontece brevemente, se é que acontece.

* * *

Os seres humanos são incapazes de desejar o bem de outra pessoa de maneira completa e sem reservas. Eventualmente, o egoísmo e o desejo por autopreservação nos colocam em oposição ao bem de outros, não importa o quão desapegados de nós mesmos vivamos. Somos enganados por nosso coração. Somos traídos por nosso corpo. Essa é uma razão pela qual a autonomia pessoal é tão atrativa. Pelo menos, posso confiar em mim mesmo para cuidar dos meus próprios interesses — ou será que isso é parte da maneira como sou enganado pelo meu coração?

Será que nós realmente desejamos nosso próprio bem? Se formos honestos conosco, teremos que admitir que, na média, não somos muito melhores do que os outros para desejar o que é realmente bom para nós. Regularmente desejamos experiências e buscamos objetivos autodestrutivos. Eu sei o que preciso fazer para cuidar do meu corpo, mas, mesmo assim, regularmente faço coisas que vão prejudicá-lo e fracasso na tentativa de fazer aquilo que seria benéfico para mim. Não é coincidência que comportamentos autodestrutivos quase sempre sejam também tentativas de automedicação e de conseguir lidar com a vida moderna. Algumas vezes, só conseguimos reconhecer que sabotamos a nós mesmos muito tempo depois, quando não podemos mais nos proteger nem mudar nosso destino. Somos singularmente capazes de autodestruição e de autodepreciação. Seres humanos podem tratar a si mesmos como objetos de sua própria desumanização, ao mesmo tempo que justificam esse comportamento como autoexpressão e liberdade. Seria impressionante se não fosse terrível.

Para onde isso nos leva? Se não podemos confiar em nós mesmos para desejar e buscar aquilo que é bom para nós, o que sobra? A quem nós podemos pertencer em segurança? A quem podemos confiar nossa existência sem temer abusos?

Precisamos pertencer a alguém que seja perfeitamente capaz de desejar o nosso bem enquanto deseja seu próprio bem, alguém para quem não haja conflito entre o nosso bem e o seu próprio bem (Jo 3.16, Rm 8.28, 2Pe 3.9). Nós precisamos pertencer a Cristo.

"Mas pertenço de corpo e alma, tanto na vida quanto na morte, ao meu fiel Salvador, Jesus Cristo".

O que significa pertencer a Cristo? O que os teólogos de Heidelberg estavam descrevendo quando disseram que "pertenço de corpo e alma, tanto na vida quanto na morte, ao meu fiel Salvador, Jesus Cristo"?

Primeiro, há graça comum na maneira como todas as pessoas (e toda a criação) pertencem a Cristo. Isso não é o que os teólogos de Heidelberg tinham em mente, mas não é menos verdade. Isso será útil para maneira como entendemos a antropologia cristã.

Porque fomos criados e somos sustentados intencionalmente por um Deus vivo e amoroso, sem o qual nós não poderíamos ser, pertencemos a ele. Vemos esse princípio trabalhando através das Escrituras. Por exemplo, em Êxodo 19.5, Deus diz aos israelitas: "toda a terra é minha". Nossa existência neste mundo é contingente ao trabalho ativo de Deus na criação. Você pode pensar nisso como uma forma de pertencimento existencial. É um tipo real de pertencimento, radicalmente diferente da antropologia contemporânea que exploramos nos capítulos anteriores.

Porém, os teólogos de Heidelberg tinham em vista um tipo muito mais significante de pertencimento a Cristo. Por meio da morte de Cristo na cruz por nossos pecados, sua ressurreição dos mortos e a habitação do Espírito Santo em nossos corpos, fomos trazidos para uma aliança única com ele.

Em 1 Coríntios 6.20, Paulo usa a imagem de um escravo antigo que está à venda no mercado para descrever a maneira como Cristo nos comprou por um preço. O preço implícito é a morte de Cristo na cruz. Ele não diz quem era antigo dono, mas podemos imaginar que éramos nós mesmos, escravizados por nossas paixões.

No conceito romano de escravidão, comprar um escravo era o equivalente a comprar uma "coisa" humana (uma res, como apontado por muitos comentadores).[8] Legalmente, esses escravos não tinham status de pessoas. Com algumas poucas exceções, donos de escravos tinham controle absoluto sobre seus escravos e sobre os corpos deles. Ser um escravo de um homem de alta classe era considerado uma honra e poderia resultar em uma vida razoavelmente confortável, mas permanece o fato de que, legalmente, eles eram "coisas" humanas.

Pode ser que achemos essa metáfora problemática, a depender de quão diretamente ela seja aplicada ao nosso pertencimento a Cristo. Por exemplo, a ideia de que Deus tem controle absoluto sobre nós soa desconfortável aos ouvidos modernos. Ainda mais problemático é a falta de pessoalidade por trás da ideia de "coisas" humanas. É aqui que acredito que chegamos ao limite da metáfora. Se esses versos significassem que, quando pertencemos a Cristo, ganhamos status sub-humano, de "coisas" humanas, Cristo estaria em guerra contra sua própria criação, contra sua própria imagem. E sabemos que não é assim. Então, como devemos interpretar essa passagem?

Somos escravos de Cristo no sentido de que pertencemos inteiramente a ele, assim como um escravo pertencia inteiramente a seu dono romano. Ele não é um líder que seguimos. Ele não é um empregador a

---

8 Veja Anthony C. Thiselton, *The First Epistle to the Corinthians* (Grand Rapids, MI: Eerdmans, 2000), 478. Também em Murray J. Harris, *Slave of Christ* (Downers Grove, IL: InterVarsity Press, 1999), 107.

quem vendemos nosso trabalho. Ao aceitarmos Cristo como Senhor, reconhecemos que nosso pertencimento a ele é verdadeiro e bom. No entanto, ao contrário dos senhores de escravos antigos, o senhorio de Cristo sobre nós não envolve a deformação de nossa humanidade.[9] Essa é uma característica única do uso que Cristo faz de seu poder, que contrasta com a maneira como nós o fazemos. A dinâmica de poder da escravidão humana requer que o proprietário desumanize o escravo a fim de obter dominância. Nesse sentido, ninguém pode escravizar outra pessoa sem a desumanizar. Só é possível escravizar pessoas que vejamos como antigas, condicionadas ou marginais.

O senhorio de Deus sobre seus filhos é categoricamente diferente, visto que nossa humanidade não é uma ameaça para a sua soberania. Ao contrário, ele *nos planejou* para louvá-lo e para pertencermos a ele *como pessoas*. Se Deus quisesse seres sub-humanos ou apenas coisas para servi-lo, teria feito apenas plantas e animais. Porém, não foi isso que ele fez. Ele fez a nós, seres humanos. Ao contrário de qualquer pertencimento imaginável, quando pertencemos a Cristo, pertencemos sem qualquer *apagamento* de quem nós somos. De fato, nosso pertencimento nos enobrece, fazendo-nos co-herdeiros do reino dos céus com ele.

Outra maneira de entender de que forma pertencemos a Cristo é por meio de sua morte sacrificial na cruz, por meio da qual ele nos livrou das correntes do pecado, de forma que, agora, estamos unidos a ele. Quando eu "me uno" a meus amigos para almoçar, o sentido não é de união, mas de comunhão. Eu comungo com meus amigos enquanto almoçamos. Mas ser unido a Cristo é ser

---

9 Harris observa na obra *Slave of Christ* que, sob a lei romana, os escravos eram a única "coisa" considerada humana (107).

unido a ele em sua morte e ressurreição.[10] Da mesma forma que ele morreu por nossos pecados, assim também estamos mortos para os nossos pecados. Da mesma forma que ele ressurgiu dos mortos, assim também ressurgiremos. Embora sejamos exortados a seguir a Cristo, nossa união com ele vai muito além de um tipo de mímica. Somos unidos a Cristo quando batizados em seu nome e quando seu Espírito Santo habita em nós. De uma maneira misteriosa, mas real, nossa pessoalidade é unidade com a de Cristo e nossa identidade é alterada, para que, quando Deus voltar sua face para nós, ele veja seu Filho e veja a justiça de seu Filho.

Pertencer a Cristo, então, significa habitar com Cristo, em vez de tentar existir à parte dele. Como vimos nos capítulos anteriores, nenhum de nós é capaz de viver isoladamente. As responsabilidades do autopertencimento são cruéis e impossíveis. Todos nós, sem exceção, pertencemos a Cristo como parte da criação. Todos nós devemos nosso amor a Cristo. Todos nós precisamos de sua misericórdia. Porém, nem todos nós *aceitamos* que somos criação dele e que precisamos de sua misericórdia.

Aqueles que rejeitam o senhorio e a misericórdia de Cristo continuam a pertencer a ele: é uma verdade objetiva o fato de que ele os fez e os preserva, mesmo quando eles devotam suas vidas de maneira vã à tentativa de criarem e sustentarem a si mesmos. A identidade deles está baseada em sua pessoalidade, mesmo quando eles se desgastam tentando cultivar uma imagem pública. Suas experiências têm significado, mesmo que eles pensem que são apenas emoções

---

10 A discussão a seguir a respeito da união com Cristo foi inspirada por Grant Macaskill, na obra *Living in Union with Christ: Paul's Gospel and Christian Moral Identity* (Grand Rapids, MI: Baker Academic, 2019). [Edição em português Grant Macaskill, *Vivendo em União com Cristo: O Evangelho de Paulo e a Identidade Moral Cristã* (São José dos Campos: Fiel, 2021)]

subjetivas. A injustiça, o mal, a beleza e a bondade são valores reais e perceptíveis, ainda que aqueles que negam a Cristo acreditem que se trate de afirmações arbitrárias de poder. E o lugar deles no universo é conhecido por aquele que os fez e que lhes concede fôlego, mesmo que eles pensem estar flutuando pelo espaço vazio.

Uma antropologia cristã afirma que todas essas coisas são verdadeiras a respeito dos seres humanos, mas nossos desejos cumprem-se na união com Cristo, quando aceitamos que pertencemos a ele. É exatamente aqui que encontramos consolo para a vida e para a morte.

Como isso deveria mudar as coisas?

Nossa justificação diante de Deus. Se você não pertence a si mesmo, mas a Cristo, não há nada que você possa ou precise fazer para justificar a sua vida. Todo aquele projeto de atualizar, validar, preencher, vindicar, estabelecer ou justificar a sua existência foi construído sobre a premissa falsa de que a sua existência é algo que precisa de justificação e que você é capaz de providenciar essa justificação por conta própria.

Quando alguém diz que nossas vidas não precisam ser justificadas ou que não precisamos provar nada a ninguém, o que essa pessoa geralmente quer dizer é algo como: "você é especial e importante do jeito que é". Mas especial em que sentido? Importante para quem? A única resposta possível, de acordo com nossa antropologia contemporânea, é: "especial porque só você é você" e "importante para você mesmo, pois a sua voz é a única que importa". E, assim, voltamos para o começo — as responsabilidades do autopertencimento.

Ao que parece, "você é especial do jeito que é, porque só você é você" é simplesmente uma tentativa metafísica de sair do atoleiro puxando os próprios cabelos. Porém, quando digo que a sua vida não precisa ser justificada, quero dizer algo bastante diferente. Não é que sua vida seja existencialmente válida porque você escolhe vê-la dessa forma. Não, a sua existência é boa, certa e significante porque um Deus amoroso intencionalmente o criou e continua a soprar fôlego de vida em você. Sua vida é significante, quer você escolha vê-la dessa maneira, quer não, e isso é praticamente o oposto da responsabilidade de se autojustificar.

***

Todos sentem necessidade de prestar contas da própria existência — por que estou vivo e por que isso importa? Como Ernest Becker nota, cada pessoa precisa prestar contas do milagre radical que é ter um rosto, um rosto que represente uma consciência, uma personalidade, um nome, uma história, experiências, relacionamentos, memórias e assim por diante — em outras palavras, um rosto que represente a totalidade de sua pessoalidade: "O próprio rosto de alguém pode ser divino em sua meticulosidade, mas a pessoa não possui o poder divino de saber o que seu rosto significa, a força divina de ser responsável por seu aparecimento".[11] Porém, se o cristianismo for verdadeiro, a nossa existência no mundo é fundamentalmente boa, já que o Criador nos fez e sustenta, e fomos feitos conforme a imagem dele. Você está justificado existencialmente porque a sua existência não é aleatória. Você foi criado intencionalmente. Você é sustentado intencionalmente. Em Cristo, nós vivemos, e nos movemos, e existimos (At 17.28). As únicas pessoas que teriam que justificar suas

---

11 Ernest Becker, *The Denial of Death* (New York: Free Press Paperbacks, 1973), 55. [Edição em português: *A Negação da Morte*, trad. Luiz Carlos do Nascimento Silva (Rio de Janeiro: Record, 1991)]

existências são aquelas que não foram criadas por um Deus amoroso. Estar vivo é ter uma vida justificada, uma vida de propósito.

Nossos esforços desesperados para justificarmos nossa existência estão lutando para alcançar um estado em que já nos encontramos. Mas isso não significa que não mais sentimos a necessidade de nos justificarmos. A necessidade que sentimos continua e até mesmo torna-se mais intensa, à medida que a sociedade se torna cada vez mais secularizada e as responsabilidades do autopertencimento colocam cada vez mais peso sobre nós.

Saber que a sua vida está justificada porque Deus criou e preserva a você não significa que você sempre sentirá que a sua vida tem propósito ou que você não precisa provar seu valor. Se eu tivesse que apostar, diria que os americanos na igreja evangélica não estão muito melhores do que seus vizinhos incrédulos no quesito da aceitação da própria vida como uma dádiva de Deus. Vejo a mesma ambição, a mesma luta por validação, o mesmo medo de inadequação conduzindo as pessoas tanto na igreja quanto fora dela — e até em meu próprio coração.

**

Isso levanta uma pergunta: por que sentimos a necessidade de validarmos nossa existência, quando nossa existência já é sempre boa? Se o cristianismo é verdadeiro, e não somos de nós mesmos, mas pertencemos a Cristo, de forma que nossas vidas são justificadas em virtude do fato de sermos criados e preservados por Deus, não deveríamos estar confiantes de nossa existência? Nossa inquietude e insegurança poderiam ser interpretadas como sinais de que a antropologia contemporânea sempre esteve correta: nós somos de nós mesmos e responsáveis por nossas próprias vidas.

Uma temática que descobriremos em cada implicação causada pela aceitação da antropologia cristã é que as coisas continuam bastante ruins por aí. Quase todas as pessoas que você encontrar continuarão acreditando que pertencem a si mesmas e que você não é diferente. Quase toda instituição vai tratá-lo como um indivíduo autônomo, sujeito a ser instrumentalizado e valorado de acordo com a eficiência. Quase toda loja ainda terá caixas de autoatendimento. O Instagram não vai sumir de repente quando você perceber que pertence a Cristo. Não existe mágica, mas apenas um mundo confuso, desesperado, ansioso — e Deus. Só existe técnica, desumanização, automedicação — e o amor de Cristo. Só existe a liberdade de aceitar a verdade quanto à sua existência, mesmo quando isso não muda o mundo nem conserta todos os seus problemas.

Entendo que isso pode ser frustrante. Você pode sentir que foi enganado ao ler até aqui e descobrir que não oferecerei alguns passos para tornar a sociedade melhor ou para melhorar a sua vida. Espero que você não devolva o livro nem deixe uma avaliação negativa na Amazon.

A despeito de quão conscientemente afirmemos que nossa existência está justificada por Deus, ainda assim, praticamente todas as vozes com quem você interagir continuarão dizendo: "Não. Continue lutando. Você ainda não fez o bastante. Se você desistir agora, a sua vida será um desperdício. Faça algo para que ela valha alguma coisa". Na melhor das hipóteses, a igreja será um santuário contra esse falatório idólatra, e aqui talvez seja o único lugar em que você encontrará almas que o farão relembrar que sua vida não é uma jornada em busca de significado ou de autorrealização, mas um ato de alegre participação na graça de Deus. Na liturgia da igreja, ao servirmos uns aos outros sacrificialmente, ao lembrarmos uns aos outros de que não somos de nós mesmos e ao participarmos da Santa Ceia, podemos, como comunidade, resistir à antropologia contemporânea. No entanto, as igrejas nos EUA frequentemente falham em atingir esse padrão, mesmo que tenhamos recursos tanto na tradição quanto na teologia para corrigirmos a mentira de que somos obrigados a justificar nossas próprias vidas.

Outra razão principal para lutarmos para nos justificar, ainda que já tenhamos sido justificados, é que é mais fácil aceitar a autonomia do que o fato de sermos dependentes de Deus. Não é mais fácil *viver* de forma autônoma, mas é mais fácil *aceitar* a autonomia, visto que ter limites pode parecer sufocante. Limites requerem que você negue a si mesmo. A dependência exige humildade, e é simplesmente mais fácil autoafirmar-se. O problema é que, se você caminhar na estrada da autoafirmação, não será possível parar. Você terá que seguir para sempre afirmando-se. É um fardo infernal. Mas é um fardo que todos nós rapidamente colocamos sobre nós mesmos e, então, sofremos debaixo dele. É o mesmo pecado que seduziu Adão e Eva. É a mesma falta de fé que levou Caim a construir uma cidade murada em vez de confiar nas promessas de Deus. Aqui, chegamos ao outro sentido no qual a antropologia cristã muda nossa procura por justificação.

***

Mesmo que eu aceite que a minha existência no mundo seja boa, ainda fico com a pergunta sobre se minhas ações são boas ou não. Mesmo que a criação e a preservação oferecidos por Deus forneçam justificação existencial, a necessidade de justificação moral ou teológica permanece. Minha vida é boa? Sim. Mas será que eu *vivi* uma vida boa? Será que sou uma boa pessoa? Essa é outra pergunta. E nós desejamos justificação em ambos os sentidos.

Se não somos de nós mesmos, mas pertencemos a Cristo, há um juiz moral fora de nós, acima dos modismos morais da sociedade e da afirmação positiva de nossos vizinhos. Existe um legislador, alguém que pode definir qual é o significado de uma vida justa, julgar nossas ações e intenções e, mais importante, nos oferecer um olhar de aprovação e dizer: "Eu vejo que você é justo".

O fardo de agir corretamente é singularmente humano. Esse é o único lugar em que os existencialistas estavam corretos. Temos uma liberdade de ação radical. Cada momento de nossas vidas é feito de centenas de pequenas escolhas. Algumas parecem inconscientes, mas a maioria delas é resultado de alguma escolha que fizemos para cultivar hábitos ou para atender a nossos desejos. Nascemos neste mundo, e o fato de que nós estamos vivos é bom. No entanto, o que fazer com essa vida?

Quanto mais você meditar nisto, mais vai perceber que tem poderes quase divinos para afetar o mundo. Sua escolha por sorrir para a atendente do supermercado, em lugar de simplesmente ignorá-la (uma maneira simples de amar o seu próximo), pode trazer reverberações maiores do que você poderia imaginar. Uma simples mentira pode tornar-se um grande incêndio, devorando por completo as pessoas e os relacionamentos. Cada um de nós tem a habilidade de desanimar alguém ou de esmagar seus sonhos. Há inúmeras maneiras como você pode, *legalmente*, destruir outros seres humanos. Abuse deles verbalmente até que desistam de viver. Brinque com as emoções deles e, então, zombe deles publicamente.

Se você começar a olhar de maneira honesta para o poder que as ações dos seres humanos possuem, pode ser assustador. Fazemos tantas escolhas na vida. Há tantas maneiras de pecarmos e de causarmos dano sem nem percebermos. Há tantas maneiras de odiarmos a Deus e ao próximo.

Somos muito bons em criar desculpas para nossas ações e evitar a prestação de contas a respeito de quem somos, o que fizemos e como prejudicamos outras pessoas. Mas, se você tirar um tempo para realmente ponderar essas questões, descobrirá que as consequências do pecado estão completamente fora de seu controle.

Nosso pertencimento a Deus nos dá um conjunto específico de leis para determinarmos as ações corretas, que podem ser resumidas em amar a Deus e amar ao próximo. A partir dessas duas leis, os seres humanos podem descobrir o significado de agir corretamente em qualquer circunstância. E quanto mais crescermos em sabedoria e entendimento, mais poderemos discernir e atacar o pecado em nossas vidas. Comparado com a incerteza moral da antropologia contemporânea, pertencer a Cristo nos dá o tremendo conforto de termos um horizonte moral claro. Nós sabemos como devemos agir.

**

Entretanto, o outro resultado de crescer em nosso entendimento do pecado é que descobrimos o quão pecadores somos. Descobrimos que nossa existência no mundo, a qual, em si mesma, é boa, inevitavelmente envolve machucar o nosso próximo e pecar contra Deus e os homens. O objetivo de viver de maneira justa é claro, mas a tarefa em si é esmagadora. Kierkegaard descreve isso como viver transparentemente diante de Deus. Estar diante de um Deus todo-poderoso, conhecedor de todas as coisas e perfeitamente justo pode ser assustador, e viver diante de tal Deus sem tentar esconder nossos pecados é ainda mais esmagador.[12]

Se você ainda não tentou, tente viver de maneira realmente justa — mesmo que por cinco minutos. Se você estiver indo bem, pode evitar alguns pecados sociais comuns, como ser abertamente racista, e você pode até mesmo conter algumas formas mais explícitas de lascívia, ganância ou ódio. Porém, tente, apenas tente não desejar a mulher alheia em seu coração — em hipótese alguma. Apenas tente não invejar a casa do seu próximo ou seus filhos bem-comportados. Apenas tente não sentir aquele desejo passageiro por violência quando alguém cortá-lo no trânsito.

Similarmente às responsabilidades do autopertencimento, algumas pessoas respondem ao padrão de justiça com afirmação, enquanto outras, com resignação. Os afirmadores acreditam que têm orientação o bastante quanto ao certo e ao errado e que possuem disciplina e força de vontade suficientes para serem justos. Os afirmadores podem também cair em um tipo de desespero, acreditando que, embora não possam ser justos, são obrigados a continuar tentando. Se eles tiverem um pouco mais de autodisciplina ou mesmo uma técnica melhor, talvez possam purificar a si mesmos, talvez Deus olhe para eles com amor. Eles continuam a buscar a face de Deus por meio de ações justas e disciplinadas.

Os resignados consideram seus próprios corações à luz da lei de Deus e não conseguem imaginar que terão qualquer chance de estar diante da face de Deus, perante a qual eles podem ver apenas a sombra do julgamento e da danação. Seja pela severidade de seus

---

12 Søren Kierkegaard, *O Desespero Humano: Doença até a morte*, trad. Adolfo Casais Monteiro (São Paulo: Editora Unesp, 2010).

pecados, seja por se deleitarem neles, essas pessoas estão inclinadas a ver a justiça como uma tarefa para os outros. Eles podem perder as esperanças de ser justos. Se não somos nossos, mas pertencemos a Cristo, não vivemos em um caos moral, mas a lei de Deus é tão severa que jamais seremos bons o bastante. Talvez o caos moral seja preferível à danação.

Por causa do peso do nosso próprio pecado, não podemos contemplar a face de Deus e viver. Ainda assim, não podemos viver sem que a face de Deus esteja voltada para nós de maneira afirmativa. Esse é o nosso dilema.

Ambas as posturas assumem que nossa justiça é determinada por nossas ações — se simplesmente nos disciplinarmos e desenvolvermos as técnicas corretas, poderemos ser bons o bastante ou, pelo menos, melhores do que os outros.

A realidade de estarmos diante de um Deus totalmente justo leva outros a negarem sua própria pessoa, a acreditarem que não são humanos, como se fossem autoestabelecidos e autodefinidos. Porém, isso apenas leva ao desespero, como vimos nos capítulos anteriores, e não faz deles menos do que humanos. Isso não significa que eles não estão mais diante de Deus. Significa apenas que precisam lutar a cada momento para negar que são criaturas, que sua existência é milagrosa, que são humanos e que pertencem a Deus.

Relembre a tensão que vimos entre a satisfação e o terror de pertencermos a nós mesmos. Encontramos uma tensão similar ao estarmos diante de Deus. Perante ele, temos amor e pertencimento, mas também justiça absoluta. Quem pode estar diante dele? Mas há uma diferença na tensão. A tensão de nossa antropologia contemporânea só pode ser resolvida quando o indivíduo escolhe focar em um aspecto em detrimento do outro. Então, você escolhe pensar na vida como uma grande aventura, em vez de pensar nela como um fardo impossível. Mas nada muda de fato.[13] A tensão que sentimos ao estarmos transparentemente diante de Deus é resolvida por meio de Cristo. Não por nós. Não por meio das histórias que contamos. Não por nossas palavras de afirmação ou de positividade. A morte de Cristo resolve essa tensão objetivamente, no tempo e no espaço.

Se pertencemos a Cristo por meio de seu sacrifício na cruz, a natureza do nosso desejo por retidão muda. Nós não ouvimos de Deus a afirmação "muito bem, servo bom e fiel" porque agimos retamente. Ao contrário, quando reconhecemos que não somos de nós mesmos, mas pertencemos a Cristo, quando aceitamos que Cristo morreu por nossos pecados e buscamos viver diante dele, Deus olha para nosso rosto e vê a beleza e a retidão de seu Filho. E o juiz de todas as coisas nos assegura de que somos amados, aceitos e muito estimados. Vivemos diante de um Deus pessoal, não do deus mecânico dos procedimentos ou da eficiência. As forças implacáveis, impessoais, litigiosas e esmagadoras do progresso e do autodesenvolvimento são destruídas em Cristo. As demandas da benevolência universal, que nos pede para carregar o mundo nas costas, são resolvidas em Cristo e em sua providência.[14] Desse modo, somos capazes não apenas de estarmos transparentemente diante de Deus sem medo da condenação, mas só podemos ser realmente quem somos quando estivermos ali.

* * *

13 "Partindo de pressupostos ateístas, como os de Sartre, uma responsabilidade fundamental por si mesmo não tem sentido, porque não há ninguém a quem essa responsabilidade é devida, ninguém nos impor obrigações ou para nos livrar delas". Robert Spaemann, *Persons: The difference between 'Someone' and 'Something'* (Oxford: Oxford University Press, 1996), 168. [Edição em português: *Pessoas: Ensaios sobre A Diferença entre 'Algo' e 'Alguém'*, trad. Nélio Schneider (São Paulo: Loyola, 2015).]

14 "A responsabilidade moral deve ser aliviada do peso da responsabilidade universal, e esse alívio é chamado de 'religião'". Spaemann, *Persons*, 100.

Esses dois tipos de justificação — existencial e teológica — estão profundamente interligadas. Quando você percebe que sua existência é justificada porque foi criado e é sustentado pelo amor de Deus, você também o reconhecerá como Senhor. Assim, a consciência da justificação existencial deve levar à gratidão pela dádiva que é a vida e, portanto, à justificação teológica. Qualquer um que esteja espiritualmente justificado sabe — ou deveria saber — que Cristo o sustenta cada vez que respira, o que é o maior símbolo de justificação existencial.

Uma antropologia cristã descreve nosso estado natural diante de Deus, do próximo e do mundo criado. Fundamentalmente, não somos de nós mesmos. Em vez de insistir, de forma rebelde, em uma liberdade radical, a antropologia cristã nos convida a demonstrar concordância com a bondade de nosso pertencimento a Cristo, que é o significado de entrar em uma aliança com ele. Então, nosso pertencimento toma uma trajetória bastante específica. Porque nós pertencemos a ele, Deus usa todas as coisas para o nosso bem, para nossa salvação, para nosso crescimento em união com ele.

Nossa identidade diante de Deus. Se você não pertence a si mesmo, mas a Cristo, todo o projeto moderno de formação de identidade é uma farsa. Isso significa que uma grande parte de nossa economia é baseada no mito de que precisamos ser pessoas únicas. O individualismo expressivista é a lógica por trás de muitas indústrias modernas, como o entretenimento, a moda e as mídias sociais. Essas são empresas gigantescas e que geram bilhões e bilhões de dólares de receita todos os anos com pessoas que sentem um fardo esmagador de serem vistas, a fim de que se sintam reais e significantes — pessoas para quem mentiram.

A verdade é que você sempre foi uma pessoa única, criada por Deus com um rosto, um nome, uma consciência. Mesmo sendo uma pessoa única, você também sempre existiu em relação a outras pessoas, sobretudo Deus, mas também o seu próximo e o mundo criado. Não há uma versão de você que possa ser extraída desses relacionamentos, de sua história e de seu corpo. Você está inexoravelmente atrelado ao espaço e ao tempo.

Não há uma imagem que você tenha que manter, pois você foi feito à imagem de Deus. Não há identidade para você descobrir ou criar, visto que sua identidade nunca esteve em questão. Ela pareceu estar, já que vivemos em uma modernidade líquida, mas esse sentimento não é a realidade. E você não precisa expressar sua identidade para torná-la mais sólida ou para competir em um mercado sempre maior de imagens, pois a sua pessoalidade não precisa da afirmação de outros seres humanos para ter validade.

Se isso soa familiar, é porque você provavelmente já ouviu algo assim por meio de livros de autoajuda, da boca de psicólogos pop ou na forma de conselhos de autoestima positiva. Você pode ter ouvido de um professor sincero do ensino médio que você não precisa trabalhar tão duro ou que você não precisa da aprovação dos outros. Talvez seu artista pop ou ator favorito tenham-no encorajado (juntamente com os outros fãs) a amar a si mesmo do jeito que você é.

No entanto, como vimos ao tratarmos da justificação existencial, garantias seculares de que está "tudo bem" sempre acabam sendo baseadas em nossa própria vontade, nosso próprio esforço e nossa habilidade de garantir para nós mesmos que estamos bem por acreditarmos que estamos bem. Sua identidade está segura apenas enquanto você sente que ela está segura. Ninguém além de você pode realmente afirmar sua identidade. Na verdade, o melhor que podemos fazer é lembrar uns aos outros de que cada um tem o poder de declarar que nossa identidade é boa. Em outras palavras, sua identidade é uma criação puramente subjetiva, sustentada e afirmada subjetivamente. Mas a identidade sempre clama por afirmação externa, por uma testemunha, o que é uma ótima razão para que as pessoas modernas estejam perpetuamente em uma crise de identidade.

Por um lado, somos completamente dependentes de nós mesmos para determinar, criar e afirmar nossas próprias identidades. Por outro lado, por sua própria natureza, a identidade *requer* algum tipo de reconhecimento externo. Para haver uma identidade, é necessário haver outro ser fora de você que possa olhar o seu rosto e dizer o seu nome. A dádiva da sua vida assume tanto um benfeitor quanto um recipiente. Porém, uma vez que começamos a depender de outras pessoas para reconhecer e afirmar nossa identidade, ela torna-se incerta, mudando conforme os caprichos das outras pessoas. Penso que é por isso que a maioria de nós revira os olhos sempre que somos encorajados a nos "aceitarmos", ou a "acreditarmos" em nós mesmos, ou a "sermos quem quisermos ser". Esses são apenas refrões vazios de autoestima que não refletem a realidade de que precisamos de algum tipo de afirmação externa. Autoafirmação é simplesmente insatisfatória. Nós precisamos de uma testemunha.

***

Há uma versão cristã da postura de afirmação que também fracassa no embasamento de nossa identidade. Cristãos, algumas vezes, falam de sua identidade em Cristo como uma resposta a sentimentos de insegurança ou a uma crise de identidade. Você pode ouvir um ministro religioso encorajá-lo a não "encontrar sua identidade no trabalho" (ou na beleza, nas riquezas, na educação ou em qualquer outro ídolo), mas, em vez disso, encontrá-la em Cristo.[15]

Há uma verdade importante nisso: na modernidade líquida, tentaremos todo tipo de meio para estabilizar nossa identidade. Como apontado por Zygmunt Bauman, um líquido só pode ser temporariamente forçado a assumir uma forma, assim como nossas identidades podem ser solidificadas apenas temporariamente na modernidade líquida.[16]

Imagine que você agora é um litro de água. Você é infinitamente maleável. Outros podem tentar impor algum formato a você, mas você é, fundamentalmente, um líquido. Você pode colocar a água em um copo (uma identidade), para que o líquido assuma uma forma; mas a água não *se torna* sólida, a não ser que esteja congelada.

É verdade que pessoas modernas, presas a um *self* que é mais parecido com água do que com gelo, tendem a tentar obsessivamente vários tipos de copos para dar forma a nossas vidas. Você pode "encontrar sua identidade" na busca por força física, ou na defesa de alguma causa de justiça social, ou em alguma teologia, ou em um estilo de música — vários tipos diferentes de copos.

O perigo para os cristãos que exortam os outros a encontrarem sua identidade em Cristo é que a maioria das pessoas modernas têm um entendimento secular do conceito de identidade, que está enraizado naquela antropologia contemporânea, segundo a qual a identidade tem mais a ver com estilo de vida e imagem do que com pessoalidade. "Cristo" torna-se apenas mais uma identidade melhor. Se você ainda estiver despejando água em um copo, você só tem que achar o copo *certo*.

---

15 Agradeço a Matthew Anderson por chamar minha atenção para a maneira genérica como os evangélicos usam a frase "identidade em Cristo": https://mereorthodoxy.com/trouble-with-talking-about-our-identity-in-christ/.

16 Zygmunt Bauman, *Liquid Modernity* (Malden: Polity Press, 2012), 8. [Edição em português: *Modernidade Líquida*, trad. Plínio Dentzien (Rio de Janeiro: Zahar, 2021).]

Há diversos problemas sérios com esse conselho. Por exemplo, o que exatamente significa ter uma identidade como a de Cristo? Certamente, ser um discípulo de Cristo nos dá um conjunto de regras morais e uma comunidade. Podemos até mesmo dizer que o cristianismo nos oferece uma cosmovisão completa. Contudo, a moralidade, a comunidade e a cosmovisão não são *identidade*. Elas podem contribuir para nossa identidade, mas elas não são a nossa identidade.

Uma identidade necessariamente inclui um nome e um rosto. Eu *sou* O. Alan Noble. Pode haver outras pessoas chamadas O. Alan Noble no mundo, mas, para falar comigo, você precisa dizer o meu nome e olhar para o meu rosto. Quando você fizer isso, está referindo-se a uma pessoa (com uma consciência, um corpo e uma história) que teve certas experiências, carrega certas memórias e de quem se pode dizer que tem uma "cosmovisão bíblica".

Mas, ao se dirigir a mim, você não está se dirigindo à minha cosmovisão, moralidade, comunidade ou sequer à soma de todas essas coisas. Acontece que todas essas "identidades" que experimentei, todos os copos nos quais derramei a mim mesmo, não são identidades sólidas. Se o cristianismo é apenas um copo diferente, mesmo que seja um copo melhor, minha "identidade" em Cristo é apenas mais um estilo de vida.

Quando encorajamos as pessoas a encontrarem sua identidade em Cristo, o que frequentemente queremos dizer é que todos os outros copos que escolhermos para conter nossa identidade são ídolos que jamais poderão nos dar a identidade sólida que desejamos. Isso é verdade, mas é igualmente verdade que, se considerarmos o cristianismo apenas como um copo diferente, ele não é melhor que os outros. Na verdade, ele pode tornar-se um ídolo tanto quanto os demais.

***

O tipo de afirmação da pessoalidade da qual estou falando quando menciono a antropologia cristã é radicalmente diferente da postura de afirmação secular e de chamados para "encontrar sua identidade em Cristo" que não desafiem a concepção moderna de identidade.

Se você é de si mesmo e pertence a Cristo, sua pessoalidade é uma criação real, objetivamente sustentada por Deus. E, como uma criação de Deus, você não tem obrigação de criar a si mesmo. Sua identidade está baseada na vontade perfeita de Deus, e não em sua própria vontade subjetiva e incerta. Todos os seus esforços para forjar uma imagem perfeita e adequada para o mercado não acrescentam nada à sua personalidade. As opiniões dos outros não o definem, não porque a sua opinião é a única que importa, mas porque você não pode ser reduzido a *nenhum* esforço humano que tente defini-lo. Deus é o único ser que pode conhecê-lo e compreendê-lo completamente, sem o reduzir a um estereótipo ou a um ídolo.

Isso não significa que você não tenha um "*self* verdadeiro". Você tem. Contudo, você não precisa carregar o peso de criar o seu próprio *self*. Vivemos como nosso verdadeiro *self* quando estamos, a cada momento, transparentemente diante de Deus. Como Kierkegaard nos relembra: A tarefa do *self* é "tornar-se a si mesmo, algo que só pode ser feito em um relacionamento com Deus".[17] Isso significa saber que somos um espírito tanto quanto um corpo. Significa viver à luz da eternidade sem, porém, obliterar a vida terrena. Significa saber que somos uma criação miraculosa, um dom puro dado por um Deus amoroso. Significa que temos limites, que temos deveres, obrigações e mandamentos a obedecer. Significa que somos contingentes e

---

17 Kierkegaard, *The Sickness Unto Death*, 59. [Edição em português: *O Desespero Humano: Doença até a Morte*, trad. Adolfo Casais Monteiro (São Paulo: Editora Unesp, 2010).]

dependentes de Deus. Sempre que nos imaginamos como seres autônomos, sempre que, como Caim, lutamos para ser completamente autossuficientes e negar a mão de Deus em nossas vidas, não estamos apenas pecando; estamos em negação de como as coisas realmente são. Na visão de Kierkegaard, essa negação é, fundamentalmente, desespero. Nosso impulso contemporâneo para sermos autênticos pode encontrar seu cumprimento em ativamente escolhermos reconhecer que pertencemos a Deus e estamos diante dele.

No livro *Being disciples: essentials of the Christian life*, o teólogo anglicano Rowan Williams captura o entendimento cristão de identidade:

> Você tem uma identidade não porque inventou uma ou porque você tem um núcleo duro e imutável em seu *self*, mas porque você tem uma testemunha a respeito de quem você é. Aquilo que você não entende nem vê, as partes de você que você não consegue juntar em uma história convincente, são mantidos em união por um único olhar amoroso. Você não precisa trabalhar para finalizar quem é e foi; você não precisa estabelecer a verdade absoluta de sua história. Aos olhos da presença que nunca vai embora, tudo o que você foi e é ainda está presente e é real; e isso é mantido unido naquele olhar unificador.[18]

A identidade humana assume e requer uma pessoa externa que possa reconhecer e afirmar quem somos, que possa dizer o nosso nome, olhar para o nosso rosto e nos dizer que a nossa existência é

---

18 Rowan Williams, *Being Disciples: Essentials of the Christian Life* (Grand Rapids, MI: Eerdmans, 2016), 29.

boa. Essa não pode ser uma declaração genérica nem uma platitude qualquer. Quando vemos alguém vestindo uma camiseta que diz "o mundo precisa de você!", ninguém se sente seriamente reconhecido e afirmado. Quando um *YouTuber* famoso diz para seus espectadores jovens e vulneráveis que todos eles "são lindos do jeitinho que são", eles só podem sentir-se afirmados se fantasiarem que aquilo foi dito pessoalmente para eles, face a face. No entanto, a fantasia rapidamente se dissipa. Como uma fogueira que está apagando, a fantasia requer atenção constante e mais combustível para continuar queimando. Essa é uma das razões pela qual *YouTubers* e celebridades que têm adolescentes inseguros como seu público-alvo costumam ter fãs obsessivos e viciados.

Para sabermos que estamos bem, precisamos de reconhecimento e afirmação de alguém que nos conheça. Desejamos ser realmente conhecidos e amados por sermos quem somos, e não pela imagem de nós mesmos que criamos, ou pela imagem de nós mesmos criada por outras pessoas, ou por uma imagem genérica de um ser humano com certos direitos inalienáveis e certas potências. Queremos ser reconhecidos como realmente somos. É por isso que enfatizei a importância do seu nome e do seu rosto.[19]

Não é coincidência que umas das bênçãos mais comuns na tradição cristã inclua a imagem de Deus olhando para o nosso rosto. Em Números 6.24–26, o Senhor dá a Moisés uma benção para Arão e seus filhos:

---

19 "Pessoas têm rostos pelos quais são conhecidas pelos outros. As pessoas existem umas para as outras e, portanto, existem apenas no plural". Spaeman, *Persons*, 134. [Edição em português: *Pessoas: Ensaios sobre Aa Diferença entre 'Algo' e 'Alguém'*, trad. Nélio Schneider (São Paulo: Loyola, 2015).]

> O SENHOR te abençoe e te guarde;
> o SENHOR faça resplandecer o rosto sobre ti
> e tenha misericórdia de ti;
> o SENHOR sobre ti levante o rosto e te dê a paz.

A repetição do pronome de segunda pessoa (te/ti) e da ideia de Deus interagindo face a face conosco enfatiza a natureza pessoal da bênção de Deus. O Deus da Bíblia é um Deus que ama as nações, os povos e as pessoas. É apenas em Deus que podemos encontrar alguém que pode nos conhecer sem qualquer engano e, ainda assim, nos amar. Nossa identidade está baseada no olhar amoroso de Deus. Quando estamos transparentemente diante de Deus, abandonando nossos esforços de autoestabelecimento, confessando nossos pecados e aceitando a sua graça, sentimos esse olhar amoroso sobre nós.

* * *

Se a metáfora do *self* líquido e dos copos de identidade é uma analogia para nossa defeituosa antropologia contemporânea, qual é a alternativa? Qual é a metáfora que descreve a visão cristã da pessoa humana como uma pessoa que tem uma identidade?

Precisamos começar com o fato de que nossa pessoalidade, nosso *self* não é líquido. Assim, precisamos encontrar uma identidade que nos solidifique e ofereça um formato e definição para quem somos. Certamente, *experimentamos* nossa identidade como líquida, uma vez que nossa sociedade diz que somos assim, mas isso não é verdade. Como Rowan Williams aponta, experimentamos a nossa identidade em fragmentos incompletos e fluidos. Porém, essa não é a verdade objetiva a respeito de nós.

Você continuará a duvidar de sua identidade. Você continuará a questionar quem é e quem deveria ser. As propagandas continuarão a cultivar suas inseguranças. Nossas histórias culturais continuarão a retratar a crise de identidade como conflito fundamental de nossas vidas. As mídias sociais continuarão a pressioná-lo para uma perpétua e ansiosa autoexpressão. A vida ideal ainda parecerá ser uma identidade autocriada e autossustentada. A conspiração para promover uma antropologia falsa continuará a permear a nossa sociedade. Mas você pode nomear essa realidade e relembrar tanto a si mesmo quanto a outras pessoas que isso é uma mentira — uma mentira maldita. Talvez isso pareça apenas um conforto pequeno, mas não acho que seja.

Em *De volta para o futuro*, Marty McFly assiste horrorizado ao desaparecimento da imagem de um dos seus parentes lentamente de uma foto. Ele altera a história, e a existência daquela pessoa se esvai. É dessa maneira que alguns de nós se sentem acerca da própria vida. Nossa imagem é conjectural, especulativa, sujeita a desaparecer, ser cancelada, tornar-se irrelevante ou misturar-se, até que sejamos praticamente indistintos das outras pessoas. A vida é um processo de tornar nossa imagem mais definida e atraente, de atrair o olhar dos outros para que eles testemunhem a nossa imagem. A antropologia cristã desarruma completamente essa ideia de identidade. A sua verdadeira identidade não é uma imagem projetada publicamente que requer manutenção, melhorias e otimizações regulares.

A sua identidade é quem você é diante de Deus, a sua pessoalidade, a sua existência no mundo. Nossa tendência é conceber a nossa vida e a nossa identidade como coisas relacionadas, mas separadas. Temos vida no sentido de que não estamos mortos. No entanto, temos uma identidade válida no sentido de que obtivemos êxito em definir a nós mesmos em oposição a todas as outras pessoas. Dessa maneira, nossa identidade é dependente de competirmos continuamente com outras pessoas e de nos apresentarmos sempre em oposição aos outros. Mas, se a antropologia cristã é verdadeira, nossa identidade é reconhecida por um Deus vivo, e não é preciso que eu compita com os outros para sentir que sou uma pessoa real. Nunca foi o fato de eu me destacar que me fez ser real, mas o fato de que estou diante de Deus. A minha identidade sempre esteve segura precisamente porque fui criado por Deus — o mesmo Deus que dá testemunho da minha vida.

Nosso significado diante de Deus. Se não somos de nós mesmos, mas pertencemos a Cristo, o significado não é uma história que criamos para dramatizar nossas vidas. O significado é inerente à criação e às nossas experiências, e, quando interpretamos o mundo corretamente, mesmo que apenas em vislumbres rápidos, participamos de uma verdade que transcende a nós mesmos.

O amor que sinto por minha família não é simplesmente um sentimento, mas um reconhecimento de que a família é algo bom, de que a vida de cada um dos indivíduos é boa e de que há beleza em nossa comunidade íntima. "Família" significa a sinceridade de um cartão de dia dos pais feito à mão pela minha filha mais velha, Eleanor. Significa que meu filho, Quentin, fala mais rápido quando fica animado ao fazer bolo de banana comigo. Significa saber que, quando a minha filha mais nova, Franny, vem me abraçar, ela se sente tão segura quanto jamais se sentirá neste mundo. Significa fazer minha esposa, Brittany, rir quando o estresse da vida é insuportável. Significa levar muito mais tempo do que necessário para escrever este livro, porque fiz pausas para ler para meus filhos. "Família" significa um esforço constante para lembrarmos uns aos outros do amor e da graça de Deus.

Cada uma dessas verdades que dão sentido à minha participação particular na "família" tem uma realidade objetiva fundamentada no caráter e na revelação de Deus, por meio de sua Palavra e da criação. E, se eu não visse essas experiências como cheias de sentido, não importaria. Elas continuariam tendo sentido, continuariam sendo partes significativas do universo ordenado por Deus, quer eu perceba, quer não. Mas sou abençoado quando consigo vê-las.

Será que realmente importa se experimento isso como uma realidade além das minhas emoções? Será que realmente perco algo significativo se a minha interpretação da "família" for puramente fruto da minha imaginação? Há muito em jogo nessas perguntas. Para muitos pensadores modernos, sentido é apenas algo que alguém sente. Eles admitem que nossa sociedade está passando por uma "crise de sentido".[20] E praticamente ninguém duvida dos benefícios trazidos quando há sentido para as coisas. As pessoas que sentem que a vida é sem sentido são atraídas pelo suicídio e por outros comportamentos autodestrutivos.

Todavia, se tudo o que importa é que você pense ou sinta que a sua vida tem sentido, a sociedade pode simplesmente descobrir novas maneiras de aumentar esses sentimentos. Ellul acredita que é exatamente isso que a sociedade faz. A fim de manter a produtividade, o trabalhador moderno "precisa que o façam sentir uma comunidade de interesse; a ideia de que o seu trabalho tem sentido social precisa ser inculcada nele".[21] O que importa é o "sentimento", a "ideia", e não a realidade. Para esses pensadores, a crise de sentido levanta a

---

20 É o que Johann Hari (*Lost connections*), Anne Case e Angus Deaton (*Deaths of despair*) e Emily Esahani Smith (*O poder do sentido*) argumentam, cada um com suas peculiaridades.

21 Jacques Ellul, *The Technological Society*, trad. John Wilkinson (New York: Vintage Books, 1964), 351.

pergunta: quais métodos (técnicas) podemos usar para sentirmos que temos sentido? E as respostas são quase sempre as mesmas: encontre uma comunidade, seja vulnerável, conecte-se com a natureza, encontre um trabalho que lhe dê agência, cuide da sua saúde e assim por diante.

Não gostamos de pensar que o sentido é algo que está apenas em nossa cabeça, mas, desde que não nos lembremos conscientemente de que o sentido é completamente relativo, não é tão ruim assim. Se você disser que a minha interpretação de "família" é apenas algo que sinto em minha cabeça e que não reflete qualquer verdade a respeito da realidade, mas é apenas o resultado da minha personalidade, das reações químicas no cérebro, de impulsos evolutivos e assim por diante, posso ficar tentado a dar um soco na sua cara. Porém, se abraçarmos nossos sentimentos como "significativos para nós" e evitarmos pensar neles como mitos úteis, talvez sejamos capazes de colher muitos dos benefícios sociais e interpessoais trazidos por eles.

***

Vamos aplicar um exercício mental que chamo de "teste de drogas". Ele é útil para revelar a lógica interna de qualquer solução para nossa crise contemporânea (perda de sentido, valor ou pertencimento, crise de identidade etc.). Alguém desenvolve uma droga que dá ao usuário a sensação biológica e emocional de que sua vida tem sentido. Os efeitos colaterais são mínimos. Existe alguma perda nisso?

Pense no trabalho. Um dos aspectos desafiadores de viver no Ocidente contemporâneo é o sentimento de que seu trabalho é, na melhor das hipóteses, inútil e, na pior, danoso. Pense sobre quantos produtos não são apenas desnecessários, mas inúteis. Se você pudesse agitar uma varinha mágica e destruir todas as cópias de certos filmes, será que o mundo perderia algo? Pense a respeito de todos os itens dos supermercados que poderiam ser eliminados em um piscar de olhos, sem que ninguém ficasse pior sem eles, mas que muitos ficassem melhores. Muito de nossa economia é dedicada a desenvolver, produzir e vender coisas que são completamente esquecíveis, sem sentido e até mesmo prejudiciais.[22]

De certa forma, é um testemunho à eficiência do mundo industrializado que meus filhos possam voltar para casa com uma sacola de "lembrancinhas" de uma festa de aniversário, dentro da qual há cinco brinquedos de plástico, pelos quais eles vão brigar, mas com os quais nunca vão brincar de fato, pois serão jogados fora (assim espero) em menos de três dias. Alguém projetou aqueles dinossauros de plástico. Alguém construiu uma fábrica e as máquinas necessárias para produzi-los. Alguém operou a fábrica e as máquinas. Alguém anunciou os brinquedos. Alguém os transportou. Alguém os colocou em estoque. E, quando eles forem jogados fora, alguém talvez os coloque em um navio *de volta* para o país de origem, onde eles ficarão apodrecendo em um lixão por mil anos. No fim das contas, evitaria muito desgaste se os fabricantes os levassem direto para o lixão. Nossa sociedade é tão eficiente que podemos produzir vastas quantidades de qualquer porcaria. O melhor que podemos dizer a respeito disso é que, pelo menos, as pessoas envolvidas nesse processo tiveram uma fonte de renda.

---

22 Estou seguindo o argumento de David Graeber em seu ensaio "On the phenomenon of bullshit jobs: a work rant", publicado na revista *Strike!*, agosto de 2013, https://www.strike.coop/bullshit-jobs. Esse ensaio foi posteriormente expandido em um livro chamado *Trabalhos de merda: uma teoria* (São Paulo: Edições 70, 2021).

Contudo, trabalho é mais do que apenas ter uma fonte de renda. Nós almejamos um trabalho que tenha sentido, que faça algo de bom para o mundo, que tenha dignidade. Nem todos precisam ser médicos ou enfermeiros, mas queremos saber que nosso trabalho importa. Pensar que nosso trabalho seja parte de uma espécie "jogo dos três copos"[23] global é, para ser sincero, bastante deprimente. Muitas pessoas sofrem com a sensação de que seus trabalhos são sem sentido.

De volta ao teste de drogas.

Vamos imaginar que a nova droga faz com que você sinta que o seu trabalho é relevante. Graças a diversas técnicas novas, o preço dessa droga é baixo o bastante, e o aumento de produtividade nos funcionários que tomam essa droga é alto o bastante para que o dono da empresa pague para que seus funcionários obtenham a receita médica necessária para a compra. Você ainda estaria vendendo dinossauros de plástico de brinquedo pelos quais as crianças rapidamente perderiam o interesse e que, sem qualquer cerimônia, logo seriam jogados no lixo. Mas, agora, você *sente* que esse trabalho é importante. Psicologicamente, você tem um sentimento de realização e orgulho quando concretiza a venda. Seus olhos brilham. Você se sente menos cansado. Você sorri. Seria errado?

Esse "teste de drogas" não é totalmente hipotético. Para começo de conversa, a indústria farmacêutica é enorme, e a demanda por medicamentos que tratem males específicos (falta de atenção, ansiedade, falta de libido) está crescendo cada vez mais. Embora eu duvide que haverá uma pílula mágica que faça com que as pessoas sintam que seu trabalho tem sentido, não é difícil imaginar uma pílula que remova as

---

23 N. do T.: "Jogo dos três copos" (*shell game*) é um jogo de azar comum ao redor do mundo em que uma pessoa desafia outra a adivinhar dentro de qual dos três recipientes está determinado objeto. A pessoa manuseando os recipientes manipula o jogo de modo a enganar o apostador.

inibições e as ansiedades que acompanham aqueles que têm um trabalho sem sentido. Nós já temos essas pílulas: são os antidepressivos.

Além disso, mesmo quando aqueles que criticam o uso excessivo de medicamentos oferecem uma solução para nossa crise de sentido, eles focam na criação de condições nas quais seja estatisticamente mais provável que alguém *sinta* que seu trabalho tem sentido. Porém, ambas as estratégias são basicamente as mesmas. Ambas tratam a sensação como se ela fosse aquilo que estamos procurando.

Quer o dono da fábrica decida melhorar a iluminação, pendurar pôsteres motivacionais e chamar os funcionários de "colaboradores" para que eles sintam que produzir dinossauros de brinquedo é um trabalho com significado, quer ele resolva usar medicamentos para obter o mesmo resultado, o trabalho pode continuar sendo o mesmo.

A capacidade da nossa sociedade de modificar nossas percepções e emoções sem modificar as condições que deram origem aos nossos sentimentos será cada vez maior. Se sou de mim e pertenço a mim mesmo, e se o sentido é apenas uma construção em minha cabeça que é usada para tornar a vida mais suportável, na medida em que lhe confere uma aparência de ordem e direção, não há qualquer razão para eu não tomar um remédio ou usar alguma outra técnica que forneça a mim um senso de sentido.

Mas aqui está o problema: eu me importo com que meu trabalho seja realmente significativo. Eu me importo com que a alegria que sinto quando estou com minha família reflita uma realidade mais profunda a respeito da existência. Prefiro me sentir sem propósito em meu trabalho, mas saber que ele é importante de fato a sentir que meu trabalho é importante, mas saber que, na verdade, ele é totalmente sem propósito.

Se eu não sou meu, mas pertenço a Cristo, o sentido que experimento na vida tem uma existência objetiva quando ele reflete corretamente a verdade a respeito de Deus, da criação e do meu próximo. A segurança que minha filha sente quando me abraça reflete a verdade transcendente de que o próprio Deus cuida dela. Mesmo que eu esteja muito ocupado jogando em meu celular para perceber o significado do seu suspiro de contentamento quando ela se acolhe debaixo dos meus braços no sofá, aquele momento ainda fala a respeito da natureza da realidade. Se Deus quiser, prestarei atenção àquela natureza, escolhendo estar presente naquele momento e agradecendo a Deus pela sabedoria que vem daí. Mas, mesmo que eu não preste atenção, o momento ainda está lá e ainda é fundamentalmente bom. Quando tiro o cabelo que caiu no rosto de minha esposa enquanto ela dormia, sinto o calor da pele dela e sei que ela está ao meu lado na cama, que a pessoalidade dela, embora distinta, se acha unida à minha por meio do casamento, que o rosto dela é o rosto de alguém que amo e que me ama de volta, isso é real. E, se você puder replicar esse sentimento com uma droga ou por meio de manipulação emocional ou psicológica, prefiro não sentir nada. Ou minha experiência de sentido reflete, de alguma forma obscura, o ser real do mundo, ou eu, de todas as pessoas, sou a mais digna de pena.

Nossos valores diante de Deus. Se não somos de nós mesmos, mas pertencemos a Cristo, os valores que dão forma à nossa cultura e às nossas vidas estabelecem limites legítimos sobre nós. Ainda resta a dimensão pessoal da moralidade, mas que está sempre baseada na existência de outro, a saber, Deus, conforme revelado a nós por meio de sua Palavra e de sua criação. De algumas maneiras, esses limites são um pouco restritos, não por serem injustos ou desumanos, mas porque qualquer limite para nossa liberdade absoluta é custoso.

Limites requerem que neguemos a nós mesmos, que é o oposto da proposta da antropologia contemporânea.

Nossas preferências pessoais quanto à beleza, justiça, benignidade e assim por diante precisam adequar-se aos padrões perfeitos de Deus. Porém, esses padrões também nos dão embasamento para agirmos corajosamente, para nos sacrificarmos, para nos deleitarmos na beleza sem que haja dúvidas, para realmente desfrutarmos as boas dádivas desta vida. E. de maneira ainda mais importante para nosso momento da história, nosso pertencimento a Cristo significa que a eficiência não pode ser o valor guia das atividades humanas.

Vimos, em 1 Coríntios 6.19-20, como o apóstolo Paulo usa o nosso pertencimento a Deus para determinar como devemos honrá-lo com nossos corpos no sexo. Isso pode ser a parte mais desconfortável de uma antropologia cristã para as pessoas contemporâneas. De todas as experiências humanas, o sexo parece ser o domínio mais seguramente privado dos indivíduos. A ideia de que nossa expressão sexual deve ser formada por alguém fora de nós mesmos parece ser uma violação de nossa soberania individual. Como Charles Taylor aponta, "para muitas pessoas hoje, deixar de lado o seu próprio caminho para conformar-se a algum tipo de autoridade externa simplesmente parece não fazer sentido como uma forma de vida espiritual".[24] Conformar-se a um padrão externo de sexualidade parece particularmente incompreensível.

Mas isso é um erro. O sexo sempre foi formado por alguém fora de nós mesmos. Por sua própria natureza, o sexo envolve a autodoação de um homem e de uma mulher. Apenas se o sexo for concebido como uma técnica para prazer pessoal ou para obtenção de poder

---

24 Charles Taylor, *A Secular Age* (Cambridge, MA: Belknap Press, 2007), 489. [Edição em português: Charles Taylor, *Uma Era Secular* (São Leopoldo/RS: Unisinos, 2010).]

é que podemos afirmar, razoavelmente, que ele deveria ser inteiramente privado e livre de quaisquer limites e obrigações externos. E o sexo como um prazer pessoal ou como demonstração de poder é uma perversão. É uma forma empobrecida de amor físico, "pequena, e sem sentido, e fazedora de tristeza".

O sexo só é verdadeiramente bom quando é um ato de autodoação no qual entramos desejando o bem do cônjuge, dentro da santidade de um casamento. Em vez de termos técnicas sexuais melhores, nosso sexo deveria ser definido pela prodigalidade — um tipo de autodoação alegre, superabundante e que não é restringida pela produtividade ou pela performance, sempre excedendo aquilo que é estritamente necessário. No casamento, um homem e uma mulher não são de si mesmos, mas pertencem um ao outro, em um reflexo turvo, mas extasiante do que é nosso pertencimento a Deus. Assim como nossa autodoação comprometida, devotada e amorosa cria as bases para o sexo, também nossa entrega, comprometimento e devoção a Deus em amor cria as bases para a nossa vida.

No capítulo 3, argumentei que a pornografia contemporânea é a epítome da condição moderna. A pornografia é o único espaço em que nos dizem que podemos cumprir todos os nossos desejos. Mas, como vimos, desejo infinito é uma doença, não uma dádiva. Ficamos vazios, viciados e nos sentindo inadequados. Aceitar que não somos de nós mesmos também tem um preço. Se o "sim, você pode" é a lei sexual em uma sociedade pornográfica, para a qual nós, a contragosto, permitimos algumas poucas exceções, o "não, você não pode" é a lei sexual na criação, para a qual Deus sancionou algumas belas exceções.

A antropologia do "você não é de si mesmo" não é fácil nem livre de sacrifícios. Em algumas medidas, é a maneira menos eficiente de se viver. Haverá momentos em sua vida nos quais você será obrigado a negar algum prazer, alguma intimidade, algo ou alguém genuinamente amável, porque você não é de si mesmo, mas pertence a Deus e, por meio dele, pertence a sua família e a seu próximo. Pode ser até mesmo que, depois de anos de casamento, você encontre alguém que ama você mais e com quem você teria uma vida mais prazerosa e um casamento mais compatível. Há muitas pessoas lindas e fascinantes no mundo, e qualquer um que diga o contrário é um tolo.

Mas, para estarmos diante de Deus, não temos a liberdade de abandonar nossas responsabilidades e promessas quando o amor esfriar, ou quando a amizade se tornar difícil, ou quando a paternidade for pesada, ou quando cuidar dos pais idosos for embaraçoso. Não devemos nos submeter a relacionamentos abusivos, e há bases bíblicas genuínas para o divórcio e para cortar certos relacionamentos. No entanto, você não é livre para seguir qualquer desejo que tenha. Não importa o quanto você queira, quão gostoso seja, quanto você esteja perdendo, quanto apoio você encontre socialmente, devemos aceitar nossas responsabilidades para com Deus, nossa família e nossos vizinhos.

Para alguns de nós, as obrigações para com outros exigirão que toleremos a solidão, que aceitemos a abstinência por um período ou até mesmo por toda a vida, que vivamos onde não queremos viver, que trabalhemos em um trabalho de que não gostamos, que estejamos dispostos a abrir mão de confortos que amamos, que deixemos para trás sonhos e paixões honrosas, que soframos fisicamente, que deixemos de receber agradecimentos e reconhecimento, que emprestemos dinheiro sem expectativa de retorno, que deixemos nossos direitos serem violados. De uma forma ou de outra, seremos chamados à renúncia de nossos desejos e à afirmação da graça e da providência divinas, mas nunca de maneira resignada. A renúncia é feita em afirmação, e não em resignação.

Mencionei anteriormente neste livro que observei, entristecido, o aumento no número de amigos e conhecidos que abandonaram a esposa e os filhos em troca de relacionamentos mais "prazerosos" ou mais "autênticos". Há muitas maneiras de abandonarmos nossas obrigações. Alguns pais abandonam seus filhos trabalhando o tempo todo. Algumas pessoas abandonam seus amigos quando a amizade se torna custosa. Alguns tratam sua igreja como um serviço social prestado em troca de dízimo, em lugar de vê-la como um corpo vivo de fiéis unidos a Cristo. Pertencer a Deus coloca limites em nossas vidas. Algumas vezes, esses limites são difíceis de aguentar. Não é fácil estar diante de Deus, mesmo com a graça. Vez após vez, precisamos deixar de lado nossos desejos pecaminosos, mesmo aqueles que estão bem perto do nosso coração, e viver sacrificialmente. Não quero mentir para você. É uma vida difícil.

***

O que ganhamos quando somos aliviados de nossas responsabilidades do autopertencimento para estarmos debaixo do peso da autonegação? Liberdade. Quando o fardo não é um legalismo hipócrita, mas amores corretamente ordenados, negar a si mesmo a realização de desejos concede-lhe a liberdade de deleitar-se na bondade que está diante de você.

Esther Greenwood era radicalmente "livre" para escolher qualquer figo da árvore, mas isso apenas tornou a escolha impossível. Você é radicalmente livre para deleitar-se nas dádivas que Deus lhe deu sem a ansiedade, o arrependimento, a angústia e a paralisia gerados pela possibilidade de escolha infinita. Parte desse deleite vem diretamente do fato de que essas dádivas são contingentes, do fato de que Deus deu a você uma dádiva específica para um momento específico de sua vida. E, porque ele a deu a você, a dádiva é boa. Você não precisa se preocupar, imaginar ou sonhar com todos os outros figos, mulheres, amigos, talentos, carreiras, experiências, filhos ou qualquer outra coisa que você *não* tenha. Eles não importam.

Essa é uma ideia radical. Boa parte de nossa cultura está focada em fazer com que nos sintamos descontentes e inadequados. Vivemos em um estado perpétuo de "eu só preciso...", porque nossa sociedade hipercompetitiva cultiva em nós um vício em autodesenvolvimento e porque as pessoas compram mais bugigangas, quando pensam que precisam de mais bugigangas. Se você é seu, isso faz sentido. Você continuará tendo que adquirir coisas para preencher a si mesmo e dar algum peso à sua pessoalidade no mundo. Mas, mesmo que você possa adquirir muitas coisas e experimentar vários prazeres, você não é livre para realmente amar tudo isso.

O amor requer presença. O amor não pode estar sempre olhando adiante ou para os lados. Por que será que, quando alguém olha intensamente em nossos olhos e diz que nos ama, sentimos arrepios? O seu corpo reconhece que esse "eu te amo" tem um significado diferente dos outros. Quando uma pessoa olha em seus olhos, ela está prestando atenção *em você*. Ela está concedendo a presença dela à sua presença, em vez de correr para o futuro.

O amor requer que estejamos quietos e tenhamos alegria na bondade desse momento. E, se não somos de nós mesmos, mas pertencemos a Cristo, temos liberdade para fazer exatamente isso. Você não precisa provar nada. Você não precisa adquirir mais. Você não precisa pesar suas opções e avaliar o que talvez esteja perdendo. Você está livre para estar presente e atentar para a dádiva que está diante de você, seja seu cônjuge, seus filhos, uma canção, uma conversa agradável com um amigo, seja o vento nas árvores.

Obviamente, isso não é eficiente. A eficiência exige que estejamos sempre buscando a melhor opção disponível. Ela pergunta: será que você poderia usar esse tempo de maneira mais produtiva? Será que essa é a melhor pessoa para casar-se? Será que meu filho não pode se sair melhor do que isso? Será que essa é a melhor carreira para mim? Será que olhar para essa árvore é um bom uso do meu tempo, quando ainda não mandei aquele e-mail para o meu gerente?

Contudo, esse é o ponto. O reino da técnica nos rouba das dádivas que Deus nos dá e nos deixa em um ambiente desumano. Não somos livres para amar qualquer coisa, porque sempre há algo mais. Mas, se você não é de si mesmo, pode haver (e há!) valores maiores do que a eficiência, como o amor, a gratidão, a beleza e a bondade. No final, deleitar-se na dádiva que você tem é muito mais libertador do que ficar desejando qualquer tipo de dádiva inadequada que você possa imaginar.

Aprender a amar o corpo bastante humano de seu cônjuge, aprender a deleitar-se no sexo que é contingente à saúde, aos níveis de estresse e aos sentimentos de segurança e amor torna o sexo mais humano, e não menos. Isso submete o prazer sexual a limites humanos, em vez de submeter o corpo humano a um uso instrumental. Isso é ineficiente, em nome do amor e da beleza. Como vimos em nossa discussão a respeito de pornografia, seria mais eficiente apelar para a pornografia quando o corpo do seu cônjuge começa a envelhecer ou quando você deseja algo "novo". Seria mais eficiente para você apenas masturbar-se quando seu cônjuge está sobrecarregado demais com a vida para estar disponível. No entanto, para tratar seu cônjuge, a si mesmo e a seu próximo (nesse caso, todos aqueles cujas imagens pornográficas estão disponíveis para você) como plenamente humanos, em lugar de vê-los como meras ferramentas, você precisa amá-los ao negar esses desejos. Esse sacrifício só faz sentido se se você não é de si mesmo.

E aquilo que é verdade para o sexo no casamento é verdade para a beleza das amizades, da natureza, de nossos corpos, da arte e todas as outras coisas boas da vida: quando rejeitamos a eficiência como nosso metavalor, somos livres para encontrar deleite naquilo que é contingente, quebrado, envelhecido, incompleto, mas, ainda assim, uma dádiva de Deus para nós.

***

A alternativa cristã para a técnica é a *prodigalidade*, que requer de nós fé para permanecermos quietos, para entregar nosso futuro a Deus. Vivemos de maneira pródiga quando agimos de acordo com o amor, a bondade ou a beleza, em vez de, primariamente, conforme a eficiência. O cálice que transborda que Deus dá a Davi no Salmo 23 é um cálice pródigo. Falando de maneira estrita, não há necessidade de encher um copo até que ele transborde. O perfume caro que Maria usa para ungir os pés de Jesus é pródigo. Como Judas observa em João 12, um uso mais eficiente do perfume seria no alívio da pobreza. Nossas próprias vidas são pródigas. Deus não precisava nos criar. Porém, ele o fez, e isso era e é bom.

Isso não é dizer que devemos ser ineficientes apenas em nome da ineficiência. Isso é tão desumano quanto ser eficiente apenas em nome da eficiência. Prodigalidade significa simplesmente uma maneira de ser no mundo que assume a certeza da existência de Deus, de sua bondade e providência, livrando-nos, então, das responsabilidades do autopertencimento, para que possamos alegremente estar presentes. É algo pródigo, já que, do ponto de vista da perspectiva secular contemporânea, isso parece um desperdício; você não está primariamente focado em se está ou não "ganhando", "lucrando" ou "progredindo" por meio da ação.

Um modelo dessa prodigalidade pode ser visto em uma obra curta, mas brilhante de Josef Pieper, intitulada *Leisure: the basis of culture*. Já mencionei a crítica de Pieper à nossa cultura do "trabalho total", o qual ele atrela ao vício da acédia, uma rejeição incansável da vida diante de Deus. No mundo contemporâneo, a acédia costuma ser justificada por meio de técnicas e progresso. Para resistir a toda uma cultura viciada em acédia e na técnica, Pieper nos chama para o lazer. Embora pessoas contemporâneas sejam bastante boas em tirar férias e em nos entreter, somos péssimos no lazer, no sentido que Pieper dá ao termo — porque o lazer acontece em absoluta confiança em Deus e em sua providência: "O lazer só é possível se for assumida a premissa de que o homem consente com a sua própria natureza e permanece em acordo com o sentido do universo".[25] Posto de outro modo, somos capazes de experimentar o lazer — o descanso verdadeiro — quando podemos estar diante de Deus e aceitar que não somos de nós mesmos.

Para pessoas modernas, o lazer frequentemente envolverá escolher, intencionalmente, não usar todas as conveniências, opções, tecnologias e poderes disponíveis para nós. Na linguagem de Ellul, "o homem concordará em não fazer tudo aquilo que é capaz", o que soa como o oposto do entendimento que a maioria

---

25 Josef Pieper, *Leisure: The Basis of Culture*, trad. Alexander Dru (San Francisco: Ignatius Press, 1963), 48.

de nós tem de prodigalidade.[26] Podemos pensar na prodigalidade como esbanjar ou desperdiçar recursos, mas a prodigalidade cristã é o ato de submeter a eficiência à influência de outros valores mais altos. Podemos pensar que o lazer nos leva a fazer aquilo que é mais confortável fisicamente, mas o lazer cristão é a prática de deleitar-se com gratidão na criação de Deus sem se preocupar com o que é mais fácil, mais simples ou mais barato.

Talvez estudos tenham provado que se sentar na varanda e ler para seus filhos melhora o vocabulário deles em cinco pontos percentuais (acabei de inventar isso), mas ler como parte do lazer é ler para eles na varanda porque o clima está agradável, porque você ama seus filhos e o livro é bom. Pode ser que jardinagem reduza o estresse e ajude o meio ambiente; porém, você cuida do jardim desocupadamente quando aproveita a sensação de ter terra nas mãos, aprecia o sabor de tomates frescos e a beleza de um canteiro de flores bem cuidado. Em um negócio, liderança pródiga pode envolver o pagamento de licença parental porque os filhos são uma dádiva de Deus, e não porque o benefício atrairá funcionários melhores. Pode envolver fechar aos domingos, mesmo que isso cause perdas consideráveis nas vendas. Novamente, algumas dessas ações tem "benefícios mensuráveis", mas agir de maneira pródiga é tomar decisões baseadas no amor, na bondade e na beleza, em vez de baseá-las na eficiência, na produtividade e no lucro. Embora seja reconfortante justificar nosso prazer com base em benefícios mensuráveis, Pieper alerta que "é impossível engajar-se no lazer para fins de saúde. ... O lazer não pode ser experimentado quando é buscado como um meio para outros fins".[27]

---

26 Jacques Ellul, "The Ethics of Nonpower," in *Ethics in an Age of Pervasive Technology*, ed. Melvin Kranzberg (London: Routledge, 1980), 193. Kindle.
27 Pieper, *Leisure*, 72.

Agir de maneira pródiga também significa que você não sente necessidade de (ou, pelo menos, não se sente impelido a) documentar suas ações, a fim de provar o seu desenvolvimento a outros por meio das mídias sociais. Com frequência, nossas motivações para algumas atividades são o benefício que obteremos quando os outros nos virem. Preparar um jantar delicioso porque é delicioso, e não para postar no Instagram, é lazer. Assistir a um bom filme porque ele é bom, e não para postar sua opinião no Twitter, é lazer. Do ponto de vista da nossa sociedade, há algum desperdício em agir assim. Queremos saber que há um benefício claro e demonstrável. Se for de outra forma, assim como o irmão mais velho da parábola do filho pródigo (Lc 15.11-32) ou como Judas, quando Maria quebrou seu jarro de perfume caro para lavar os pés de Jesus (Jo 12.1-8), nós nos tornamos cada vez mais amargurados quanto ao desperdício.

Se somos de nós mesmos, precisamos justificar tudo o que fazemos. Precisamos saber que estamos otimizando, competindo e melhorando. Mas, se não somos de nós mesmos, mas pertencemos a Cristo, as coisas podem ser simplesmente boas. E isso é o bastante.

***

Uma antropologia cristã explica minha experiência diária de significado, que inclui, mas transcende a minha experiência pessoal e que afirma que "sentir" que há sentido não é a mesma coisa que ter sentido de fato. Uma antropologia cristã explica melhor o sentimento de alegria que experimento quando ouço uma bela música. Explica melhor o sentimento de amor que sinto por outras pessoas. Explica melhor meu desejo por justiça. Entre a existência de sentido e a validade de um valor, o cristianismo explica melhor as partes da vida que têm mais significado para mim. Sei das explicações alternativas para o desejo de justiça que sinto diante da horrenda maldade humana. Sei de que maneira os prazeres da música podem vir de intervalos musicais específicos, de normas culturais e das minhas memórias. E sei de que maneira o amor pode ser explicado por meio da biologia e a da psicologia evolutiva. Contudo, cada uma dessas explicações necessariamente entregam uma versão empobrecida de alguma parte essencial da minha vida. Desse modo, pertencer a Cristo não nega ou rejeita as coisas boas do mundo. Ao contrário, pertencer a Cristo me relembra de que essas coisas boas não apenas fazem com que me sinta bem. Elas são realmente boas.

Nosso pertencimento diante de Deus. Se não somos de nós mesmos, mas pertencemos a Cristo, não somos livres para pertencer a qualquer lugar ou a qualquer pessoa que quisermos. Temos limites e obrigações. Entretanto, também nunca estaremos perdidos. Não importa o quão incerto, confuso e alienante o mundo se torne, nunca estaremos perdidos.

Uma característica definidora do nosso momento da história é que temos uma tremenda liberdade para escolher nosso local de pertencimento. A sociedade fornece a tecnologia e as leis para nos unir e para nos separar quantas vezes quisermos da família, do lugar, da comunidade, da religião e assim por diante. Se somos de nós mesmos, é apenas justo que nossos compromissos sejam compromissos "até novo aviso". Uma antropologia cristã pede muito de nós porque nos nega o direito liberal moderno de definirmos nossas próprias comunidades e compromissos. Nossos compromissos mais significativos não são aqueles que escolhemos, mas aqueles que nos são dados: a igreja, a família e o lugar.

Ninguém escolhe seus pais ou a história de sua família. Essas coisas nos são dadas. E nenhum pai ou mãe deveriam ser capazes de escolher que tipo de filhos teriam. Os filhos nos são dados. Somos dados uns aos outros. Esses laços familiares naturais e básicos colocam obrigações sobre nós, independentemente de quais sejam nossas preferências. Isso não significa que você deva aturar abusos ou submeter-se cegamente aos desejos de sua família para a sua vida. Por favor, não entenda dessa forma.

A maneira específica como suas obrigações familiares se apresentarão para você depende das circunstâncias e das formas específicas do seu relacionamento. Porém, não é uma escolha *ter* obrigações e *pertencer* a eles de alguma maneira mínima. É um fato do mundo. A maioria dos americanos tem uma probabilidade maior de errar por negar nossas obrigações familiares do que de sofrer abusos decorrentes dessas obrigações. No entanto, há muitas exceções a essa regra geral. Várias culturas presentes nos EUA ainda retêm um alto grau de respeito pela família, e, em culturas assim, o maior perigo é ter que lidar com abuso em nome da família. Precisamos ser sábios.

O mesmo pode ser dito a respeito do corpo de Cristo. Seguir a Cristo, reconhecer que você pertence a ele e que ele morreu por seus pecados requer aceitar a obrigação de pertencer à igreja. E, se você passar tempo suficiente na igreja, saberá que esse compromisso não é uma cruz fácil de carregar. As pessoas nos decepcionam. É muito mais fácil cortar vínculos e correr sozinho, quando pertencer é desagradável, dolorido e desconfortável.

Enquanto você pertencer à igreja, será machucado. Você terá que aprender a amar pessoas que tem uma aparência diferente da sua, que têm interesses, paixões e línguas diferentes. Você terá que, sacrificialmente, apoiar pessoas que, em um meritocracia estrita, não "merecem" a sua compaixão ou a sua ajuda. Você terá que se submeter à liderança dos presbíteros. Você terá que se superar e sair de dentro da própria cabeça. E talvez o mais difícil seja fazer tudo isso enquanto rejeita a mentira de que é seu amor e serviço que o tornam reto, importante, ou justificado. Você foi justificado porque Cristo é justo. Você ama e serve porque ele o amou e serviu.

De maneira parecida com relacionamentos familiares, o seu pertencimento a uma igreja específica não significa que você deva aturar abusos ou abrir mão de sua razão, de seu discernimento e de sua vontade. Deus lhe deu um desejo por justiça e uma mente, para que você possa nomear o mal e tomar decisões sábias. Mas, mesmo quando o pecado e as circunstâncias o compelirem a sair de determinada congregação local (uma decisão que deve ser tomada com temor e tremor), você ainda pertence ao corpo de Cristo, à igreja universal.[28] Você ainda tem a obrigação de cuidar de outros crentes, pregar a Palavra e comprometer-se com uma comunidade local de cristãos.

Em menor medida, pertencemos ao local onde vivemos. Nossa antropologia contemporânea tende a passar a impressão de que o lugar ao redor de nós é apenas uma ferramenta para o autodesenvolvimento. Se somos de nós mesmos, o mundo natural e a arquitetura da cidade têm valor apenas se podemos usá-los para nossa vantagem. Por exemplo, pode ser vantajoso que eu cuide do mundo natural para que as calotas polares não derretam e alaguem o estado da Flórida. Todavia, fundamentalmente, não *devo* nada à criação.

Contudo, se o relato cristão acerca das pessoas humanas estiver correto, o lugar onde estou importa. Ao habitar em um lugar, estou estabelecendo um relacionamento com ele que traz laços e

---

[28] N. do T.: apesar de "universal" ser o nome próprio de uma igreja específica no Brasil, esse termo é amplamente usado para referir-se à igreja de Cristo como um todo.

obrigações. Não tenho a liberdade de me alienar ou me separar do ambiente físico, assim como o espaço físico não pode negar minha presença. Pode haver situações que justifiquem que eu deixe um lugar e me comprometa com outro, mas, assim como devemos fazer ao considerar deixar uma igreja ou distanciar-se da família, deveríamos tomar essas decisões com tremor e oração. Deus nos criou como seres móveis. Não há nada inerentemente errado em mudar-se por causa do trabalho. Porém, se pertencemos a Cristo, nosso padrão deveria ser o compromisso com nossas famílias, nossos amigos, nossas comunidades, com os lugares em que estamos e com a igreja. Pertenço a esse lugar, mesmo quando isso é difícil.

De novo, a antropologia cristã não leva a uma vida sem dor. Ela requer que aceitemos nosso lugar no mundo. Podemos mudar de cidade, deixar igrejas abusivas e cortar relações com familiares tóxicos, mas devíamos ver cada uma dessas ações como um desvio trágico da maneira como as coisas deveriam ser, e não como uma oportunidade de expressar nossa individualidade ou de nos tornarmos nosso verdadeiro *self*.

Pertencer a um lugar não envolve apenas compromisso com a comunidade e com o próximo, mas também um esforço de viver no ambiente natural. Ellul nota que um dos aspectos desumanizadores do mundo moderno é que vivemos quase que inteiramente em um *habitat* artificial:

> O ser humano foi feito para respirar o bom ar da natureza, mas o que ele respira é um composto obscuro de ácidos e fuligem. Ele foi criado para um ambiente vivo, mas mora em um mundo lunar, feito de pedra, cimento, asfalto, vidro, ferro fundido e aço. As árvores murcham e perdem a cor

entre as fachadas de pedra estéreis e cegas. ... O homem foi criado para ter espaço para se mover, para contemplar longas distâncias, para viver em salas que, mesmo quando fossem pequenas, se abrissem para os campos.[29]

Hoje em dia, é possível viver em um local específico, ser completamente ignorante e permanecer imune às influências das qualidades criacionais únicas daquele espaço. Mas nosso pertencimento a Cristo não permite indiferença ao seu maravilhoso trabalho de criação. Cresci nos altos desertos da Califórnia, e uma das experiências mais comuns e deprimentes era o aparecimento repentino de casas suburbanas com suas cores brilhantes e seus gramados verdes cercados por altos muros. Para além dessas paredes, a vastidão do deserto se espalhava, com suas árvores retorcidas, seus pequenos arbustos e suas lebres. A "cidade" era um alienígena naquela terra, e eu era capaz de *sentir* que era uma presença estranha, mesmo enquanto crescia.

Talvez não sejamos capazes de impedir a construção de casas alienígenas à terra nem de proteger o ambiente das indústrias, nem de fazer nossas cidades mais naturais e amigáveis aos pedestres. Entretanto, pertencer a Cristo nos compele a resistir e a defender uma vida vivida na presença da beleza que existe no poderoso trabalho de Deus na criação.

Temo que esta seção, assim como minha discussão sobre valores, deixará muitos leitores incomodados. Eu talvez o esteja introduzindo a obrigações e compromissos que você desprezou no passado. Aceitar que você pertence à sua família quase certamente resultará em machucados e em ser passado para trás por outras pessoas. Aceitar que você pertence à igreja quase certamente fará com que você

---

29 Ellul, *The Technological Society*, 321.

fique vulnerável e custará tempo e recursos que você poderia usar de maneira mais eficiente para seu benefício próprio. Aceitar que você pertence ao lugar onde vive o forçará a se importar com seus vizinhos, quando seria muito mais fácil rejeitar aquele lugar e mudar-se dali. Esta última implicação é particularmente para jovens que cresceram acreditando que poderiam mudar-se para onde quisessem, para buscarem qualquer carreira desejassem. O que aconteceria se começássemos a encorajar os jovens a levar em conta as necessidades da *comunidade onde estão* quando fossem explorar suas opções de carreira? É preciso bastante coragem e sacrifício para aceitar que você pertence a outras pessoas e para servi-las de forma correspondente.

Mesmo que a antropologia cristã envolva obrigações que não escolhemos, elas são categoricamente diferentes das responsabilidades do autopertencimento. Como vimos no capítulo anterior, as responsabilidades do autopertencimento estão, por sua própria natureza e acima de tudo, sob nossa responsabilidade. Em segundo lugar, elas são sempre cumpridas inadequadamente, não importa o quanto tentemos. E, em terceiro, elas são usadas para justificar nossas vidas. Isso significa que o sucesso depende de superarmos, por conta própria, uma tarefa impossível.

Porém, as obrigações que surgem naturalmente do pertencimento adequado às pessoas e aos lugares (quer os tenhamos escolhido, quer não) não são cumpridas para que nossas vidas sejam justificadas e não estejamos sós. Porque pertenço à minha família, sou livre para servi-la, sem a mentira de que meu serviço me torna mais importante ou determina o meu lugar nela. Sirvo *porque* pertenço, e não *para* que eu pertença.

***

Pertencer a Deus, à igreja, às nossas famílias, à nossa cidade e ao próximo é difícil e limitante, mas é também reconfortante. Considere a maneira como as pessoas usam a frase "nós precisamos de você". Quando alguém que conhecemos está lutando com ideações suicidas, talvez encorajemos essa pessoa lembrando-a de que "nós precisamos de você" ou de que "o mundo precisa de você". Tal afirmação implica uma obrigação entre nós; implica que não podemos decidir tirar *nossa própria vida* porque *não somos de nós mesmos*.

Por que será que achamos a afirmação "nós precisamos de você" tão reconfortante? Afinal, ela coloca um fardo sobre nós, limitando nossa liberdade de existirmos de forma autônoma. Se outras pessoas precisam de nós, e se isso é algo que *importa*, não deveríamos experimentar essa necessidade como uma limitação? De fato, em alguns casos, é exatamente assim que experimentamos a dependência que outros têm de nós.

Pais e mães sentem essa tensão uma hora ou outra — que a dependência dos filhos limita radicalmente a liberdade deles. Contudo, penso que esses inconvenientes são exceções. Para começar, a inconveniência costuma ser temporária. O pai ou a mãe que têm pensamentos amargurados a respeito de um filho recém-nascido que restrinja sua vida social ou carreira geralmente reconhecem a vaidade e o egoísmo desses pensamentos. Pode ser que você precise olhar para o bebê dormindo no berço ou pegá-lo carinhosamente no colo enquanto ele dá risada, mas relacionamentos de dependência e obrigação adequados não são vividos como limitações injustas de nossa liberdade, a não ser em momentos de fracasso pessoal.

Se realmente somos de nós mesmos, a frase "nós precisamos de você" é só uma maneira de manipular as pessoas, a fim que elas tenham uma sensação de pertencimento e, assim, não cometam suicídio. Porém, se pertencemos a Cristo, a frase é verdadeira. Realmente precisamos uns dos outros. Dentro da igreja, cada um de nós precisa dos outros membros do corpo de Cristo. Em menor grau, mas, ainda assim, de maneira significativa, também pertencemos ao próximo que está fora da igreja. Somos chamados a amá-lo, a habitar com ele em paz e a buscar os interesses deles (Fp 2.4). "Precisamos" dos de fora no sentido de que dividimos obrigações com eles, sejam relativas à família, sejam concernentes à cidade ou à nação. Pertencer a alguém além de nós mesmos é um conforto.

* * *

Viver em uma sociedade de alta tecnologia e de ultramobilidade formada por indivíduos soberanos e onde as normas estão em constante mudança (modernidade líquida) é ser assombrado por sentimentos de desorientação e desequilíbrio. Falando profeticamente a respeito do significado da "morte de Deus" para a humanidade, o homem louco de Nietzsche questiona: "Para onde você está se movendo? Para longe de todos os sóis? Não estamos afundando continuamente? Para trás, para os lados, para frente, em todas as direções?"[30] Nietzsche viu que a perda de Deus como crença fundamental na Europa resultaria em desequilíbrio, pois a antiga ordem do universo seria retirada e substituída por uma ordem privada, imposta sobre o mundo por cada um de nós. Sentimo-nos como se estivéssemos livres de amarras, flutuando no espaço. Somos livres para nos movermos, mas incapazes de tocar o solo.

---

30 Friedrich Nietzsche, *The Gay Science*, trad. Walter Kaufmann (New York: Vintage Books, 1974), 181. [Edição em português: *A Gaia Ciência*, trad. Paulo César de Souza (São Paulo: Companhia de Bolso, 2012).]

Todos os laços parecem sedutores e incertos. Nosso lugar no mundo parece especulativo e sujeito a mudanças. Imaginamos se poderemos realmente pertencer e como poderemos saber que pertencemos. Nossa ansiedade quanto ao pertencimento nos torna altamente sensíveis aos defeitos, às traições e às decepções que fazem parte de todos os esforços humanos de formar comunidades. Não ficamos surpresos quando um amigo nos trai, mas a traição nos faz questionar se, um dia, poderemos pertencer a algum lugar de maneira segura.

Uma antropologia cristã não nos protege de tais defeitos, traições e decepções. Ela não é capaz de fazer isso. No entanto, saber que não somos de nós mesmos, pois pertencemos a Cristo desde já, para sempre e com certeza significa que nosso lugar em meio à criação está seguro. Podemos até não nos *sentir* subjetivamente seguros. Podemos duvidar de nós mesmos. E ainda lutaremos para viver em uma sociedade que, a todo momento, mina o comprometimento e o pertencimento. Mas nós pertencemos a ele *objetivamente*.

Esse pertencimento objetivo, que significa pertencer diante e por causa de Deus, é completamente diferente daquele proposto por Brené Brown, de pertencer simultaneamente a todo lugar e a lugar nenhum.[31] Para Brown, pertencemos a qualquer lugar a que escolhamos pertencer, mas também pertencemos a lugar nenhum, visto que pertencemos a nós mesmos, e apenas em nós mesmos podemos encontrar o pertencimento que desejamos.

A natureza do pertencimento, assim como a natureza do significado e da identidade, é pertencer *a alguém ou a algo*. Encaixar-se em

---

31 Brené Brown, *Braving the Wilderness: The Quest for True Belonging and the Courage to Stand Alone* (New York: Random House, 2019), 40. [Edição em português: *A Coragem de Ser Você Mesmo: Como Conquistar o Verdadeiro Pertencimento Sem Abrir Mão Do Que Você Acredita*, trad. Guilherme Bernardo (Rio de Janeiro: Best Seller, 2021).]

uma comunidade requer a existência de uma comunidade. Se estivermos sozinhos nas regiões desertas, que é o conselho dado por Brown, então, na melhor das hipóteses, só poderemos pertencer ao deserto.

Todavia, pertencer a Cristo significa que sempre há um ser diante de quem nos encontramos. Significa que não importa o quão desorientadora a sociedade se torne, não importa quão deslocados estejamos em um mundo inconstante, o Deus do universo nos conhece. Ele sabe precisamente onde estamos. Isso também não é apenas uma abstração teológica. O corpo de Cristo aqui na terra é a igreja. Quando você aceita o seu pertencimento a Cristo e o sacrifício dele por seus pecados, você está unido ao corpo dele. Você tem um lugar, um papel, um propósito dentro de uma comunidade que atravessa o tempo e o espaço. As instituições humanas vêm e vão, as comunidades formam-se e, depois, se desintegram, as congregações crescem e murcham. Porém, a sua união com Cristo permanece segura.

A prática da graça

A essa altura, tudo isso pode começar a soar repetitivo, pois encontramos por acaso diversas verdades a respeito da vida que o nosso mundo contemporâneo tinha obscurecido. Não que essas sejam verdades novas. Longe disso. Elas são muito, muito antigas. Reconhecer a antropologia cristã tem basicamente a mesma implicação para cada esfera da vida: somos sustentados apenas pela graça. Quando aceitamos a graça de Deus, em lugar de negá-la e de lutar por autossuficiência, a sustentação de cada uma das ansiedades contemporâneas é removida. Mas, como continuamos a viver em uma cultura que afirma dogmaticamente que somos nossos e pertencemos a nós mesmos, continuaremos a experimentar essas ansiedades. Então, enquanto a nossa sociedade for construída e sustentada por uma ideia falsa a respeito da humanidade, os seres humanos ficarão desgastados sob o peso da desordem. Quando você nada contra a corrente da natureza, é inevitável que engula água. Você tem um controle bastante limitado dessa desordem, mas tem algum controle sobre a sua resposta, que deveria ser graciosa.

Somos radicalmente contingentes a Deus para nossa criação e preservação. Nossa contingência a Deus nos livra para nos deleitarmos na criação como ela é — e isso inclui a nós mesmos. Nesse sentido, a vida é uma longa prática de aceitação da graça. Podemos começar com a graça comum da criação, mas essa graça nos convida a ir adiante, em direção à maior e mais verdadeira graça de Deus: o perdão dos pecados e a nossa união com Cristo. Ao aceitarmos o sacrifício de Cristo por nossos pecados, reconhecemos nossa necessidade de redenção e nossa incapacidade de redimirmos a nós mesmos. Ao aceitarmos nossa união com Cristo, reconhecemos que nunca fomos autônomos de fato.

A afirmação secular oferece algo que alega ser uma esperança incondicional, mas sempre depende de que forneçamos a nós mesmos afirmação, baseados exclusivamente em nossa própria vontade, e isso nunca satisfaz por muito tempo. Ou nos submetemos à tirania da técnica (trabalho total, autodesenvolvimento perpétuo, sucesso etc.), ou nos autodeclaramos pessoas boas, por meio de um decreto pessoal. Ambas as estratégias, em algum momento, desaguam na resignação, quando o trabalho total nos deixa quebrados ou quando nossas afirmações pessoais se revelam vazias.

Nossa contingência radical — o caminho da graça — não nos livra da obrigação de viver de maneira reta, mas muda os termos de nossa obrigação ética. Viver corretamente diante de Deus é uma maneira de viver honestamente no mundo, de ser o seu verdadeiro *self*. Isso não justifica a sua existência ou define a sua identidade. É, na verdade, um derramamento da verdade, a graça posta em prática.

6
O QUE PODEMOS FAZER?

Aqui, você talvez espere que eu introduza meus "cinco passos para mudar a sua vida, aceitando que você não é de si mesmo". No entanto, como este não é um livro de ficção, não farei isso.

Seria um alívio se os problemas descritos nos capítulos anteriores pudessem ser consertados simplesmente mudando a maneira como você pensa a respeito de si mesmo. Porém, a premissa deste livro é que o dano causado por nossa falsa antropologia é muito maior do que a soma de nossas crenças individuais. Se todos nos EUA repentinamente reconhecessem que não são de si mesmos, mas pertencem a Deus, ainda teríamos os sistemas, as instituições, as práticas e as ferramentas que foram desenvolvidas para o *self* soberano, e não levaria muito tempo até que estivéssemos de volta ao ponto de partida. Não conseguiremos "evangelizar" esse problema. Não podemos voluntariar uma saída. Precisamos de um milagre.

Nosso desejo por um programa de autodesenvolvimento, um método pessoal para aceitarmos que não somos de nós mesmos, é, em si mesmo, um sintoma do problema. Acreditamos que podemos usar a técnica para resolver os problemas de uma sociedade governada pela técnica — no entanto, como descobrimos, isso não funciona.

Porém, entender nosso tempo pode nos ajudar. Quando você percebe como a antropologia contemporânea molda nossos desejos, forma nossa sociedade e nos leva à depressão e ao desespero, você está mais capacitado para resistir a essa influência. Há tremendo poder na habilidade de nomear as coisas corretamente e chamar as responsabilidades do autopertencimento pelo que elas são: mentiras. Essa pode ser uma boa fonte de conforto. O fardo de ser alguém, de viver a vida de maneira plena, de estar sempre repetindo, otimizando e competindo — quando observamos essas coisas pelo que são, elas perdem um pouco do seu poder.

Mas este é o problema: a dona de casa que nomeia e denuncia a mentira de que o sentido na vida está inteiramente atrelado ao sucesso na carreira ainda vive debaixo de um governo que a vê como alguém de menor valor. Ela ainda vive com vizinhos que acreditam na mentira e que julgam as suas escolhas de acordo com a mentira. Ela ainda está exposta a infinitas técnicas para melhorar a criação de seus filhos, para cozinhar melhor, ter uma postura ou uma vida sexual melhor, e cada uma dessas técnicas reforça a ideia de que ela é um fracasso e é incapaz de atingir o padrão esperado. Ela ainda faz compras em lojas cheias de produtos de plástico malfeitos e descartáveis que acabam em lixões e foram fabricados por pessoas em outro continente, cujas vidas ela é incapaz de imaginar e que trabalham em condições raramente dignas ou humanizadas, trabalhos que são tolerados porque colocam comida em casa.

Acreditar que você não é de si mesmo, mas pertence a Deus é realmente um consolo tanto na vida quanto na morte. É nosso único conforto real. Todos os outros são derivativos. Entretanto, conforto não é paz. E, enquanto nossa sociedade estiver baseada em uma antropologia falsa, viveremos em uma profunda tensão. O leão continua no zoológico, mesmo depois que descobre que essa não é sua casa verdadeira.

* * *

Como vivemos em uma sociedade governada pela técnica e inspirada por um espírito de afirmação, sabemos exatamente o que fazer quando identificamos um problema na vida:

1. Defina o problema;
2. Explique por que ele existe;
3. Desenvolva uma solução direcionada;
4. Implemente a solução.

Em formas mais avançadas de solução de problemas, esses passos são cíclicos, e continuamente testamos nossos diagnósticos e avaliamos a eficiência de nossa solução até que tenhamos eliminado as imperfeições e "consertado" o problema.

Quero começar este capítulo convidando-o a reconsiderar nosso modo padrão de responder aos problemas. Muitos problemas podem ser eficientemente resolvidos por meio de uma análise e avaliação cuidadosas e com itens de ação. Por exemplo, esse é basicamente o método que eu usaria para consertar uma torneira pingando ou para redigir uma lei que simplificasse o sistema de impostos. Mas alguns problemas não podem ser solucionados com a obtenção de mais dados e desenvolvendo-se itens de ação direcionados — nem mesmo se você constantemente avaliar a sua estratégia e ajustá-la conforme consiga dados mais completos. Isso não significa que devamos perder a esperança de que as coisas podem melhorar nem que devamos parar de fazer o bem. Isso significa apenas que precisamos pensar de maneira diferente em nosso papel na mudança do mundo.

* * *

Preocupa-me que alguém leia este livro e conclua que só precisamos ajustar a nossa antropologia, e, então, as coisas serão consertadas. Preocupa-me que alguém chegue à conclusão de que, se reconhecermos que caímos na mentira da afirmação ou no desespero da resignação, se formos honestos quanto às maneiras que usamos para lidar com as dificuldades da vida por meio da automedicação, se avaliarmos cada maneira com a qual contribuímos para a instrumentalização de outros seres humanos ou para o reino da técnica, e se todos nós escolhermos individualmente viver de acordo com a verdade de que não somos de nós mesmos, mas pertencemos a Deus, *então*, ficaria tudo bem.

Não estou dizendo nada disso. A última coisa que quero é colocar mais um fardo sobre você e revelar mais uma maneira pela qual você está fracassando em sua vida nem outra forma de consertar a si mesmo e ao mundo por meio da auto-otimização. Quer você esteja entre os afirmadores, quer entre os resignados, você já sente o peso desse fardo. Você talvez se iluda pensando que é capaz de administrar esse peso, mas, de uma forma ou de outra, você está simplesmente carregando o mesmo fardo.

Em vez de encontrar uma estratégia para consertar a sociedade ou para o autodesenvolvimento, quero oferecer aquilo que acredito serem conselhos sábios. Essas recomendações são incontestáveis, e desconheço qualquer maneira de provar que elas são efetivas, embora eu tenha certeza de que os dados existem. Sempre existem dados.

Graça

O lugar em que todos precisamos começar é com a graça concedida ao próximo e a nós mesmos. As práticas de nossa antropologia contemporânea não vão a lugar algum, e simplesmente estar ciente de que vivemos em uma sociedade que não é adequada para seres humanos não fará com que a desumanidade vá embora.

Portanto, devemos esperar que a vida continue sendo difícil — desnecessariamente difícil e sem sentido. Em uma sociedade corretamente ordenada e justa, o desejo por automedicar-se, que é tão presente em nossos dias, seria reduzido dramaticamente. Sem dúvidas, as pessoas ainda encontrariam razões para distrair-se ou para amortecer-se do sofrimento e da culpa, mas penso que não com o mesmo fervor obsessivo que motiva tantas pessoas hoje em dia e, por certo, não com a enorme máquina mercadológica que promove e possibilita diversas variedades de automedicação. Não vivemos, no entanto, em uma sociedade corretamente ordenada e justa e não devemos esperar que isso mude em breve.

Em vez disso, devemos "esperar sem esperança", como diz T. S. Eliot.[1] Essa frase, para a qual olharemos com mais cuidado em breve, tem sido ocasionalmente mal interpretada, como se Eliot, ele mesmo um cristão, não tivesse esperança na ressurreição. Mas a esperança sem a qual Eliot diz que seus leitores devem esperar é a falsa esperança — a esperança que demanda resultados, a esperança impaciente, a esperança que é pragmática, a esperança que corre para agir, a esperança que não consegue aquietar-se e saber que Deus é Deus.[2]

---

1 T. S. Eliot, "Four Quartets," in *Collected Poems 1909-1962* (London: Harcourt, Inc., 1991), 186. [Edição em português: T. S. Eliot, *Quatro Quartetos*, trad. Ivan Junqueira (Civilização Brasileira: Rio de Janeiro, 1967).]

2 Uma maneira simples de ver que Eliot não quis dizer que abandonássemos toda esperança é o fato da espera sempre e necessariamente implicar em esperança. Ninguém espera a não ser que

Essa falsa esperança naturalmente leva à amargura. Quando estivermos convencidos de que temos o plano para redimir o mundo e de que somos os agentes dessa redenção (seja ela espiritual, seja política ou física), não seremos graciosos para com aqueles que não forem parte de nosso movimento ou que não estiverem fazendo o bastante. As inadequações dos outros tornam-se intoleráveis, uma vez que a redenção está logo ali, desde que todos cooperem. Quando os que estão à sua volta não reciclam, ou quando não votam do jeito correto, ou quando não são tão justos quanto deveriam, você sente amargura contra eles. É porque esperamos sem esperança que podemos demonstrar graça para com o nosso próximo.

Enquanto esperamos pela volta de Cristo, lidar com o pecado, a injustiça, o sofrimento e com uma sociedade que não foi construída para os seres humanos será difícil. Em minha própria vida, percebi que uso séries de comédia como distrações para o estresse da vida e apelo para piadas nas redes sociais para lidar com as ansiedades da paternidade, em uma cultura onde todos têm conselhos e usam um sistema melhor. Percebi que uso 15 minutos toda manhã para combinar minha camisa, gravata, suspensórios, meias, sapatos, suéter e lenço de bolso como uma forma de inserir algum tipo de ordem e beleza em meus dias, que, frequentemente, parecem tão frenéticos e sem graça.

Como acontece com todo o mundo, trabalhos de criação e culturais me ajudam a lidar com o fardo da vida contemporânea. Idealmente, eu não precisaria de ajuda para lidar com esse fardo. Porém, não vivo em um mundo ideal — nem você.

tenha esperança de que alguém virá. Mesmo em *Esperando Godot*, a famosa peça de Samuel Beckett sobre esperar por um Deus que nunca chega, o que torna a situação de Vladimir e Estragon trágica é que eles têm esperança.

O que sei é que, quando estou exausto de trabalhar, e meus filhos estão brigando, e o ar-condicionado quebra no meio do verão, é bom poder aliviar minha ansiedade com um trocadilho postado no Twitter. É agradável rir de uma série de comédia bem-feita junto com minha esposa, depois que as crianças foram dormir. Também é bom gastar 15 minutos combinando as meias com o lenço de bolso. Alguns métodos para lidar com as dificuldades são inerentemente pecaminosos, alguns são autodestrutivos, alguns são viciantes. Mas alguns deles são apenas escolhas menos boas. Não são escolhas ruins, mas, *como métodos para lidar com as dificuldades*, algumas delas são menos boas. Se eu fosse um homem melhor, mais maduro espiritual e intelectualmente, talvez encontrasse consolo apenas na poesia, na oração, na contemplação e em caminhadas pela natureza. Às vezes, encontro consolo nessas coisas, mas essa sociedade é brutal, e não há vergonha em encontrar alegria em prazeres simples que aliviam o fardo que carregamos, mesmo que esses prazeres sejam "menos bons".

Consigo ouvir você pensando consigo: "Por que eu escolheria um método 'menos bom' para lidar com as dificuldades?" Somos incapazes de, conscientemente, escolher algo que seja menos do que ótimo, sem sentirmos culpa por causa disso. E o perigo está exatamente nisso, em transformarmos o descanso em mais uma tarefa para dominarmos, mais uma oportunidade para competirmos e maximizarmos a eficiência.

Ao planejar a criação, Deus levou em consideração a fragilidade humana e nos abençoou com várias dádivas que ajudam a tornar a vida mais tolerável. Entendidas corretamente, essas são maneiras como pertencer a Deus é um consolo na vida. Eclesiastes, por exemplo, deixa claro que podemos e devemos ser confortados pelos frutos de nosso esforço, pelo pão, pelo vinho e pela alegria do relacionamento sexual com nosso cônjuge:

> Portanto, vá e coma com alegria o seu pão e beba com prazer o seu vinho, pois Deus já se agradou do que você faz.
>
> Que as suas vestes sejam sempre brancas e que nunca falte óleo sobre a sua cabeça.
>
> Aproveite a vida com a mulher que você ama, todos os dias dessa vida fugaz que Deus lhe deu debaixo do sol, porque esta é a parte que lhe cabe nesta vida pelo trabalho com que você se afadigou debaixo do sol. (Ec 9.7–9, NAA)

Em duas passagens anteriores, o Pregador de Eclesiastes nos diz que ter prazer e alegria no esforço e no fruto que ele gera é uma dádiva de Deus (2.24–25; 3.12–13). Prazeres simples e honestos aliviam o desgaste da vida. Similarmente, o salmista proclama, em sua grande litania a respeito das maravilhas da criação de Deus, que o vinho foi criado por Deus para alegrar o coração do homem (Sl 104.15). Esse é um reconhecimento franco de que, nesta vida, precisamos ter o coração alegrado e de que Deus usa a sua criação (as uvas), em conjunto com o trabalho humano (o vinho), para nos alegrar. Além de pão, vinho e amor, poderíamos acrescentar piadas de pai, corridas, um jogo das finais da NBA, um bom livro e ouvir música bem tocada. Nenhuma dessas alegrias pode justificar nossa existência, definir nossa identidade, dar sentido à vida, determinar nossos valores ou conceder-nos pertencimento, mas elas podem nos dar o consolo do prazer. Como dádivas de Deus, essas coisas são boas.

O que podemos fazer?

É aqui que a teoria de Josef Pieper sobre o lazer pode nos ajudar. Lazer é um tipo de descanso do trabalho que depende de Deus e não requer uma justificativa utilitária. De fato, para ser lazer, não pode haver uma justificativa utilitária. Pieper explica, então, que, no coração do lazer, está o louvor a Deus.[3] Entendido assim, esses prazeres simples da vida, que, de fato, ajudam a lidar com o trauma da modernidade, encontram bases no louvor a Deus. Quando nos deleitamos nas coisas boas que Deus nos deu, com gratidão e sem justificativas utilitárias, sem qualquer esforço para "fazer por merecer" nossa alegria e prazer, isso se constitui uma maneira de louvar a Deus.

O Pregador de Eclesiastes justifica essa recomendação dos prazeres como forma de lidar com a vaidade precisamente porque esses prazeres são dádivas de Deus. Prazeres morais são manifestações da graça providencial de Deus para nós, lembretes de que ele é bom e de que nosso sofrimento é temporário. São lembretes de que o amor é a ordem correta das coisas, o *telos* em direção ao qual estamos nos movendo, se aceitarmos Jesus como o Filho de Deus. Quando nos deleitamos nessas dádivas, honramos a Deus.

A natureza desumana da sociedade não é desculpa para comportamento pecaminoso, e não estou nos absolvendo da responsabilidade de discernir nossos hábitos. O que estou dizendo é apenas que, em uma sociedade que sempre demanda mais de nós, Deus pode usar prazeres simples para nos confortar, e isso é bom.

Aceitar que a vida contemporânea é desumana, que Deus nos dá boas dádivas para nos confortar e que, mesmo quando há formas ideais de lazer, ainda é aceitável encontrar prazer em dádivas simples

---

3 Josef Pieper, *Leisure: The Basis of Culture*, trad. Alexander Dru (San Francisco: Ignatius Press, 1963), 65.

deveria nos tornar mais humildes e nos levar a conceder graça tanto aos nossos vizinhos quanto a nós mesmos.

Isso significa que você deveria evitar julgar pessoas que realmente gostam de esportes ou de exercícios ou que, na sua opinião, gastam tempo demais nas mídias sociais. Você provavelmente não faz ideia do fardo que essas pessoas estão carregando. Quase certamente, você não tem ideia se elas estão se deleitando no presente com gratidão a Deus ou se estão agindo com desespero egoísta. Será que, um dia, seremos maduros o bastante para não maratonar *Friends* depois de um dia difícil no trabalho? Talvez. Mas também não deveríamos viver em uma sociedade que nos trata como ferramentas desumanizadas. Algumas vezes, rir por algumas horas, mesmo que por causa de uma séria cafona, pode nos lembrar de que não carregamos o peso do mundo em nossos ombros — uma dádiva providencial de um Deus que sabe nossas fraquezas e nosso sofrimento, um Deus que fez o vinho para alegrar nosso coração.

Quando sentirmos que alguém talvez esteja lidando com as dificuldades da vida de maneiras que podem distraí-lo de Deus, amortecer seus sentidos ou desperdiçar seu tempo, podemos orar por essa pessoa. Quando apropriado, recomende dádivas agradáveis de Deus que sejam mais tranquilas e edificantes. Porém, foque em seu próprio autocontrole. Trabalhe para tornar a sua comunidade um pouco mais humana. Lembre-se de que você também tem estratégias "menos boas" para lidar com a vida. E, só porque as suas estratégias para lidar com a vida talvez sejam mais aceitáveis socialmente, isso não significa que elas sejam melhores. Trabalhe para melhorar as suas próprias maneiras de lidar com as dificuldades (use Fp 4.8 como seu guia). Mas, acima de tudo, seja gracioso com o seu próximo e consigo, porque Deus é gracioso.

Breves palavras sobre responsabilidade pessoal

Suspeito que alguns leitores terminaram a seção anterior e estão preocupados, achando que estou inventando desculpas para as pessoas, quiçá para mim mesmo. Talvez você tenha se perguntado se reconhecer as falhas na sociedade como uma das fontes principais de nosso sofrimento é apenas um convite para ignorarmos nossa responsabilidade pessoal.

Uma das divisões mais claras na política americana diz respeito à questão da agência pessoal. Será que cada um dos cidadãos americanos têm o direito e a habilidade de viver o sonho americano? Será que nossos sucessos e fracassos são o resultado de nossas ações e atitudes ou são o resultado de forças ambientais e biológicas? Tanto na direita quanto na esquerda, há poucas pessoas que realmente refletiram sobre o assunto que acreditem que tenhamos agência completa ou que sejamos completamente determinados por fatores externos, embora boa parte da retórica política que ouvimos por aí faça parecer que as coisas são simples assim.

Há um debate paralelo que une questões de agência com as suas implicações práticas: de que maneira crer na agência do indivíduo ou no determinismo das circunstâncias afeta nossas ações? Cada um aborda o argumento por um lado diferente. Vindo da direita: "Se dissermos às pessoas que o destino delas é grandemente determinado por forças que estão fora de seu controle, nós as convidamos a desistir da vida e a colocar a culpa por seu fracasso nas falhas do sistema". Vindo da esquerda: "Se dissermos às pessoas que elas são grandemente responsáveis por seu próprio destino, nós as convidamos ao fracasso e ao ódio de si mesmas, o que as levará a desistir da vida e a colocar a culpa por seu fracasso em si mesmas". Esse argumento tem menos a ver com quanta agência realmente temos e mais a ver com o poder da crença. Algumas pessoas argumentarão que, mesmo que não sejamos capazes de controlar nosso próprio destino, precisamos dizer a nós mesmos que o somos; do contrário, ficaremos resignados.

Não estou argumentando em favor do derrotismo, mas também não estou advogando o "pensamento positivo". Nossa sociedade é desumana, em grande medida, por causa da aceitação quase universal de uma antropologia que nega a nossa natureza. Essa antropologia está tão enraizada em nossas instituições, valores e práticas que, ainda que muitos de nós decidam rejeitá-la conscientemente, ainda teremos que lidar com seus efeitos por muitos anos.

Os EUA gastaram mais de 150 anos lidando com o racismo e, provavelmente, levarão outros 150 anos, pelo menos. Contudo, isso não dá a ninguém o direito de ignorar a injustiça racial. Isso não absolve ninguém da responsabilidade pessoal de viver corretamente, mas nós também não temos o direito de mentir para as pessoas a respeito da existência do racismo, apenas para que elas se sintam mais otimistas quanto à sua própria agência. De maneira similar, não temos o direito de mentir para nós mesmos ou para outros acerca da desordem que é endêmica na sociedade, apenas para que sejamos mais otimistas com relação à nossa própria agência.

De maneira mais importante, isso não significa que devamos perder a esperança por justiça. Voltemos a T. S. Eliot.

> Eu disse a minh'alma, aquiete-se e espere sem esperança,
> Porque esperança seria esperança pela coisa errada;
>   espere sem amor,
> Porque amor seria o amor pela coisa errada; resta ainda a fé,
> Mas a fé, e o amor, e a esperança estão todos na espera.[4]

---

4 Eliot, "Four Quartets", 186.

Isso não é nem derrotismo, nem determinismo. Ao contrário, é a maior forma de esperança possível: uma fé absoluta na fidelidade de Deus e em sua habilidade de trazer justiça, verdade e beleza às circunstâncias nas quais já não podemos imaginá-las.

Suspeito que esta parte do livro traria muito mais satisfação se eu mentisse a você, mas não vou fazer isso. Você não salvará o mundo; você não pode nem salvar a si mesmo. Na melhor das hipóteses, você poderá ver a corrupção da sociedade de maneira mais clara, você poderá estar mais bem preparado para lidar com a indignidades do mundo moderno, você poderá promover, em sua esfera de influência, pequenos avanços na retaguarda da verdade, da bondade e da beleza. Espero que você faça isso! Porém, se você puder parar de se preocupar consigo e de pensar sobre eficiência, você poderá honrar a Deus e amar o seu próximo, mantendo a fé de que ele fará com que as coisas se acertem. Não pergunte a si mesmo: "será que essa boa ação fará alguma diferença?" Se realmente essa for a coisa certa a se fazer, a eficiência não importa.

Sua obrigação é a fidelidade, e não a produtividade ou resultados mensuráveis. Como Paulo relembrou à igreja de Corinto, "nem o que planta é alguma coisa, nem o que rega, mas Deus, que dá o crescimento" (1Co 3.7). Ou, como disse Eliot, "para nós, há apenas o tentar. O resto não é da nossa conta".[5] E não é mesmo.

Mas o "tentar" não é algo pequeno. "Tentar" e "esperar sem esperança" requerem coragem e fidelidade. Não é surpresa que eles requeiram mais coragem do que a resignação, mas eles também requerem mais coragem do que a afirmação ou "esperar com esperança". Não é

---

5 T. S. Eliot, "Four Quartets," in *Collected Poems 1909-1962* (London: Harcourt, Inc., 1991), 189. [Edição em português: T. S. Eliot, *Quatro Quartetos*, trad. Ivan Junqueira (Civilização Brasileira: Rio de Janeiro, 1967).]

difícil trabalhar corajosamente quando você acredita que suas ações farão a maré virar e trarão mudanças. Outra coisa bem diferente é agir corajosamente, sem a expectativa de mudar o mundo.

Esse tipo de coragem é o paradoxo no coração deste capítulo, deste livro e da vida cristã. Quando agimos, tentamos ser autossuficientes, autônomos. Com frequência, agimos porque não confiamos que seremos preservados de outra forma. Mas o nosso chamado é este: "aquietai-vos e sabei" que Deus é Deus, e não *você* (Sl 46.10).

Não é muito difícil *agir* e dizer que ele é Deus. Trabalhamos freneticamente a semana toda para cuidar de nós mesmos e, no domingo, sentamo-nos ansiosamente na igreja, pensando em todas as coisas que precisamos fazer. Quando cantamos, dizemos que ele é Deus, mas nossos corações estão comprometidos com a autossuficiência. Não *sabemos*, de fato, que ele é Deus; apenas fingimos saber. Essa é uma forma religiosa de afirmação.

Também não é muito difícil estar quieto e negar que ele é Deus, uma postura que é uma forma de resignação. Desistimos da possibilidade de a vida melhorar e nos distraímos com prazeres sem sentido. A quietude da resignação é, na verdade, acédia — a preguiça sem esperança que os monges medievais chamavam de "demônio do meio-dia".[6] Uma vez que aceitemos que não há Deus, você pode descansar na falta de sentido da vida e parar de tentar.

O mais difícil é aquietar-se *e* saber que ele é Deus. Mas essa é a única maneira de conhecê-lo. Uma quietude santa aceita que Deus é soberano e descansa em sua bondade e graça. Aceite que você não pode salvar o mundo nem a si mesmo. Uma quietude santa leva à ação, mas uma ação em quietude.

---

6 Para um maravilhoso estudo da acédia, veja R. J. Snell, *Acedia and Its Discontents: Metaphysical Boredom in an Empire of Desire* (Kettering: Angelico Press, 2015).

Aqui está o paradoxo. Em quietude santa, reconhecemos a presença e a provisão de Deus. Em ação santa, reconhecemos nossa obrigação moral diante de Deus e do próximo. Porém, já que essa é uma ação em quietude, não cogitamos a mentira de que nossas ações podem produzir autossuficiência. A quietude é descansar na graça de Deus. A ação é uma extensão daquela graça, e nada mais. Porque você não é de si mesmo, pode aquietar-se. Porque pertencemos a Deus, podemos agir humildemente.

Quando você estiver transparentemente diante de Deus, é impossível não desejar obedecer-lhe em amor, mas também é impossível imaginar que o mundo ou mesmo a nossa própria justiça estão sobre nossos ombros.

Quando descansamos na soberania de Deus, podemos observar honestamente como a sociedade nos afeta de maneiras negativas, sem inventarmos desculpas para nossos pecados ou rejeitar a responsabilidade individual. Quando descansamos na soberania de Deus, podemos agir em favor do bem, sem, porém, nos iludirmos com o pensamento de que mudaremos o mundo. Quando descansamos na soberania de Deus, podemos ser graciosos conosco e com o próximo, enquanto lidamos com os problemas de uma sociedade desumana que só será salva por Deus.

Com os Salmos voltados para cima

O que temos a fazer
Senão nos levantar de mãos vazias
e com as palmas voltadas para cima
Em uma era que avança progressivamente para trás?[7]

---

7   T. S. Eliot, "Choruses from 'The Rock,'" em *Collected Poems 1909-1962* (London: Harcourt, Inc., 1991), 164. [Edição em português: "Coros de 'A Rocha'" em *Poesia*, trad. Ivan Junqueira (Rio de Janeiro: Nova Fronteira, 1981).]

Em um belo poema acerca daquilo que poderíamos chamar de "o problema da cidade", T. S. Eliot identifica muitas das mazelas que temos discutido até aqui neste livro: desumanização, técnica, alienação, a decadência das comunidades, o vazio do consumismo, a secularização, o ambiente desumano da cidade moderna e assim por diante. Como uma resposta ao problema da cidade, Eliot escreve as linhas citadas acima.

Através destas páginas todas, olhamos para aquilo que agora poderíamos descrever, junto com T. S. Eliot, como uma sociedade que "avança progressivamente para trás" — uma imagem maravilhosamente paradoxal. Nossa sociedade apressa-se a avançar e a progredir. Aprendemos a tolerar as injustiças e as inseguranças de nosso tempo, apenas porque temos fé de que as coisas estão avançando e progredindo e de que, um dia, a vida não será tão ruim.

No entanto, o nosso "progresso" contribuiu de muitas formas para nosso ambiente desumano. Temos progredido para trás. Sim, houve progresso verdadeiro em algumas áreas, em certos problemas de justiça e moral, como as questões de raça e discriminação nos EUA, por exemplo. Simultaneamente, de outras maneiras, fizemos o nosso mundo social menos humano. Tratamos uns aos outros como instrumentos para nossos fins pessoais. Estamos sofrendo de *burnout* por causa de nosso esforço constante para atender às responsabilidades do autopertencimento. E o que impede tudo isso de ser insuportável é que *continuamos* a avançar.

Parece que esse progresso é impossível de impedir. Podemos observar que estamos andando para trás. Podemos lamentar as condições desumanas de trabalho, do mercado ou do lar. Mas nos sentimos impotentes para fazer qualquer coisa que pare ou até mesmo desacelere o "progresso". As pessoas continuam a desenvolver técnicas e tecnologias mais eficientes. Continuaremos a adotá-las para não ficarmos para trás. E continuaremos a descobrir consequências acidentais desses desenvolvimentos depois que tiverem causado seu dano e já estivermos com uma técnica nova. Isso também parece esmagador. Você pode até perguntar se vale a pena ter essa conversa, uma vez que não podemos começar uma revolução para refazer a sociedade completamente.

Essas linhas de Eliot sugerem que realmente temos uma única resposta para as condições desumanas de nosso mundo: estender as mãos em súplica a Deus.

A verdadeira súplica não é passividade ou resignação. É um ato de dependência a Deus, que sempre envolve obediência à vontade dele. Quando estendemos as mãos em súplica a Deus, não podemos ignorar as injustiças ou as estruturas desumanizadoras da sociedade. Porém, isso certamente significa que nossas ações são feitas com confiança em Deus. Como Eliot diz em outro ponto de *Coros de 'A rocha'*, nosso dever é "não pensar na colheita, / Mas apenas em semear adequadamente".[8] Suplicar é uma forma de agir em quietude diante de Deus.

Todo domingo, como parte da liturgia da igreja, o pastor convida a congregação a estender as mãos com as palmas para cima para receber a bênção de Deus. A bênção vem, algumas vezes, de Números 6.24–26, que pede que Deus faça sua face resplandecer sobre nós. Como nas linhas de Eliot, nossas mãos estão vazias, pois não temos nada para oferecer a Deus. Estamos, literalmente, de mãos vazias. Tudo o que podemos fazer é receber a dádiva da graça. Não temos nada para oferecer de volta. Não podemos esticar os braços e

---

8 Eliot, "Choruses from 'The Rock'", 149.

pegar por conta própria. Tudo o que podemos fazer é aquietar-nos e receber a graça de Deus. Temos a obrigação, entretanto, de estarmos juntos como igreja e de estender nossas mãos.

Da perspectiva do mundo, isso é uma tolice enorme. O espírito do mundo exige ação, planos, agendas e movimentos e não pode tolerar a quietude. Mas fielmente praticarmos o bem que está diante de nós enquanto, em total dependência de Deus, esperamos a redenção é a maneira mais significativa de agir. E essa é a única maneira de responder corretamente à crise de nosso tempo.

***

Para entender como essas linhas de Eliot oferecem um caminho que leve para frente, precisamos retornar a Jaques Ellul. Sua concepção de "técnica" explica a obsessão de nossa sociedade pela eficiência, a qual ele diagnosticou em seu livro *The technological society*. Uma das grandes tragédias do livro de Ellul é que, quando você chega ao final, tendo sido persuadido pela tese e alarmado pelos avisos, descobre que ele não oferece respostas. Para encontrá-las, precisamos procurar em um livro bastante diferente de Ellul: *The meaning of the city*.

Nesse livro, Ellul traça o conceito bíblico de "cidade", desde que Caim fundou a primeira até a Nova Jerusalém. Baseado em sua exegese de Gênesis, Ellul argumenta que o espírito fundamental da "cidade" é a rebelião contra Deus:

> Caim construiu uma cidade. Ele substitui o Éden de Deus pelo seu próprio. O objetivo que Deus deu para sua vida, ele o substitui por um objetivo escolhido por conta própria — da mesma forma que ele substitui sua própria

segurança pela de Deus. Assim é o ato pelo qual Caim coloca seu destino sobre seus próprios ombros, rejeitando a mão de Deus em sua vida.[9]

Perceba que o espírito da cidade corresponde à antropologia contemporânea que temos estudado. Ellul vê a construção de cidades como esforços humanos para pertencermos a nós mesmos, para criar um ambiente que negue a realidade da provisão de Deus, um espaço onde se torne cada vez mais fácil para os seres humanos agirem sem reconhecer sua contingência a Deus. Os muros da cidade mantêm os habitantes a salvo dos animais e dos inimigos. Os abrigos e habitações coletivas reduzem a ameaça de desastres naturais. A importação de comida e de outros suprimentos liberta os moradores da cidade dos caprichos do mundo natural. E o progresso da cidade, de suas leis, de suas construções e de sua economia traz esperança para o amanhã. Desde o início, as cidades trabalharam por essa autonomia, mas o mundo moderno torna ainda mais fácil recusar "a mão de Deus" em nossas vidas: "é apenas em uma civilização urbana que o homem tem a possibilidade metafísica de dizer: 'Eu matei Deus.'"[10]

Ellul usa o termo "cidade" para referir-se, de maneira ampla, à civilização — tanto as antigas cidades muradas quanto os espaços urbanos modernos, lugares em que as pessoas vivem majoritariamente cercadas por um ambiente construído pelos seres humanos. Por essa definição, praticamente todas as pessoas no Ocidente agora vivem na cidade. Entre a nossa hiperconectividade, a internet rural de banda larga e a nossa dependência do transporte de produtos e serviços, experimentamos essa dependência na cidade

---

9 Jacques Ellul, *The Meaning of the City*, trad. Dennis Pardee (Eugene: Wipf and Stock, 2003), 5.
10 Ellul, *The Meaning of the City*, 16.

de várias maneiras em todos os EUA e, em menor medida, no mundo inteiro. Apesar das mudanças nas distâncias e no tempo, Ellul diz que "a natureza da cidade não mudou, porque a natureza do mundo não muda".[11]

Ironicamente, de acordo com Ellul, a cidade, que é construída para permanecer de pé à parte de Deus, não torna os seres humanos mais livres; torna-os menos humanos. A cidade é "um mundo para o qual o homem não foi feito".[12] Em nossa discussão, vimos esse princípio operando na antropologia. À proporção que a antropologia contemporânea centra a existência na pessoa individual, ela cria um ambiente que é, na verdade, menos apropriado para a vida humana. Ellul conclui de maneira sombria: "O próprio fato de viver na cidade conduz um homem por uma estrada desumana".[13]

A cidade é sedutora — governada por lógica e técnica, mas rejeitando críticas à sua própria lógica. Ela é vampírica — torna as pessoas em máquinas e mercadorias e as escraviza. As pessoas são seduzidas pela cidade porque ela promete atender todas as suas necessidades (e, assim, torná-las independentes de Deus) e possibilitar que elas cumpram as responsabilidades do autopertencimento. Mas isso apenas torna essas pessoas menos humanas:

> [O homem] é usado, consumido, devorado, possuído em seu coração e alma, e a cidade dá a ele novos complexos, requer dele novos reflexos, transforma seus gostos e o formato de sua mente. Os demônios empurram-no com seu enorme

---

11 Ellul, *The Meaning of the City*, 36.
12 Ellul, *The Meaning of the City*, 42.
13 Ellul, *The Meaning of the City*, 22.

poder, forçando-o a encontrar na cidade a realização de seu desejo de fugir e de liberdade.[14]

Os problemas criados pela cidade são exatamente os problemas que ela promete resolver.

Apesar de Ellul não apresentar seu estudo como uma antropologia, descreve o mesmo problema (o ambiente desumano da sociedade contemporânea) e identifica as mesmas causas básicas (esforços humanos para viver de maneira autônoma com o auxílio da tecnologia). A cidade moderna é um espaço construído para seres humanos que são de si e pertencem a si mesmos.

Poderíamos esperar que Ellul oferecesse algum corretivo prático, alguma estratégia para redimir a cidade. Ou talvez esperássemos que ele clamasse pela renovação do evangelismo; para que, com o tempo, à medida que os indivíduos viessem a Cristo e abandonassem o pecado, a cidade virasse um espaço mais humano.

Porém, Ellul evita essas duas soluções evangélicas populares para as doenças sociais. Em vez disso, ele avisa:

> Parece não haver uma solução teórica para satisfazer esse problema. Não há demonstração teológica que alguém possa seguir. A resposta vem com a vida diária, no conflito entre a necessidade do mundo e a liberdade concedida a nós por Deus, entre a sabedoria do mundo (a qual nunca podemos deixar totalmente de lado) e a loucura da cruz (que nunca conseguiremos viver completamente).[15]

14 Ellul, *The Meaning of the City*, 169.
15 Ellul, *The Meaning of the City*, 41.

É essa ênfase na fidelidade diária que acho tão atraente em Ellul. Nossa tentação egoísta é pensar que o que importa na vida é aquilo que é grande, visível e político. Então, fazemos planos grandiosos e nos unimos a movimentos nacionais, na esperança de que possamos "realmente" fazer a diferença. Não há dúvidas de que alguns movimentos políticos realmente possam fazer a diferença. Porém, a maior parte da resposta à cidade é encontrada em milhões de pequenas decisões de viver uma vida fiel, mesmo enquanto vivemos na cidade.

Mas qual o significado de "fidelidade" nesse contexto?

***

Olhando para dois exemplos bíblicos de cidades redimidas, Nínive e a Nova Jerusalém, Ellul argumenta que a única resposta significativa ao problema da cidade, a única maneira reta de um cristão agir, a única coisa que Deus nos obriga a fazer é glorificá-lo na cidade onde vivemos.[16] Não somos chamados a salvar a cidade, pois não podemos fazer isso. Nossa engenharia social não resolveria o problema. Nossas iniciativas de justiça não impediriam a cidade de devorar as pessoas. Nosso evangelismo não converteria, lentamente, a cidade no jardim do Éden. Mas também não podemos fugir. Ellul aponta repetidas vezes para o fato de que Deus não nos chamou para deixar a cidade. Enquanto pudermos continuar aqui e glorifica-lo, estamos obrigados a permanecer e viver.

Isso é difícil de entender. Quando um acadêmico como Ellul critica de maneira tão persuasiva as raízes de nossa civilização, esperamos uma de duas soluções: revolução ou retirada. Ellul diz um enfático "não" a ambas as opções. A redenção da cidade não está sob

---

16 Ellul, *The Meaning of the City*, 182.

nosso poder. Essa é a tarefa de Deus. Deus convenceu e converteu toda a cidade de Nínive (Jn 3). Deus estabelecerá a cidade redimida da Nova Jerusalém. Não temos afazeres para completar nem estratégias, métodos ou melhores práticas para converter a cidade inteira, muito menos uma sociedade inteira. É um ato que só pode ser concluído com a intervenção de Deus. Da mesma forma, a esperança por uma Nova Jerusalém parece tolice para uma perspectiva mundana — uma cidade livre do pecado e da tristeza e cuja luz vem da presença do próprio Deus. Apenas Deus pode estabelecer essa linda e santa cidade na terra. Em nossos esforços, não podemos fazer nada para que ela venha. Em outras palavras, Ellul, como Eliot, chama-nos a estender nossas mãos, palmas voltadas para cima, para receber o trabalho gracioso de Deus.

***

Nossa tarefa é esperar, como diz Eliot, "sem esperança", porque sempre que colocamos nossa esperança em um objetivo político ou social específico, acabamos esperando a coisa errada: uma solução humana finita — seja a esperança em uma Corte Suprema pró-vida que acabe com o aborto, seja a esperança em um sistema econômico perfeitamente igualitário, seja a esperança em um partido, em um político ou em uma política pública. Nossa visão a respeito de "como" consertar a sociedade será sempre insuficiente.

Porém, se pertencemos a Deus, podemos ter fé de que ele está trazendo a sua justiça e a sua redenção. Se não formos cuidadosos, podemos acabar como Jonas. Jonas esperava a coisa errada. Ele tinha visto a violência e o mal cometidos pelos ninivitas contra o povo de Israel e esperava que eles não se arrependessem e que Deus destruísse

Nínive. Quando, em lugar disso, Deus levou os ninivitas a se arrependerem, Jonas ficou amargurado. Mesmo depois do arrependimento milagroso de uma cidade inteira, ele não era capaz de imaginar que o plano de Deus fosse bom.

    Se insistirmos que nossa sociedade seja consertada por meio de determinada agenda política ou social, podemos ficar amargurados quando Deus, em sua justiça, escolher trazer a redenção de uma maneira que nunca imaginaríamos. Jonas não era capaz de salvar Nínive. Ele não era capaz sequer de amá-la. Tampouco era capaz de trazer o julgamento de Deus sobre Nínive. O que ele era capaz de fazer em resposta à perversidade de Nínive e o que precisamos fazer em resposta às condições desumanas de nossa sociedade é representarmos Deus na cidade.

* * *

    Retirar-se da sociedade tem algum apelo entre os cristãos. Por que devemos continuar vivendo em um espaço que é cada vez mais desumano, que, sistematicamente, rejeita a existência, a bondade e a providência de Deus e que usa seres humanos de combustível para as fornalhas da ganância e da luxúria? Se não podemos trazer a redenção da cidade por conta própria, por que aguardar o julgamento? Por que persistir em um espaço que nos antagoniza?

    Se não somos de nós mesmos, a nossa obrigação é honrar a Deus com nossas vidas. Ele chamou-nos para ficarmos na cidade e para trabalharmos pelo seu bem — mas, principalmente, para orarmos. Por meio do profeta Jeremias, Deus ordenou aos israelitas exilados na Babilônia: "Busquem a prosperidade da cidade para a qual eu os deportei e orem ao Senhor em favor dela" (Jr 29.7, NVI). De maneira similar a Jonas, imagino que os exilados israelitas não estivessem muito animados para buscar o bem da cidade de seus opressores. A Babilônia também era uma cidade desumana. Eles podem ter desejado que Jeremias lhes ordenasse que se revoltassem contra a Babilônia ou que fugissem para o deserto. Mas nossos planos, mesmo quando parecem justos e sábios, não são os planos de Deus. A profecia de Jeremias vem com uma promessa de Deus: "porque a prosperidade de vocês depende da prosperidade dela". A nossa presença na cidade traz glória a Deus, é uma luz para nossos vizinhos e um julgamento a respeito da rebelião contra Deus. Quando agimos sabendo que não somos de nós mesmos, resistimos ao espírito da cidade, que insiste para sermos livres de Deus e da sua providência.

Não deveríamos ter delírios de grandeza, imaginando que salvaremos a sociedade. Ao mesmo tempo, não podemos fugir da sociedade, mas Ellul avisa que também não podemos nos "integrar". Nossa "participação não pode ser completa e sem condições limitadoras".[17] Na oração sacerdotal de Cristo, antes que fosse capturado e crucificado, ele pede ao Pai para que não nos tire do mundo, mas para que ele nos "proteja do maligno" (Jo 17.15, NVI). Dado o poder do "maligno" sobre o mundo, é somente por meio de Deus que podemos ser protegidos dele.

Para evitar integração, precisamos, primeiro, ser capazes de ver e rejeitar a sedução da cidade. A cidade promete que nos fará capazes de cumprir as demandas das responsabilidades do autopertencimento e que nos dará tudo aquilo de que precisamos para fazer um nome para nós mesmos, estabelecer nossa autonomia e construir uma boa vida, livre de limites. Ela promete ajudar-nos a obter isso por meio de

---

17 Ellul, *The Meaning of the City*, 75.

suas leis, da tecnologia, das normas sociais e das histórias. Contudo, essa é uma promessa vazia e que suga nossa alma. Então, nossa primeira tarefa é discernir corretamente e rejeitar o espírito da cidade, enquanto oramos pelo bem-estar dela.

A rejeição deve começar de maneira simples: tornar em hábito a denúncia da antropologia contemporânea quando ela aparecer em sua vida. Sempre que você vir uma propaganda que o convide a se sentir mais vivo por meio da compra de um produto, sempre que um filme deixe implícito que você não será feliz enquanto não abraçar o seu *self* interior, sempre que um especialista clame para que você otimize a sua vida, sempre que você se sentir inadequado diante da competição esmagadora, chame essas coisas pelo nome. Elas resultam da nossa antropologia contemporânea. É uma concepção falsa da pessoa humana, a qual assume que sou de mim mesmo e que sou o único responsável por fazer a minha vida importar. Isso é uma mentira. Eu não sou de mim mesmo, mas pertenço a Deus.

* * *

Talvez essa abordagem pareça passiva demais para você. Outra pessoa poderia dizer que precisamos de uma solução baseada em dados com resultados mensuráveis. "Mãos vazias e palmas voltadas para cima" não é uma estratégia para mudança, e essa afirmação é bastante verdadeira. Não é uma estratégia para salvar o mundo; é fé naquele que criou e preserva o mundo:

> Mas como isto é possível? Está acima da força humana, e apenas em Nínive aconteceu algo assim, com a intervenção de Deus. Mas nossa tarefa não é gastar tempo refletindo

nesse sucesso, mas obedecer a nossas ordens e, ao fazê-lo, entrar em combate com o poder da própria cidade.[18]

O nosso desejo de encontrar uma estratégia aprovada para aperfeiçoar a sociedade é outro exemplo do poder da técnica sobre a nossa imaginação. O que Deus pede de nós é agirmos de maneira pródiga — trabalhar para amar sua cidade, para fazer coisas belas e para cuidar do bem-estar do seu próximo, mesmo se existirem meios mais "eficientes" disponíveis. Esperar no trabalho gracioso de Deus, o qual desafia nossas expectativas, como ele fez com as de Jonas, parece tolice. Que desperdício de tempo e energia. E, mesmo assim, é exatamente esse descanso no trabalho de Deus, e não no nosso próprio esforço, que desafia o espírito da autonomia.

Alternativamente, você pode estar preocupado com o fato de que colocar nossa esperança em Cristo para redimir o mundo virará uma desculpa para que paremos de buscar a justiça. Por que se preocupar em buscar justiça, se apenas Cristo pode trazer justiça verdadeira? Novamente, gostaria de apontar para o alerta de Ellul: "nossa tarefa não é gastar tempo refletindo nesse sucesso, mas obedecer a nossas ordens".[19] Ou, como diz T. S. Eliot: "Para nós, há apenas o tentar. O resto não é da nossa conta".[20] Não podemos calcular a eficácia da fidelidade ou do amor. Não podemos reconsiderar o nosso compromisso com a justiça, quando não vemos a mudança acontecendo. Se os abortos aumentarem, a justiça social permanecer ilusória e as guerras inventarem novas formas de desumanidade, não podemos parar de

---

18 Ellul, *The Meaning of the City*, 76.
19 Ellul, *The Meaning of the City*, 76.
20 T. S. Eliot, "Four Quartets," in *Collected Poems 1909-1962* (London: Harcourt, Inc., 1991), 189. [Edição em português: T. S. Eliot, *Quatro Quartetos*, trad. Ivan Junqueira (Civilização Brasileira: Rio de Janeiro, 1967).]

fazer o bem. Deus ordenou: "pratiques a justiça, e ames a misericórdia, e andes humildemente com o teu Deus" (Mq 6.8).

Você talvez nunca veja os frutos do seu trabalho nesta vida, mas isso não importa. Deus não o chamou para ser bem-sucedido. Ele o chamou para ser fiel. No entanto, se você é responsável pela sua própria existência, apenas um sucesso tangível, mensurável e imediato pode chegar perto de satisfazê-lo. E você ficará cada vez mais aflito para ver sua visão política realizada, para ver sua causa triunfar, e cada vez mais intolerante quanto a falhas e pessoas que discordem de você.

***

Precisamos encontrar maneiras de viver no mundo contemporâneo que insistam que não somos de nós mesmos, mas que pertencemos a Deus — maneiras de viver que testifiquem a nossa dependência radical de Deus para nossa existência e preservação. O propósito dessas maneiras de viver não é redimir a sociedade, como se isso estivesse em nosso poder. Como Ellul alerta, "nossa tarefa é ... representá-lo no coração da cidade.[21] Assim que começamos a priorizar as maneiras mais eficientes de mudar a sociedade ou as estratégias psicologicamente mais eficientes para a evangelização, não representaremos a Deus no coração da cidade. Representaremos um habitante da cidade completamente integrado a ela e que acomodou o cristianismo ao *self* soberano.

Nesse ponto, podemos descobrir que é mais eficiente buscar a "prosperidade da cidade" por meio da desonestidade e da opressão. Há muitos evangélicos que começaram seu trabalho advogando por justiça e retidão em suas comunidades ou em sua nação e que

---

21 Ellul, *The Meaning of the City*, 181.

simplesmente abandonaram sua integridade e a trocaram pelo pragmatismo, quando não viram resultados imediatos. Assim como os israelitas antigos, podemos achar-nos apoiando um candidato, uma política pública ou um partido que prometa nos proteger, se confiarmos na opressão e nos perversos (Is 30.12). Mesmo que um líder opressivo, como o Faraó, defenda-nos por um tempo, essa paz não é verdadeira. A verdadeira salvação ou a renovação cultural vem não por meio de nossas ações, mas quando descansamos em Deus e nos aquietamos diante dele: "No arrependimento e no descanso está a salvação de vocês, na quietude e na confiança está o seu vigor" (Is 30.15, NVI). É improvável que você encontre uma organização cristã advogando por "descanso" e "quietude"; essas palavras não são capazes de inspirar uma campanha de donativos adequadamente (e, portanto, são ineficientes). Porém, é isso que somos chamados a fazer. O cristão que descansa em Deus não está inerte. Ele ainda obedece ao mandamento de fazer justiça, mas age em quietude, sabendo que é Deus quem sustenta e redime.

Somos responsáveis por sermos fiéis à verdade de que não somos de nós mesmos, mas pertencemos a Deus. Ellul descreve essa responsabilidade como "dizer a verdade": "Eis onde está o trabalho dos homens: ajudar a unir a verdade e a realidade, introduzir na existência concreta, em algum lugar e de alguma forma pequena, a vitória obtida na verdade por Cristo".[22] Revelar a premissa falsa das responsabilidades do autopertencimento e a bondade de nossa contingência diante de Deus é nosso trabalho na cidade. Testemunhamos a realidade de nosso verdadeiro *self* quando vivemos transparentemente diante de Deus. Para Ellul, o único momento em que poderemos

---

22 Ellul, *The Meaning of the City*, 170.

parar esse trabalho e fugir da cidade é quando a cidade não mais nos permite glorificar a Deus com nossas vidas.[23]

Para alguns de nós, chegará o momento em que a sociedade não mais tolerará nosso testemunho. Podemos descobrir que a sociedade não tem mais espaço para nós quando teimosamente nos recusamos a adotar técnicas que desumanizam nossos vizinhos, quando condenamos as falsas premissas do autopertencimento, quando nossa crítica reduzir a lucratividade, quando afirmamos a existência do próximo porque ele foi criado por Deus, e não por causa de suas identidades criadas por si mesmo. Não estou falando de meras inconveniências nem mesmo da perda de alguns direitos legais que decorrem de nossa obediência a Deus, e não aos padrões da sociedade. Não poderemos mais continuar em uma sociedade quando o preço de viver nela é desobediência a Deus, e isso é um padrão alto — muito mais alto do que imaginam alguns cristãos americanos alarmados. Em tempos assim, enfrentaremos o martírio ou o exílio da cidade. Mas, enquanto formos capazes de glorificar a Deus, precisamos habitar na cidade, orar e trabalhar por sua prosperidade e viver como um povo que pertence a Deus em uma criação que também pertence a ele.

Habitando na cidade e desejando o bem do outro

Somos deixados com a tarefa de viver em um *habitat* que não é para nós. Se Ellul está correto em sua análise, simplesmente sobreviver nesse *habitat* desumano não é suficiente. Temos o dever, diante de Deus, a quem pertencemos, de representá-lo, de sermos uma presença fiel e que afirma a realidade em um mundo que "avança progressivamente para trás". Aceitando que Cristo é o único que traz salvação

---

23 Ellul, *The Meaning of the City*, 182.

e redenção, como viveremos de maneira fiel como um povo que não é de si mesmo, mas pertence a Cristo?

Ao pertencermos a Cristo, pertencemos ao seu corpo aqui na terra, a Igreja. Nossas decisões e ações devem buscar o bem de Cristo e de sua igreja. O desafio é entender o que isso significa. Ao pertencermos a Cristo, também pertencemos ao nosso próximo e ao mundo criado. Apesar de não pertencermos ao próximo ou ao mundo criado da mesma forma que pertencemos a Cristo (por adoção) ou à igreja (uma família), o mandamento de Deus para amarmos ao próximo como a nós mesmos e para cuidar de sua criação obriga-nos a buscar o bem deles.

Somos unidos a Cristo e ao seu corpo por meio da Ceia do Senhor e do Batismo. Estamos unidos à nossas famílias por meio do sangue e da história compartilhada. Somos unidos ao próximo por meio de nossa humanidade compartilhada, nossa natureza pecaminosa, nossa necessidade de redenção e nossa experiência cívica compartilhada. O seu pertencimento ao próximo é uma espécie subsidiária de pertencimento: porque você pertence a Cristo e ele ordenou que "façamos o bem a todos" (Gl 6.10), você tem uma obrigação profunda de cuidar dos interesses de seu próximo. Paulo diz ainda que precisamos fazer o bem "principalmente aos da família da fé", o que pode soar como uma desculpa para ignorar o sofrimento de nossos vizinhos não cristãos, mas certamente não é.

Você não pode desejar demais o bem do seu próximo não cristão. Isso não é possível. Não importa o quanto você deseja que seu próximo não cristão seja tratado com justiça, conheça o amor e a misericórdia de Deus e que seja tratado corretamente como um ser humano criado à imagem de Deus, você sempre pode desejar mais o bem dele. Nos EUA de hoje, nossa tentação é importar-nos muito pouco, e não demais.

Nossa tendência é ver a nós mesmos como totalmente independentes de nossa rua, nosso bairro, nossa cidade. Porém, nós temos uma obrigação para com esses lugares. Essa obrigação é subsidiária no sentido de ser um pertencimento derivado, enraizado e amarrado pela natureza ampla de nosso pertencimento a Cristo.

Não somos livres para buscar qualquer coisa que nos traga mais satisfação pessoal. Não somos livres para definir nossa identidade de qualquer maneira que queiramos. Não somos livres para usar as pessoas ou a criação como ferramentas para nossos próprios fins. Somos limitados. Mas é abraçando e respeitando esses limites que podemos testemunhar o nosso pertencimento a Deus e nos opor à falsa premissa do autopertencimento. Na verdade, rejeitar as responsabilidades do autopertencimento que pesam tanto sobre nós liberta-nos para desejar o bem dos outros.

Em vez de desejar e buscar nosso próprio bem, estamos obrigados a desejar e buscar o bem de outros (Gl 6.10; Fp 2.3-4). Esse "bem" não é sempre mensurável (embora possa ser, como a redução da pobreza ou da malnutrição) nem é determinado pelas últimas pesquisas ou por tendências culturais. O bem é definido por Deus. Na medida em que conformamos nosso coração à vontade de Deus por meio da oração, da Ceia do Senhor, da leitura da palavra e do culto semanal de adoração, ganhamos a sabedoria e o discernimento para desejar o bem dos outros. É o projeto de uma vida, e cometeremos erros. Nossa postura deve ser humilde e altruísta, mas, se você for fiel, Deus lhe dará sabedoria.

O bem dos outros contrasta bastante com "progresso", "eficiência", "autodesenvolvimento" e assim por diante. Por exemplo, quando desejamos o bem dos outros, não podemos reduzi-los a um princípio abstrato ou a uma pessoa teórica.

Outra diferença é que o bem do seu próximo ou do ambiente pode não ser o resultado mais eficiente. Por exemplo, alguns estimam que pode ser mais eficiente legalizar a prostituição. Ela provê um serviço para muitas pessoas solitárias e faz com que pessoas que talvez não tenham outras habilidades para o mercado de trabalho possam gerar renda para si mesmas e para suas famílias.

Entretanto, para desejar o bem dessas pessoas, não podemos sancionar a instrumentalização de sua intimidade. Pode ser menos eficiente aumentar as redes sociais de proteção para que mães que não estejam aptas para o mercado de trabalho não tenham que se prostituir, mas essa é uma maneira de desejar o bem delas. Talvez você tenha uma proposta melhor — não duvido que exista. Mas desejar o bem do seu próximo requer ir além da eficiência como o maior valor.

Outra diferença é que, quando você deseja o bem de outros, e esse bem é definido por Deus, você, com frequência, desejará e buscará bens que o seu próximo não deseja. Você sabe disso por experiência própria. Há várias coisas que cada um de nós deseja e busca que não são para o nosso bem. Algumas vezes, sabemos que elas não são boas para nós; outras vezes, estamos convencidos de que sabemos aquilo de que precisamos e só percebemos o erro mais tarde.

Por exemplo, você pode estar em um relacionamento com alguém que é ruim para você. Essa pessoa encoraja os seus piores impulsos ou abusa de você de alguma forma. Você pode reconhecer que ele ou ela "faz mal para você", mas continua com essa pessoa, pois você a deseja. Ou talvez todos os seus amigos tenham avisado que a sua namorada ou o seu namorado é uma pessoa terrível, mas você passa anos convencido de que eles estão errados. Se somos nossos e pertencemos a nós mesmos, é difícil para qualquer pessoa dizer para outra: "sei o que é bom para você nessa situação melhor do que você mesmo". A frase soa bastante orgulhosa e como uma violação de nossa liberdade enquanto indivíduos. Mas o fato é que, com frequência, não sabemos o que é bom para nós. Se não somos de nós mesmos, mas pertencemos a Cristo, nosso dever é desejar e buscar o bem dos que nos cercam, mesmo quando eles não concordam que aquilo é para o bem deles. É uma maneira de amá-los e de glorificar a Deus.

* * *

Uma vez que você aceitar que não é de si mesmo, mas que pertence a Cristo, muitas partes de sua vida que você considerava como questões de preferência pessoal revelam-se como questões referentes à vontade de Deus.

Pense no casamento. Se somos de nós mesmos, o casamento é um entre vários caminhos para a autorrealização. Filhos são uma opção que você pode acrescentar ao casamento ou não — assim como comprar uma casa, abrir uma conta conjunta, comprar um animal de estimação ou escolher uma estante para a sala. Para casais que sentem o chamado para terem filhos, essa pode ser uma experiência satisfatória e cheia de sentido. Todavia, quando as crianças não se encaixam com os objetivos pessoais de um casal casado, esperamos que o casal se abstenha de ter filhos.

Porém, se não somos de nós mesmos, mas pertencemos a Cristo, o plano de Deus para o casamento e para o sexo importa. Não por acaso, as crianças são o fruto natural de um casamento, assim como o sexo é a culminação natural e física do casamento. O casamento não diz respeito apenas ao bem do casal. Wendell Berry relembra-nos de que "amantes não devem, como agiotas, viver apenas para si mesmos. Eles precisam finalmente tirar os olhos um do outro de volta para a comunidade".[24] Há várias exceções significativas para esse *design*. Muitos casais lutam dolorosamente com a infertilidade. Outros casais evitam a gravidez por causa de sérios riscos de saúde. Mas as exceções não mudam o sentido do *design* de Deus. Uma parte essencial do significado do casamento é buscar a procriação. Podemos não querer que o sentido do casamento esteja amarrado a filhos, mas ele objetivamente está. E, quando abraçamos esse propósito, testemunhamos o fato de que não somos de nós mesmos, de que dependemos de Deus para a provisão e para a graça necessários para sermos pais e mães.

Ser pai e mãe será custoso para você. Demandará energia e recursos que você não tem. Enquanto o amor pelos seus filhos pode ser uma grande fonte de alegria, muitos *hobbies*, prazeres e oportunidades de carreira serão perdidos. Para as mães, o seu corpo será entregue de maneira dramática para o crescimento da criança. E seu corpo jamais será o mesmo. É um sacrifício. Ter filhos no ápice da juventude também significa que você vai ficar para trás na carreira. Sem filhos, você poderia facilmente trabalhar mais tempo — ou poderia viajar, economizar para a aposentadoria. Você poderia fazer amor durante o dia sem medo de que as crianças batam na porta e perguntem por que ela está trancada. Ou você poderia usar o banheiro sem que alguém gritasse pedindo um copo de água. Ser pai ou mãe é pertencer a outra pessoa como um guardião. É uma dádiva pródiga, terrivelmente ineficiente e improdutiva. Vez após vez, de maneiras profundamente físicas, emocionais e espirituais, você não será livre. Mas tudo bem. Você nunca foi de si mesmo.

---

24 Wendell Berry, "Sex, Economy, Freedom, and Community," in *Sex, Economy, Freedom, and Community* (Berkeley, CA: Counterpoint, 2018), 137.

Ao longo da vida, pessoas solteiras e casais que não podem ter filhos enfrentarão fardos diferentes, mas não menos substanciais e importantes, especialmente se quiserem ativamente desejar o bem do próximo. A vida não é uma competição para ver quem pegou a pior parte. Quando você começa a buscar o bem dos outros, há bastante sofrimento e sacrifício para todo o mundo. Quase todas as pessoas nos EUA têm bastante liberdade para rejeitar todas as obrigações, exceto as responsabilidades do autopertencimento. Pais e mães podem terceirizar o cuidado dos filhos e focar em suas carreiras. Pessoas solteiras podem negligenciar suas famílias e seus vizinhos passando necessidade. Casais sem filhos podem dedicar sua renda ao luxo e às viagens, em vez de cuidar dos pobres. Porém, se reconhecermos e rejeitamos essa antropologia falsa e começarmos a desejar o bem do nosso próximo, todos seremos libertos das responsabilidades do autopertencimento, para que possamos amar os outros.

***

Ou pense em escolhas de carreira. Para muitos jovens de hoje, escolher uma carreira é um pesadelo de tarefa que pesa sobre eles durante o ensino médio e a faculdade, pronta para cair sobre eles, como a espada de Dâmocles.[25] Relembre a ansiedade de Esther Greenwood, do livro A redoma de vidro. Para pessoas que acreditam

---

25 N. do T.: Alusão a uma ilustração atribuída a Cícero (106–43 a.C), em que o rei Dionísio II, da cidade italiana de Siracusa, convida um de seus súditos mais bajuladores, chamado Dâmocles, a sentar-se em seu trono e participar de um banquete. Quando Dâmocles senta no trono para jantar, descobre que há uma grande espada pendurada sobre o trono por um único fio de cabelo e passa o restante da noite com medo de que a espada caia sobre ele. A história ilustra a constante insegurança vivida por alguém que possui grande poder.

que são de si mesmas, a competição costuma ser o lugar em que elas se sentem mais validadas, e a forma mais honrada de competição para os adultos é o mercado de trabalho. Essa pressão torna a escolha da carreira certa uma crise existencial.

Em nossa jornada para descobrir a carreira certa, olhamos para dentro, na esperança de discernir algo a respeito de nossa personalidade e identidade que aponte claramente para alguma ocupação. O foco de nosso processo decisório está em nós mesmos. Refletimos em nossas habilidades, nossas paixões, nossas experiências. Outras pessoas aparecem em nossos planos apenas porque determinam quanto mercado há para certas carreiras e o quão competitivas são. No entanto, as necessidades delas enquanto pessoas não são importantes. Em alguns casos, podemos até mesmo ressentir o fato de precisarmos pensar acerca da demanda existente por algum trabalho. Preferimos ser pagos para fazer qualquer trabalho que consideremos interessante, sem nos importar se é um trabalho bom para o próximo.

Caso a nossa busca interna revele que somos altruístas, nossa tendência é procurar trabalhos em que possamos sentir que estamos ajudando as pessoas, independentemente se é disso que aqueles que são nossos próximos estão precisando mais. Mesmo quando somos altruístas, não somos encorajados a perguntar: "Do que meu próximo precisa? Do que minha comunidade precisa? Com qual problema posso me envolver?" Em vez disso, perguntamos: "Em qual trabalho posso ajudar as pessoas?" A resposta costuma ser: médico, enfermeiro, psicólogo, professor e assim por diante. É claro que essas são profissões honrosas, mas, se desejarmos o bem de nosso próximo, talvez nenhuma dessas funções seja aquilo de que nossa comunidade específica precisa. Será que estamos realmente amando o próximo se você vira um médico para poder ajudar as pessoas, mas, então, deixa sua comunidade, para encontrar um lugar que precise de outro médico? Será que isso é melhor do que permanecer onde você está e tornar-se um professor em uma escola pública em dificuldades?

Se você é um cristão, talvez o seu desejo de ajudar as pessoas o motive a tornar-se um pastor ou um missionário. Mas será que a sua cidade precisa de mais um pastor? Talvez ela precise de alguém consertando ares-condicionados e que passe os finais de semana mentoreando os jovens. Será que os países fora do Ocidente precisam de outro missionário, ou será que as igrejas locais daqueles lugares poderiam receber mais suporte financeiro? Quando você vê a sua vida como se fosse uma jornada do herói, mesmo quando você *tenta* ser intencional em ajudar os outros, há uma boa chance de você terminar com uma carreira que permita que você *se sinta* útil.

Por um lado, não há muita distinção entre sentir-se útil e ser útil. Quando você se sente útil, experimenta os benefícios de uma vida mais satisfatória. Você sente que a sua vida tem sentido e propósito; então, é menos provável que você caia em vícios destrutivos e assim por diante. Mas esse não é o ponto. Se você não é de si mesmo, mas pertence a Cristo, realmente importa se desejamos e buscamos o bem de nosso próximo. A maneira como você se sente a respeito disso não importa tanto. Fale com quaisquer bons professores de escola pública, e eles admitirão que, com frequência, não *sentem* que o trabalho deles faz alguma diferença. Todavia, lembre-se de Ellul: nossa tarefa é "obedecer a nossas ordens", e não medir o sucesso. E esses professores, se forem bons, desejam o bem do próximo. Eles estão fazendo o bem, mesmo quando não veem resultados imediatos.

O que podemos fazer?

Uma antropologia cristã deveria mudar radicalmente a maneira como pensamos as carreiras no Ocidente. Ainda precisamos saber nossas competências e habilidades e devemos pensar a respeito do trabalho gostaríamos de fazer e das carreiras que têm mercado; mas, visto que pertencemos a Cristo, à sua igreja, à nossa família e ao próximo, também precisamos discernir as necessidades da nossa comunidade. Essas necessidades são nossas obrigações.

Quando você começa a pensar dessa maneira, fica livre de ter que escolher a carreira certa. Qualquer trabalho que pague suas contas, seja honrado e sirva ao próximo é um bom trabalho. Ele não define a sua identidade, não justifica a sua existência nem determina o seu propósito de vida. É simplesmente algo bom para fazer hoje. Pensar dessa maneira também o liberta da tirania da hierarquia social. Encanadores, mecânicos e motoristas de ônibus honestos e habilidosos fazem tanto pelo bem do próximo quanto professores, banqueiros ou pastores — e, em muitos casos, eles fazem muito mais por muito menos agradecimentos.

***

Ou pense no descanso. Se não somos de nós mesmos, mas pertencemos a Deus, temos liberdade para descansar. Não precisamos erguer o mundo nas costas nem sustentar a nós mesmos — o que é bom, já que as responsabilidades do autopertencimento são insuportáveis. Corretamente praticada, uma antropologia cristã deve criar pessoas que são conhecidas por sua habilidade de descansar. Não se trata de uma "recarga" eficiente para que voltemos ao trabalho descansados e mais produtivos; tampouco da notável "diversão" das viagens ou das festas, que ganha seu significado por meio das postagens em mídias sociais; nem do frenético "relaxamento", que requer o consumo do conteúdo correto ("Será que eu já vi esse filme? Que tal o último episódio de ____?") para matar o medo de estar perdendo algo; nem do "vegetar", com seu sentimento de completa exaustão e incapacidade.

O descanso bíblico é possível porque não precisamos agir para salvar o mundo ou para nos justificar. Porque um Deus amoroso criou e preserva o mundo, porque ele prometeu o bem a todos aqueles que o amam, não precisamos estar ocupados. Não precisamos sentir culpa por não sermos produtivos a todo momento ou por não usarmos nosso tempo de lazer da maneira mais eficiente. Descansar sem ansiedade, sem medo de ficar para trás ou de estar perdendo algo não é apenas uma possibilidade, mas uma obrigação para aqueles que não pertencem a si mesmos. O descanso bíblico é vagaroso.

Como aprendemos de Pieper, a inabilidade de descansar do seu trabalho representa falta de confiança em Deus e implica no pecado da acédia.[26] Culturalmente, valorizamos aqueles que nunca param de trabalhar — atletas que são "ratos de academia"; funcionários de startups no Vale do Silício que dormem debaixo da mesa de trabalho[27], para que consigam trabalhar 18 horas por dia; alunos com nota média acima da nota máxima possível, porque estão envolvidos em várias atividades extras, e assim por diante. Esses impulsos monomaníacos não refletem a realidade de que Deus é soberano e de que nossa retidão está em seu Filho, e não em nosso trabalho.

* * *

26 Pieper, *Leisure*, 48.
27 Obrigado a Heath Hardesty por me ajudar a entender essa experiência.

O que podemos fazer?

Para mim, os versos mais tocantes de toda a Bíblia são Lucas 10.41–42, quando Marta vem até Jesus reclamar de sua irmã, Maria, que não estava ajudando a servir a mesa:

> Respondeu o Senhor: "Marta! Marta! Você está preocupada e inquieta com muitas coisas; todavia apenas uma é necessária. Maria escolheu a boa parte, e esta não lhe será tirada". (NVI)

Tive essa mesma conversa com meus filhos muitas vezes e tenho que dizer que minha tendência é ficar do lado de Marta. Eu também compartilho o hábito dela de estar "preocupado e inquieto com muitas coisas". Porém, as palavras de Cristo para ela cortam até os ossos: "Marta! Marta!".

Ao falar o nome dela duas vezes, Cristo traz Marta para fora de si mesma e do medo de que, se ela não cuidar de tudo, o mundo vai cair aos pedaços (ou, pelo menos, a parte do mundo de que ela cuida). Imagino que, ao ouvir seu nome pela primeira vez, Marta começou a prestar atenção em Cristo, mas sua mente ainda estava agitada com todas as coisas que precisavam ser feitas na casa. Marta estava fisicamente presente com Cristo, mas, espiritualmente, tudo o que ela queria dele era que mandasse Maria ajudá-la. Com a repetição do seu nome, imagino que as defesas de Marta caíram. Cristo falou com a Marta por trás da Marta que acreditava que era pessoalmente responsável por tudo.

A essência da resposta de Jesus é que há apenas uma coisa realmente necessária: deleitar-se em Cristo. "Necessária" é uma palavra pesada, carregando um senso de urgência e ação. Tenho certeza de que Marta estava convencida de que servir precisamente da maneira correta era "necessário", assim como temos uma longa lista de coisas "necessárias", que precisam ser feitas diariamente antes de estarmos em paz. Talvez Lázaro tenha passado na cozinha e dito: "Por que você não senta com Maria aos pés de Jesus?" E Marta pode ter respondido: "Só preciso terminar isso e, então, poderei estar com ele". Sempre há mais uma coisa que "só preciso fazer…". Jesus subverte o conceito de Marta daquilo que é necessário. A "única coisa" não requer que Marta faça algo ou, pelo menos, não da maneira como geralmente entendemos o fazer algo. Aqui, novamente, é uma ação de quietude. Tudo o que é necessário é descansar aos pés de Cristo e deleitar-se nele.

Nós somos um povo de Martas, cronicamente incapazes de parar de trabalhar para nos deleitarmos em Cristo. Sentimos que estamos a salvo quando estamos exaustos de trabalhar por nossa própria justificação. E ver as Marias — aqueles que conseguem descansar — deixam-nos amargurados. Mas não precisa ser assim. Pela graça de Deus, na medida em que continuarmos a entender que não somos de nós mesmos, podemos começar a aprender a descansar.

Resistindo ao espírito da cidade

Não obstante a forma de nossa presença na sociedade — seja trabalhando com *marketing*, seja com construção ou serviço comunitário —, representar Cristo na cidade requer oposição ao espírito da cidade, e isso tem um custo. Quando vivemos como aqueles que pertencem a Cristo e tratamos nosso próximo e o mundo como pertencendo a Cristo, entraremos em conflito com o espírito da cidade. Os evangélicos preocupam-se há bastante tempo com perseguição por causa de suas convicções religiosas (um medo que não é infundado, mas frequentemente exagerado), e, mesmo assim, suspeito que enfrentaríamos muito mais perseguição ou, pelo menos, mais discriminação, se realmente abraçássemos nosso pertencimento a Cristo e vivêssemos esse pertencimento na maneira como conduzimos os negócios e a política.

Quando foi a última vez que um cristão no Ocidente enfrentou a fúria da multidão por apontar que ídolos são apenas ídolos? Demétrio, o ourives de Atos 19, inflamou uma multidão contra Paulo, porque o apóstolo estava dizendo às pessoas que "deuses feitos por mão humanas não são deuses" (v. 26). Uma parte significativa da economia de Éfeso estava centrada no Festival de Ártemis e nas vendas de estátuas de prata da deusa. Paulo vem e desvela aquilo que todos já sabiam: os ídolos são estátuas feitas pelos ourives. Pedaços de metal, e não deuses. Uma vez que eles eram apenas pedaços bem esculpidos de metal, não poderiam cumprir suas promessas. Orações e sacrifícios oferecidos às estátuas de Ártemis eram incapazes de conceder aos adoradores aquilo que desejavam. Os seus ídolos eram impotentes. Como o garotinho da história *A roupa nova do imperador*, Paulo estava apenas observando aquilo que era autoevidente, mas que ninguém queria ver. Por quê? Quando a riqueza de uma cidade depende de todos acreditarem em uma mentira, é fácil de acreditar — especialmente, quando é uma mentira reconfortante.

O que surpreende não deveria ser que Paulo tenha incitado uma rebelião, mas que essa experiência não seja mais comum. Isso deveria gerar reflexão entre os cristãos. A nossa sociedade não está menos consumida por ídolos do que a sociedade de Paulo. Nossa economia não é menos dependente dos ídolos. E nossos ídolos são igualmente impotentes. Eles prometem paz, justificação, identidade, sentido, pertencimento e completude, mas apenas aumentam nossas inadequações. Será que os cristãos acomodaram a sua fé a uma sociedade de ourives? Será que a razão pela qual os cristãos têm tanta facilidade em integrar-se com a economia moderna nos EUA seja que, na prática, concordamos com a ideia de que somos nossos e pertencemos a nós mesmos? Embora eu pense que a maioria dos cristãos, teoricamente, rejeitaria a ideia do *self* soberano, em nossa experiência diária, é mais fácil sentirmos que pertencemos a nós mesmos do que que pertencemos a Deus.

No lugar de nossa dependência dos ídolos ou de nós mesmos (que, na verdade, é a mesma coisa), os cristãos podem resistir ao espírito da cidade, reconhecendo, de maneira aberta e consistente, nossa radical dependência de Deus. Em sua crítica à meritocracia, Michael Sandel afirma:

> O rival mais potente contra o mérito, contra a noção de que somos responsáveis por nossa sorte e que merecermos o que recebemos é a noção de que nosso destino excede o nosso controle, que temos dívidas, tanto pelo nosso sucesso quanto pelas nossas dificuldades, para com a graça de Deus, ou para com caprichos da fortuna, ou para com o resultado do sorteio.[28]

Sandel dá três exemplos de coisas às quais devemos nosso sucesso, mas só podemos demonstrar gratidão a uma delas: Deus. Você não pode ser grato "aos caprichos da fortuna" ou "ao resultado do sorteio". Você pode apenas reconhecer a improbabilidade estatística. Aqui, podemos ver como uma antropologia bíblica pode oferecer "o rival mais potente contra o mérito". As coisas boas que

---

[28] Michael J. Sandel, *The Tyranny of Merit: What's Become of the Common Good?* (New York: Farrar, Straus and Giroux, 2020), 137. [Edição em português: Michael J. Sandel, *A Tirania do Mérito: O Que Aconteceu Com o Bem Comum?* trad. Bhuvi Libanio (Rio de Janeiro: Civilização Brasileira, 2020).]

experimentamos e possuímos na vida são dádiva de Deus. Nossa gratidão a Deus deveria ser pública e explícita, resultando em um tipo de generosidade que parecesse radical do ponto de vista do mundo. Em vez de ver a caridade como uma boa obra que fazemos por causa do sucesso que merecemos atingir, deveríamos pensar que cada coisa boa que temos é uma dádiva de Deus e que ele nos concedeu essas coisas na expectativa de que ofereceríamos aquilo que recebemos como dádivas aos outros. Mostramos compaixão aos que nos cercam não porque a mereçam nem porque seja tecnicamente possível que a mereçam. Mostramos compaixão porque Cristo teve compaixão de nós quando não merecíamos. É essa postura de total dependência de Deus que, vivida em palavras e em ações, pode rivalizar com a meritocracia e com o espírito de autonomia da cidade.

***

Como seria se representássemos a Cristo "no coração da cidade", não como parte de uma estratégia grandiosa para salvar nossa sociedade, mas por meio de atos de amor simples, fiéis e anônimos? Atos pródigos que dão testemunho da nossa contingência em relação a Deus e da bondade de nosso pertencimento a ele. Só posso falar das poucas implicações que vieram a mim ao longo dos anos, mas há muitas outras. Boa parte dos atos pródigos são tão próximos a mim e tão custosos que meu coração reluta em considerá-los. Mas é aqui que o corpo de Cristo pode servir, conforme humildemente relembramos uns aos outros que pertencemos a Cristo.

Podemos começar desafiando a nós mesmos com questões que revelem nossa cumplicidade com o espírito da cidade. Podemos nos perguntar:

- De que maneira a nossa presença na comunidade colabora para a humanidade das pessoas ou nos distrai dela?
- De que maneira o nosso trabalho encoraja as pessoas a acreditarem que elas pertencem a si mesmas?
- De que maneira o *marketing* contribui para a mentira de que devemos descobrir e expressar nossa identidade?
- Quais ídolos culturais estamos negligenciando em nome da prosperidade ou do conforto?
- Será que essa tecnologia ajuda a nos deleitarmos na criação de Deus e no amor ao próximo ou gera orgulho?
- Em nossas conversas e ações diárias, de que maneira competimos por atenção e significância?
- Podemos realizar essa tarefa enquanto desejamos e buscamos o bem de nosso próximo?
- Em nossas conversas e ações diárias, de que maneira encorajamos os outros a buscarem as responsabilidades do autopertencimento?
- Somos capazes de descansar, estar em silêncio e saber que ele é Deus?
- Em que áreas estamos elevando os valores da eficiência, produtividade ou do lucro acima da beleza, da bondade ou da verdade?
- Estamos praticando o lazer e convidando aqueles que são nossos próximos a se unirem a nós?
- Será que nossas igrejas são lugares em que as pessoas participam de um banquete, deleitando-se, de maneira pródiga e com gratidão, nas boas dádivas de Deus?

Ao fazermos essas perguntas, talvez descubramos que algumas ocupações estão intrinsecamente amarradas à desumanização de outros e deveriam ser rejeitadas. Alguns mercados estão majoritariamente baseados em fazer o próximo sentir-se inadequado. Alguns estilos de gestão priorizam a produtividade em detrimento da saúde e da família. Algumas tecnologias intrinsecamente tratam as pessoas como ferramentas para o nosso prazer. Alguns avanços apenas fazem com que avancemos progressivamente para trás.

Não fazer tudo o que podemos

Outra maneira de resistirmos ao espírito da cidade é alterando a maneira padrão como pensamos a respeito daquilo que podemos fazer. Como vimos nos capítulos anteriores, o mundo moderno coloca o indivíduo soberano no centro, e uma das principais maneiras como experimentamos isso é nas infinitas escolhas que nos são oferecidas em tudo, seja na política, seja no jantar, seja nas identidades. A própria existência de todas essas opções nos impele a exercer nossa liberdade de escolha. Essas escolhas tornam os seres humanos capazes de realizarem cada vez mais (relembre a nossa discussão sobre a sociedade pornográfica em que vivemos, por exemplo). Mas, para pessoas que não são de si mesmas, nossa premissa básica não deveria ser que temos absoluta liberdade para escolhermos entre todas as opções que a sociedade nos oferece. O fato de que somos capazes de algum ato e que temos autorização política e social para fazer algo não significa que somos livres diante de Deus. Como Ellul nos exorta, precisamos concordar em não fazer tudo aquilo de que somos capazes.[29]

---

29 Jacques Ellul, "The Ethics of Nonpower," in *Ethics in an Age of Pervasive Technology*, ed. Melvin Kranzberg (London: Routledge, 1980), 193. Kindle.

Onde a nossa sociedade continuamente diz: "Sim, você pode. Por um preço!", devemos aprender a dizer: "Não, não podemos, por preço algum". Como qualquer criança sabe, a autolimitação é difícil de sequer ser imaginada quando todos estão sucumbindo. No entanto, esse é precisamente o tipo de testemunha que precisamos ser.

Por exemplo, quando uma nova tecnologia é lançada, nossa postura padrão não deveria ser a adoção, mas um discernimento cuidadoso, julgando a inovação através de padrões mais altos do que a eficiência. Ellul vê um modelo para isso na maneira como a igreja antiga lidava com a tecnologia:

> Atividade tecnológica não escapou do julgamento moral cristão. A pergunta "é justo?" foi feita para cada tentativa de mudar os modos de produção ou de organização. Que algo possa ser útil e lucrativo para os homens não fazia com que fosse reto e justo. Era preciso ajustar-se a uma concepção precisa de justiça diante de Deus. Quando um elemento da técnica parecia ser justo a partir de todos os pontos de vista, era adotado — e, mesmo assim, com bastante cautela.[30]

Simplesmente tomar a decisão de não adotar toda a tecnologia que nos está disponível, de não participar em todo o entretenimento feito para nós, de não exercitar todas as nossas liberdades jurídicas dará testemunho do nosso pertencimento a alguém maior do que nós mesmos.

---

[30] Jacques Ellul, *The Technological Society*, trad. John Wilkinson (New York: Vintage Books, 1964), 37.

Quando rejeitamos a afirmação que a sociedade faz de nossos desejos, também resolvemos o problema do "mal-estar da infinitude", como descrito pelo sociólogo Émile Durkheim. Ao não fazermos tudo o que podemos fazer, somos aliviados da pressão de atingir padrões cada vez mais altos e adquirir cada vez mais bens.

É claro que escolher não fazer tudo o que podemos não é, inerentemente, um desafio significante ao espírito da cidade. Muitas pessoas abertamente abstêm-se de certas comidas, tecnologias, produtos ou serviços como parte de um estilo de vida voltado para o consumo ético. É completamente possível tratar o comportamento ético, mesmo o comportamento ético que genuinamente ajude outras pessoas, como uma maneira de cumprir com as responsabilidades do autopertencimento. Talvez você se sinta moralmente justificado quando se abstém de comprar produtos feitos de maneira antiética, e produtos com selo de comércio justo amenizam a sua culpa. Contudo, isso não é o mesmo que aceitar que você está moralmente justificado por causa da morte de Cristo na cruz e que, porque você pertence a ele, não é livre para tratar outros portadores da imagem de Deus como ferramentas ou como objetos.

Não fazer tudo o que podemos, desde que não estejamos motivados por um expressivismo individualista nem por um sentimento de justiça própria, é uma afirmação de que o limite mais significativo para as nossas ações não é material (o que está disponível para mim?), legal (o que o governo permite que eu faça?) ou natural (o que sou capaz, fisicamente, de fazer?), e sim divino (o que eu devo fazer à luz do meu pertencimento a Cristo?). Em uma sociedade que despreza os limites, precisamos estar dispostos a aceitar limites impostos a nós mesmos e encorajá-los para outros.

Fidelidade política

No Ocidente, particularmente nos EUA, temos a tendência de buscar soluções políticas para todo e qualquer problema social. Nesse caso, a desordem da antropologia contemporânea que mapeamos tem uma forte caracteristicamente institucional. Nossas leis, regulações, direitos e cidadanias são moldadas pela crença de que seres humanos são, fundamentalmente, de si mesmos. Então, temos boas razões para desejar uma solução política. Se resistirmos ao espírito da cidade em nossos corações e casas, mas, passivamente, permitir sua dominância na esfera política, não poderemos dizer honestamente que estamos glorificando a Deus no meio da cidade. Não estamos vivendo de maneira fiel. Não estamos sequer resistindo de fato ao espírito da cidade. Estamos apenas tentando nos salvar. E este livro foi escrito exatamente contra isto: ser responsável apenas por si e diante de si.

Ainda assim, hesito em oferecer soluções políticas. Minha hesitação deriva não apenas da falta de boas opções políticas. Ao contrário, há opções demais, pois o estado moderno é incrivelmente vasto. E aqui é onde a dificuldade mora. Há milhões de maneiras pelas quais o governo desumaniza os cidadãos. Algumas delas são pequenas e burocráticas — uma rede de segurança social que usa formulários, nos quais o sofrimento humano e a diversidade de pessoas se tornam uma caixinha para ser assinalada. Outras são bastante grandes — um sistema de justiça criminal que veja pessoas como unidades de disrupção social que precisam ser eliminadas. A desordem é tão grande que simplesmente não sou capaz de oferecer um mapa para salvar o Estado. Pessoas mais sábias do que eu tentaram fazê-lo, mas a inércia de uma sociedade governada pela técnica e por um falso entendimento da pessoa humana continua sem qualquer impedimento.

O que podemos fazer?

Em 1979, Bob Goudzwaard publicou o livro *Capitalismo e progresso: um diagnóstico da sociedade ocidental*, no qual ele apresenta um diagnóstico que não é completamente diferente do meu. Economista e cristão reformado, Goudzwaard enquadra o problema com o critério de rejeição das "normas" e da profunda fé no progresso, enquanto enquadrei o problema antropologicamente e foquei na técnica. Mas há bastante sobreposição conceitual. Os capítulos finais de *Capitalismo e progresso* incluem várias sugestões para mudanças sistêmicas, várias das quais acredito que continuam promissoras. Essas recomendações incluem restrições no uso de propagandas (tanto na quantidade quanto no método de persuasão), agências reguladoras de novas tecnologias, trabalho digno (melhores condições de trabalho, trabalhos mais criativos, mais controle do trabalhador sobre as corporações e assim por diante) e um foco em nossas responsabilidades para com o meio ambiente e para com o próximo. Essas são recomendações ousadas e fascinantes, mas eles requererem enormes mudanças em nossa economia global para serem bem-sucedidas.

Ao escrever *Capitalismo e progresso*, Goudzwaard confessou não ter "o projeto construtivo pronto" para as mudanças sociais, e quaisquer mudanças que fossem necessárias seriam extremamente difíceis de ser executadas (como "mover montanhas") e ainda não produziriam uma sociedade "ideal".[31] Mesmo assim, ele acreditava que havia uma janela de oportunidade para uma profunda mudança estrutural, conforme as pessoas na década de 1970 ficavam cada vez mais insatisfeitas com uma "sociedade dominada e atormentada pelo

---

31 Bob Goudzwaard, *Capitalism and Progress: A Diagnosis of Western Society*, trad. Josina Van Nuis Zylstra (Toronto: Paternoster Press, 1997), 189-188. [Edição em português: *Capitalismo e Progresso: Um Diagnóstico da Sociedade Ocidental*, trad. Leonardo Ramos (Viçosa/MG: Ultimato, 2019).]

progresso".[32] 40 anos depois que ele escreveu essas palavras, penso que temos de admitir que aquilo que ele chamou de "aberturas disponíveis" para a mudança estrutural não levaram a uma sociedade mais humana. Ao invés disso, descobrimos formas novas e mais eficientes de adaptar os seres humanos a uma sociedade desumana (relembre todas as estratégias de automedicação que discutimos). Nosso entretenimento melhorou. Nossos medicamentos melhoraram. Nosso consumo melhorou. Não importa quão pesadas sejam as responsabilidades do autopertencimento, encontramos maneiras de lidar com elas, em vez de atacar a raiz de nossa desordem.

Apesar de a antropologia cristã não levar a uma estratégia grandiosa para a salvação política da nossa sociedade, ela também não advoga em favor do quietismo. Esperar sem esperança não significa permanecer parado, mas agir descansando ou, mais especificamente, agir descansando na providência de Deus. Quando temos a agência necessária para assegurar o bem de nosso próximo — seja por meio de discurso político na esfera pública, seja votando ou trabalhando na política ou como servidor público —, temos a responsabilidade de fazê-lo.

Embora eu esteja ainda menos otimista quanto a fazermos mudanças estruturais profundas do que Goudzwaard estava em 1979, não acredito que temos o direito de nos resignarmos. Isso é parte da obrigação de vivermos diante de Cristo e pertencermos a ele. Não podemos parar de desejar o bem, mesmo quando não somos capazes de imaginar de que maneira o bem pode ser obtido. Precisamos ser fiéis e fazer nosso bom trabalho onde quer que estejamos e a despeito dos resultados, desde que se trate realmente de um bom trabalho.

---

32 Goudzwaard, *Capitalism and Progress*, 244.

Isso pode significar fazermos campanha por uma portaria local ou por uma medida obrigatória que vise a garantir que sua comunidade trate os moradores de rua de maneira digna. Ou poderia significar que um funcionário do escritório de recolocação profissional se dirija às pessoas pelo nome, olhando-as calorosamente nos olhos e sorrindo. Pode até mesmo significar opor-se ao comércio com nações que usem trabalho escravo, mesmo que isso traga danos consideráveis à nossa qualidade de vida. Junto com Goudzwaard, acredito que devemos advogar políticas públicas, práticas de mercado e hábitos pessoais que coloquem o bem-estar espiritual, mental e físico das pessoas, assim como o bem do meio ambiente, acima dos valores da eficiência, do progresso e do lucro. A ideia de que temos o direito de manter nosso nível atual de consumo e de que consumir é um ato patriótico deve ser rejeitada.

Para cumprir esses objetivos, precisamos pensar em advogar por um governo que tenha proporções humana. Pode ser que governos para além de certo tamanho tornem-se inevitavelmente desumanos, movidos quase que exclusivamente pela inércia da burocracia, por dados, abstrações, procedimentos e técnicas. Subsidiariamente, trazer a governança e as políticas públicas para as escalas mais baixas e locais possíveis parece ser um passo prático na direção de um governo com proporções humanas.[33]

Onde quer que você esteja em sua comunidade, qualquer que seja a sua esfera de influência, você é chamado a desejar e buscar o bem do seu próximo, pois pertencemos a Cristo, e não a nós mesmos. Pensar apenas em si mesmo simplesmente não é uma opção para nós.

---

33 Charles Taylor argumenta em favor da subsidiariedade na obra *The Malaise of Modernity* (Ontario: Anansi, 1991), 119.

Embora seja perigoso nos imaginarmos como salvadores do mundo livre, também é verdade que podemos agir para tornar nosso mundo mais humano. Cristo, um dia, transformará nosso *habitat* em um lugar perfeitamente adequado para os seres humanos, mas, até lá, precisamos fazer aquilo que podemos para humanizar nosso ambiente. Novamente, como Eliot nos relembra: "Para nós, há apenas o tentar. O resto não é da nossa conta".[34]

Um benefício de colocar sua esperança de redenção em Cristo, e não em um movimento político, é que você fica menos tentado a fazer concessões ao mal para obter ganhos políticos de curto prazo. Quando você acredita que pode salvar o seu país, não é difícil justificar a mentira, o uso de propaganda ou a corrupção em nome do bem maior. Você pode dizer a si mesmo: "Tecnicamente, o que estou dizendo não é verdade, mas o espírito disso é verdadeiro, e nós temos que salvar a nossa nação!" Infelizmente, esse tipo de mal pragmático tornou-se uma doença crônica na atuação política dos evangélicos americanos. Deus, contudo, não precisa nem deseja nossos meios injustos de atingir seus fins justos.

***

Uma implicação política importante de uma antropologia cristã é que as políticas identitárias podem ser substituídas por uma visão do bem comum. Se somos apenas de nós mesmos, é impossível que haja um bem comum. Pode haver uma tolerância negociada ou grupos com objetivos similares, mas nenhum bem

---

34 T. S. Eliot, "Four Quartets," in *Collected Poems 1909-1962* (London: Harcourt, Inc., 1991), 189. [Edição em português: T. S. Eliot, *Quatro Quartetos*, trad. Ivan Junqueira (Civilização Brasileira: Rio de Janeiro, 1967).]

que compartilhemos uns com os outros, nenhuma visão da vida em conjunto que envolva desejar e buscar o bem de cada membro. A maioria dos americanos adotou a crença de que o florescimento humano (que é um dos fins principais do bem comum) pode ser definido apenas de maneira individual.[35] Mas, se pertencemos a Cristo, o bem comum existe, e temos uma obrigação de advogar em favor dele. Parte de pertencer a Cristo é viver de acordo com as normas dele, os justos limites que ele estabeleceu sobre nós como indivíduos e como comunidades.

Isso não significa que seja fácil discernir o que é o bem comum em cada situação particular, mas significa que a política deve estar focada no bem de todas as pessoas. Isso significa, por exemplo, que tenho a obrigação de zelar pela qualidade do ensino público, mesmo quando meus filhos não frequentam a escola pública. A injustiça sofrida por meu próximo, seja alguém pobre, seja uma minoria, seja alguém com deficiências, seja um feto, coloca obrigações sobre mim, visto que todos nós pertencemos a Cristo e a essa comunidade específica. Algumas vezes, trabalhar pelo bem comum em uma comunidade exigirá que eu advogue por causas que custam algo para mim ou para aqueles que se parecem comigo. Posso ser chamado a aceitar uma perda de liberdade que eu jamais aceitaria, caso pensasse apenas em políticas identitárias. Nossa concepção do bem deve surgir de nosso entendimento da revelação de Deus por meio de sua Palavra e da natureza. Porém, não estamos começando do zero. Temos milhares de anos de tradição cristã que refletiu a respeito do significado do bem comum e talvez tenhamos mais alguns

---

35 Sandel, *The Tyranny of Merit*, 133.

milhares de anos pela frente.[36] Precisamos começar com nossas fontes, que incluem obras como *Cidade de Deus*, de Santo Agostinho, o trabalho recente de Anthony Bradley acerca do personalismo e o encarceramento ou o livro *What it means to be a human*, de O. Carter Stead, que, explicitamente, amarra os problemas da bioética americana com a crença de que pertencemos a nós mesmos.[37]

Conhecer o que define o bem comum é digno de estudo e debate, mas, de algumas maneiras, é menos importante do que a escolha inicial de imaginar um bem comum. Você não pode desejar e buscar o bem político do seu próximo se você não puder imaginar que o bem comum seja uma possibilidade. Para muitas pessoas modernas, a única visão política que elas podem imaginar é uma visão privada. Essa visão privada pode ser estendida e combinada com outros em um grupo maior, o que nos leva às políticas identitárias; contudo, a visão permanece enraizada na vida privada do indivíduo. Por exemplo, posso suportar um fundo cristão voltado para a proteção da liberdade religiosa, mas, se essa preocupação com a liberdade religiosa estiver firmemente enraizada em meu bem individual, talvez eu não me importe se a liberdade religiosa de um muçulmano for violada.

Parte da beleza do bem comum é que ele não exclui nem diminui a importância da justiça social. Sempre que o seu próximo for tratado de maneira desumana, está no bem comum a luta pela

---

36 Para uma discussão recente, veja o livro de Jake Meador, *In Search of the Common Good* (Downers Grove, IL: InterVarsity Press, 2019).

37 O. Carter Snead, *What It Means to Be Human: The Case for the Body in Public Ethics* (Cambridge, MA: Harvard University Press, 2020); Anthony B. Bradley, *Ending Overcriminalization and Mass Incarceration: Hope from a Civil Society* (Cambridge: Cambridge University Press, 2018). O livro de Bradley é um bom exemplo de como aplicar critérios humanos às questões de justiça. Como ele demonstra, uma abordagem personalista para a justiça concentra-se em cuidar do bem das pessoas, em vez de enxergá-las como estatísticas.

justiça, mesmo quando a opressão dessa pessoa beneficie a mim ou a meus amigos. Já que não se trata realmente da justiça deles, mas da de Deus, e visto que pertencemos a ele, precisamos buscá-la.

* * *

Quando estudo a história da raça humana e reflito a respeito da velocidade das mudanças tecnológicas e de nossa incapacidade de pará-las ou de sequer conter suas consequências imprevistas, eu, honestamente, não sou capaz de imaginar de que maneira o mundo poderia melhorar. É muito mais fácil imaginar um mundo que curou a maioria dos tipos de câncer do que um mundo que trate seres humanos de forma humana. Mas Deus não está preso à minha imaginação. Meu dever é permanecer aqui, como um representante de Deus, e esperar. Esse é o significado de "esperar sem esperança". Ele redimirá a sua criação. Ele, e não você, fará tudo novo.

7
NOSSO ÚNICO CONSOLO

A vida é difícil, e a morte, assustadora. As únicas pessoas que não reconhecem a necessidade de consolo para seguir a vida e para encarar a morte são aquelas que estão tão amortecidas que já não reconhecem o seu próprio torpor como uma forma de consolo. No entanto, de que maneira pertencer a outra pessoa, mesmo que seja a Cristo, pode ser uma fonte de conforto?

Para as pessoas modernas em particular, a ideia de não ser de si mesmo é inerentemente *des*confortável. Sentimo-nos *des*consolados e vulneráveis quando pensamos que pertencemos a outra pessoa. Ainda assim, de acordo com o Catecismo de Heidelberg, é precisamente porque pertencemos a Cristo que podemos encontrar consolo na vida e na morte — nosso *único* consolo, na verdade. Como é possível que algo tão contraintuitivo seja verdade?

***

Em primeiro lugar, pertencer a si mesmo não é um consolo real. Se a escolha é entre uma antropologia cristã e a antropologia contemporânea, então, no mínimo, você não está em uma situação pior ao acreditar que não pertence a si mesmo. A autonomia soa reconfortante, e a liberdade é valorizada pela sociedade como o maior dos bens; todavia, na prática, liberdade sem limites é um tipo de inferno, como John Milton sabia. É um inferno que carregamos dentro de nós.

Esse inferno pode assumir a forma de um desapontamento infinito diante do desejo insaciável por riqueza, experiências ou sexo — esse é o "mal-estar da infinitude" de Durkheim. Ou ele pode assumir a forma de uma paralisia da escolha — Esther Greenwood morrendo de fome debaixo da árvore de figos, porque todos os figos eram bons demais para serem deixados de lado. Ou esse inferno pode assumir a forma de um projeto infindável de inventar, otimizar e expressar a si mesmo. Com frequência, esse projeto revela-se como uma necessidade de receber aprovação e afirmação, o que é sempre um tanto incerto, para que seja satisfatório. Se pertencer a Cristo o deixa desconfortável, pense se você está realmente confortável pertencendo a si mesmo ou se as responsabilidades do autopertencimento demandam cada vez mais de você, tornando-o cada vez mais dependente de outros mecanismos de enfrentamento que tornem a vida tolerável.

* * *

Ainda assim, não é completamente irracional que façamos careta quando ouvimos a frase "eu não sou de mim mesmo". Como vimos no capítulo 5, pertencer a outra pessoa abre as portas para os piores tipos de abuso e deixa-nos vulnerável a danos íntimos e ao abuso de nossa própria pessoalidade. Se "pertencer" a Cristo significasse simplesmente que devemos nossa existência a Deus, como um deísta diria — se isso fosse a inteireza do nosso pertencimento a Deus —, nosso desconsolo seria justificado. Mas os teólogos de Heidelberg não tinham em mente apenas o pertencimento criacional.

 O que nos traz consolo na vida e na morte é pertencer a um Deus amoroso e pessoal, que habita conosco, com quem temos união e que é capaz de desejar e trazer à existência o nosso bem, sem, porém, negligenciar a sua vontade. Se pertencemos a qualquer outra pessoa ou coisa — nossas paixões, um movimento político, um ideal, um homem ou uma mulher —, esses entes, inevitavelmente, abusarão do relacionamento conosco, sacrificando o nosso bem em favor do bem deles mesmos. Pode levar algum tempo. Por um tempo, pertencer completamente a alguém que amamos pode parecer bom, mas, eventualmente, essa pessoa tirará vantagem de você.

 Apenas em Cristo podemos encontrar pertencimento sem violência ou abuso, um pertencimento que baseia e preenche a nossa pessoalidade, em vez de deformá-la. Por meio do pertencimento a Cristo, podemos pertencer a outros de formas subsidiárias e condicionais. Essas condições, contudo, não são caprichos pessoais, mas normas divinas. Pertenço a Cristo e posso confiar que ele desejará e realizará o meu bem, e é ele quem define de que maneira pertenço à minha esposa, à minha família, à minha igreja e ao meu próximo. Encontramos consolo em pertencer a Cristo por ele ser o único a quem podemos pertencer sem dano à nossa humanidade ou sem a perder.

* * *

 Por outro lado, está claro que pertencer a Cristo é difícil. Esse pertencimento oferece consolo existencial, mas também envolve obrigações consideráveis, como vimos. A vida cristã fiel parece-se com mil pequenas mortes diárias do *self*. Milhares de vezes em que negamos nossos desejos. Alguns desejos que Deus exige que neguemos parecerão ser parte de nossa própria carne. Por causa disso, alguns descreveram o cristianismo erradamente como mais uma religião de resignação.[1] O cristianismo requer que você negue a si mesmo, negue o seu corpo e negue os desejos que talvez sejam tudo para você. Será que o cristianismo fornece consolo apenas por meio da resignação? Alguém poderia dizer que o pertencimento a Cristo nos resigna a uma vida de negação e que isso nos concede o "consolo" das baixas expectativas. Se extinguirmos os nossos desejos, será impossível ficarmos desapontados quando não formos capazes de satisfazê-los. Mas essa percepção está profundamente enganada.

Se fosse verdade que o único consolo oferecido pelo pertencimento a Cristo fosse a falta de esperança, esse seria um consolo falso, e Cristo não seria um Deus bom. Não, a negação de si mesmo, que está no coração do cristianismo, não é uma negação da nossa humanidade, da beleza, da bondade ou da alegria. É uma afirmação dessa humanidade.

Em nossa união com Cristo, assumimos a sua justiça, que ele realiza em nós. Porque ainda somos seres humanos caídos, ainda desejaremos as coisas erradas, ou desejaremos o que é certo da maneira errada ou na quantidade errada. Porém, Cristo está nos santificando diariamente, e obedecer a ele não é um fardo real.

Cristo nos diz que o seu jugo é suave e o seu fardo é leve (Mt 11.28-30), o que não significa dizer que negar os desejos pecaminosos seja fácil ou sem qualquer tipo de sofrimento. O Espírito o chamará a negar os desejos que a sua carne considera preciosos. No momento, você pode *sentir* que essa é a coisa mais difícil do mundo. Porque, no entanto, você está unido com Cristo, nossa obediência é,

---

1 Veja os comentários de Nietzsche a respeito do cristianismo como um escravo da moral na obra *Além do bem e do mal*.

na verdade, a obediência dele. Nesse sentido, o jugo de Cristo é um fardo que ele carregou por nós. Vemos esse princípio trabalhando na carta de Paulo aos Filipenses, em que o apóstolo lhes ordena: "ponham em ação a salvação de vocês com temor e tremor" — uma ordem que seria absolutamente insuportável se não viesse seguida das seguintes palavras: "pois é Deus quem efetua em vocês tanto o querer quanto o realizar, de acordo com a boa vontade dele" (Fp 2.12-3, NVI). Não há contradição entre o consolo de pertencer a Deus e nossa obrigação de negar a nós mesmos e obedecer a ele, pois é Cristo quem trabalha em nós, e esse trabalho é sempre para o nosso bem, mesmo quando não parece.

Consolo na vida

Cada um de nós deseja saber que estamos bem. Como crianças, olhamos para nossos pais e professores esperando que eles digam: "bom trabalho!", quando tentamos algo difícil, ou: "você vai ficar bem", quando estamos machucados ou doentes. A maioria de nós quer que eles olhem em nossos olhos, digam o nosso nome e falem que nos amam e sempre amarão.

A idade não diminui esse desejo por afirmação existencial. Na verdade, os problemas do mundo, as lembranças de nossos pecados e falhas, a seriedade de nossas obrigações, o amargor da competição e o fardo de nossas escolhas fazem aquilo que está em jogo crescer exponencialmente. Outrora, uma palavra amorosa falada por sua mãe no meio da noite era capaz de acalmá-lo e devolver-lhe o sono, deixando-o perfeitamente seguro da retidão do mundo e da sua segurança. Mas, como adultos, nossa necessidade de consolo parece insaciável. Ela conduz alguns a vícios destrutivos e outros a um autodesenvolvimento frenético.

Todos nós vivemos sob os olhares de algo ou de alguém. O desejo do nosso coração é ser afirmado por aquele olhar, para que nossas vidas sejam justificadas, nosso lugar no mundo seja certo e a trajetória de nossa vida moral e social seja clara. Como Kierkegaard argumenta em *O desespero humano: doença até a morte*, só poderemos ser quem verdadeiramente somos quando vivermos transparentemente diante de Deus. Na linguagem desse livro, devemos viver cientes de nosso pertencimento a Deus. No centro de uma vida diante de Deus, está a *vida* — aceitar que a vida é fundamentalmente boa e digna de ser experimentada, mesmo quando dolorosa. A vida é uma dádiva que administramos corretamente quando a entendemos como um presente de Deus. Isso significa que, quando nos levantamos da cama todo dia — uma escolha por viver neste mundo —, testemunhamos o nosso pertencimento a Deus. Escolher viver em um mundo desumano dá testemunho da bondade essencial da vida, que só pode ser essencialmente boa se estiver baseada em Deus. Não importam as nossas circunstâncias, a nossa vida é boa porque vivemos diante de Deus, que nos fez e nos sustenta intencionalmente. Respondemos ao seu olhar de amor lutando por viver de maneira fiel às normas dele, às leis dele. Isso também seria insuportável, se não fosse o fato de que esse olhar amoroso é dependente do sacrifício de seu próprio Filho, e não de nossa fidelidade. Quando vivemos diante de Deus em graça, em vez de vivermos envergonhados ou desesperados, comunicamos a nossos filhos e a nossos vizinhos algo a respeito do caráter de Deus.

Viver diante de Deus — a maneira como Kierkegaard descreve o nosso pertencimento a Deus — não é um dever trivial, mas belo, se entendido por meio da graça.

A experiência da vida moderna revela quão incrivelmente frágeis todos somos. O desejo de saber que estamos bem cresce em um apanhado muito mais complexo de necessidades. Sim, precisamos saber que nossas vidas importam. No entanto, também precisamos saber que nossas escolhas éticas são boas o bastante; que temos uma identidade que pode ser endereçada, conhecida e amada; que as experiências significativas que temos não são meros acidentes da evolução, da biologia ou de nossas emoções; que a justiça é real e que vale a pena brigar por ela; que temos um lugar no mundo.

Boa parte deste livro foi dedicada às várias maneiras como as pessoas modernas sentem essas necessidades e tentam atendê-las. Em uma sociedade tecnologicamente sofisticada como a nossa, temos um número crescente de técnicas que simulam o sentimento de importância, identidade, significado e pertencimento. Minha aposta é que nossos métodos serão cada vez mais eficientes em produzir essas experiências, por meio de medicamentos, da engenharia social e do mercado. Mas o consolo é mais profundo do que os sentimentos. Ele requer confiança na realidade das coisas, e não apenas a nossa percepção delas.

O maior conforto encontrado em pertencer a Cristo é que somos aceitos e amados sem reservas. É o conforto de viver diante de Deus, de que o amor não é o amor ignorante de um ser humano que jamais seria capaz de realmente nos conhecer. Essa aceitação não é a aceitação barata da psicologia social moderna, que está preocupada apenas com produzir consumidores produtivos e bem-ajustados. Cristo realmente conhece quem somos, e a aceitação dele nos une a ele mesmo, santificando-nos ao nos ensinar, vez após vez, a amar aquilo que é verdadeiro, bom e belo — a amar a sua vontade.²

A vida moderna é cansativa, e estamos todos carregando bastante peso. Quando aceitarmos e abraçarmos o nosso pertencimento a Cristo, aquele fardo desumano já não nos caberá carregá-lo. Nossos pecados estão perdoados, e as demandas desumanas de nossa sociedade estão reveladas em toda sua vacuidade.

Como ainda habitamos em um *habitat* feito por seres humanos, mas não para seres humanos, pecaremos. Nós nos esqueceremos ou negaremos que fomos perdoados e recairemos nas responsabilidades do autopertencimento repetidas vezes. Nesses momentos, nossa tarefa é trazer à nossa memória aquilo que sabemos ser objetivamente verdadeiro: que não somos de nós mesmos, mas pertencemos a Cristo.

No meu caso, o maior consolo de pertencer a Cristo é que aquilo que é mais central em minha experiência de vida encontra um lar. Amor, beleza, justiça, alegria, culpa, prazer, anseio, tristeza, deleite — são essas coisas, não postas de maneira abstrata, mas em momentos particulares com pessoas específicas, que concedem grandeza à vida. Sei que posso encontrar molduras alternativas para explicar o amor que sinto por minha esposa, o prazer que experimento ao ler um grande romance ou a justa indignação que enche meu ser quando testemunho uma injustiça. Contudo, nenhum desses relatos

---

2 Enquanto eu revisava esse parágrafo, meu filho veio me interromper para anunciar que havia aprendido a encher e amarrar o balão. Eu estava cansado e amargurado enquanto ele gritava: "Papai! Papai!", e eu tirava meus fones de cancelamento de ruídos. Será que ele não entende que essa interrupção vai me atrapalhar? Acho que a personagem Zooey Glass, de J. D. Salinger, estava certa quando disse: "Há coisas boas na vida — e quero dizer coisas boas. Somos todos uns idiotas por ficarmos tão distraídos". J. D. Salinger, *Franny and Zooey* (Boston: Liple, Brown and Company, 1961), 152 [Edição em português: *Franny e Zooey*, trad. Caetano W. Galindo (São Paulo: Todavia, 2019).]

alternativos pode evitar o empobrecimento das próprias coisas que acho mais verdadeiras na vida. Em Cristo, tenho consolo de que as coisas mais verdadeiras da vida são reais.

Consolo na morte

O Deus pródigo que nos ensina a viver pela graça também nos ensina a morrer pela graça. À sombra da morte, onde todos vivemos, quer reconheçamos, quer não, sentimos a tremenda pressão de cumprir o bastante, experimentar o bastante e melhorar o mundo o bastante, a fim de morrermos contentes. E, se somos de nós mesmos, devemos sentir essa pressão, pois é a única história que poderemos contar, e um final incoerente ou sem sentido seria intolerável. Precisamos acreditar que isso tem algum significado, que toda a dor valeu a pena. Não é surpresa que estejamos tão esfarrapados.

Mesmo em momentos em que sentimos que nossa vida passou por coisas demais, somos deixados com o assustador prospecto da não existência. Para a maioria de nós, um sono sem sonhos soa como um alívio bem-vindo à vida moderna, mas não ser é algo completamente diferente. Parece que não temos a capacidade de imaginar nossa consciência cessando de existir. Isso é completamente alheio a nós, visto que nossa única experiência do mundo nos incluiu bem no centro. No entanto, não costumamos nos preocupar com isso. Somos especialistas em automedicação e em distrair nossa atenção de tais realidades desprazerosas. A vida parece ter sido feita para a eternidade; então, de fato, ela foi.

Enquanto escrevia este livro, perdi um grande amigo chamado Larry Prater para o câncer. Era algo que já estava anunciado havia bastante tempo, mas a pandemia de Covid-19 me impediu de vê-lo antes que morresse. Antes da pandemia, ele havia passado por uma cirurgia para remover o câncer em sua espinha vertebral, e estávamos esperançosos de que ele se recuperaria. No entanto, dois meses depois, o câncer havia retornado e suas dores só aumentavam. Em março de 2020, ele foi novamente internado, a fim de passar por outra cirurgia que aliviasse a dor, mas algo deu errado. Ele entrou em coma e quase o perdemos. Enquanto ele lentamente recuperava-se em seu quarto, a Covid-19 espalhava-se do lado de fora. Eventualmente, o médico disse à sua esposa que não era seguro que ele permanecesse no hospital. Então, sua filha levou a ele e a Judy, sua esposa, em uma viagem de seis horas, de Houston até a casa deles, na cidade de McAllen, no Texas. Porém, ele não conseguiu se recuperar.

Ninguém disse a ele que estava na iminência de morrer, mas ele era um homem sábio, e tenho certeza de que sabia. Imagino que aquela viagem de carro foram as seis horas mais longas de sua vida. Não consigo imaginar como deve ser ouvir de seu médico que já não é seguro permanecer no hospital e que você precisa fugir para casa e esconder-se sozinho de um vírus mortal. Não há nenhum lugar seguro? A morte está nos perseguindo do leito do hospital até o leito em que receberemos os últimos cuidados.

Eu esperava que Larry fosse capaz de resistir até que a pandemia passasse, mas era uma expectativa irreal. Depois de alguns meses em casa, o câncer e a dor haviam se espalhado, e ele estava paralisado da cintura para baixo. Larry foi um ávido corredor, até que o câncer o obrigou a parar. Correr deixava-o alegre e mantinha-o saudável. Pareceu cruel que ele perdesse o controle de suas pernas no final da vida. Não muito depois de o câncer paralisar Larry, o médico colocou-o em cuidados paliativos, e percebi que jamais o veria novamente.

O que mais me incomodou foi pensar que ele estava encarando a morte em isolamento, podendo receber a visita de apenas alguns familiares. Das conversas que tive com ele antes da internação, sabia que se sentia ansioso por causa da possibilidade de morrer. Ele estava preocupado com sua esposa e com seus netos, os quais ele dedicara as últimas décadas da vida para criar. Ele estava preocupado com a dor e com sua capacidade de lidar com ela. Ele estava preocupado com a possibilidade de ser um fardo para sua esposa, de se esquecer de ser grato e de se tornar uma pessoa amarga e mal-humorada, à medida que seu corpo parasse de funcionar.

Então, escrevi para ele. E acho que, se eu estivesse sendo honesto comigo mesmo naquela época, teria reconhecido que estava escrevendo para o meu futuro eu, imaginando o quão profundamente amo minha família e quão assustador seria ter que abrir mão da responsabilidade de cuidar deles e aceitar a morte — quão assustador *será*. Eu sabia que Cristo é um consolo na morte, mas como sentir esse consolo no fim da vida? Como podemos saber disso de maneira profunda o suficiente para não perder as esperanças ou desesperar-se?

Incluí abaixo alguns parágrafos da última carta que escrevi a Larry Prater, tanto como um tributo ao bom homem a quem este livro é dedicado quanto como minha própria tentativa mais sincera de comunicar o consolo na morte que temos ao pertencer a Cristo:

> Não há nada que você precise fazer agora. Nada que você precise consertar ou providenciar para a sua família. Você pode descansar. O seu tempo agora é bom. É bom que você veja o rosto de Judy, fale com seu filho, respire o ar de Deus. Pode ser que doa um bocado, mas é bom. Tente descansar e

deleitar-se nesses momentos, mas não tenha medo ou tristeza, porque não há nada bom, belo ou verdadeiro que você possa perder e que você não ganhará de volta em indizível completude. Deus voltou o seu rosto para você, e ele vê a justiça do seu próprio Filho, e ele ama a você.

O mesmo Deus que deu a você fôlego a todo momento da sua vida continuará a preservá-lo e amá-lo. Tão real e tangível quanto a sua existência neste mundo se mostram neste momento — seja em dor, seja agonia, medo ou até em algum tipo de amortecimento —, o amor dele por você é mais real. E a sua paz nele é mais real, mesmo que você não a sinta agora. Mas espero em Deus que você a esteja sentindo. A ressurreição de Cristo foi tão corpórea e visceral quanto o pão e o vinho, e a sua também o será. E a minha. Essa é toda esperança que podemos ter.

Larry Prater morreu em 19 de outubro de 2020.

Há consolo na morte por meio do pertencimento a Cristo, mas é um consolo duro; já ele pede que estejamos diante de Deus a todo momento, nunca condenando ou rejeitando a dádiva da vida, mas usando cada oportunidade para nos deleitarmos em Deus, desfrutarmos da sua criação e estendermos a sua graça para os outros, enquanto formos fisicamente capazes de fazê-lo. Isso é verdadeiro mesmo quando sofremos física e mentalmente, mesmo enquanto perdemos controle do nosso corpo e passamos a depender mais dos outros. Podemos ser consolados sabendo que, diante de Deus, não há o fardo de usarmos a nossa vida de maneira eficiente, de realizar o bastante ou de alcançar o bastante, de fazer o bastante com nosso tempo limitado para justificarmos as nossas vidas. Somos consolados pelo fato de que o inimaginável prospecto da aniquilação é inimaginável exatamente porque não é real.

E, quando estivermos diante de Deus, teremos o conforto de saber que ele verá o seu próprio Filho e dirá: "Muito bem, servo bom e fiel". E isso é tudo o que eu sempre quis ouvir.

AGRADECIMENTOS

Quase todas as páginas deste livro devem sua existência a alguém que não sou eu — a alguma conversa, algum ato de bondade ou graça, algum fragmento de sabedoria ou a alguma crítica. Gostaria que você pudesse ouvir todas as vozes que ouço quando leio este livro — vozes de amigos e de pessoas amadas. Aqui estão algumas pessoas às quais sou grato.

 Minha esposa, Brittany, ajudou-me a entender o quão desumanizadora a nossa sociedade pode ser. Ela me deu exemplos e afiou meu raciocínio. Ela também acreditava que esse projeto valia os sacrifícios que a nossa família toda fez. Eu sou abençoado. Brittany, juntamente com as crianças — Eleanor, Quentin e Frances —, deram-me o espaço para escrever e o amor incondicional de que eu precisava para perseverar. Os meus alunos das turmas de 2017, 2018, 2019 e 2021 do curso de Literatura Contemporânea na Universidade Batista de Oklahoma me inspiraram a escrever este livro. A honestidade, a confiança deles em mim e o amor que demonstraram pela literatura me ensinaram muito sobre viver nesta sociedade e sobre os fardos que todos nós carregamos. Melody Berry (Pierce, naquela época) passou horas cuidando de meus filhos, no verão de 2019, quando eu deveria estar escrevendo, mas não conseguia sair da cama por causa do medo. Jonathan Callis conversou comigo a respeito de quase todas as partes deste livro, contribuindo com ideias, recomendando livros e afiando meu raciocínio. Mais importante, ele veio até a minha casa e sentou-se comigo quando tive uma crise. Encontre um amigo como ele. Ele, meu pastor, Matt Wiley, e meu amigo Bobby Griffith, desinteressadamente, carregaram meus fardos, quando eu era incapaz de levá-los por conta própria, e isso aconteceu com frequência. Richard Clark e Derek Rishmawy oraram por mim, por este livro e ofereceram encorajamento. Eles são bons amigos. Spence Spencer e Chandler Warren me ajudaram a refletir nos primeiros rascunhos deste livro, oferecendo sabedoria, conselhos e encorajamento. Jake Meador e o canal de mensagens do *site* Mere Orthodoxy ofereceram direcionamento. Josh Spears e a Academy of Classic Christian Studies; Michael Steward, o canal Verge, e o meu grupo de mentoria do Verge; e Mark Ryan, o Covenant Seminary e a turma 2021 do D.Min. (que ouviram minhas palestras por três anos em um delírio de Covid-19) — cada um desses me ajudou a testar essas ideias ao vivo. O *feedback* de vocês foi bastante útil. Obrigado a Judy Prater por ter me deixado compartilhar a história de seu marido. Obrigado a todos que enviaram bilhetes de encorajamento. Obrigado à minha família Christ and Pop Culture. Obrigado também ao meu agente, Don; ao meu editor, Ethan; e aos meus pais.

FIEL
MINISTÉRIO

O Ministério Fiel visa apoiar a igreja de Deus, fornecendo conteúdo fiel às Escrituras através de conferências, cursos teológicos, literatura, ministério Adote um Pastor e conteúdo online gratuito.

Disponibilizamos em nosso site centenas de recursos, como vídeos de pregações e conferências, artigos, e-books, audiolivros, blog e muito mais. Lá também é possível assinar nosso informativo e se tornar parte da comunidade Fiel, recebendo acesso a esses e outros materiais, além de promoções exclusivas.

Visite nosso site

www.ministeriofiel.com.br

Impressão e Acabamento | Gráfica Viena
Todo papel desta obra possui certificação FSC® do fabricante.
Produzido conforme melhores práticas de gestão ambiental (ISO 14001)
www.graficaviena.com.br